RAMÓN ROSA

TRES PRÓCERES: MORAZÁN, VALLE Y EL PADRE REYES

ERANDIQUE
COLECCIÓN

TRES PRÓCERES: MORAZÁN, VALLE Y EL PADRE REYES
RAMÓN ROSA

©Colección Erandique
Supervisión Editorial: Óscar Flores López
Diseño de portada: Andrea Rodríguez—Mariana Turcios
Administración: Tesla Rodas—Jessica Cordero
Director Ejecutivo: José Azcona Bocock
Primera Edición
Tegucigalpa, Honduras—Noviembre 2025

CONTENIDO

UNA ROSA Y TRES GRANDES HOMBRES

Entre los grandes intelectuales hondureños de la historia, Ramón Rosa ocupa un lugar privilegiado.

A pesar de que vivió poco —apenas 44 años—, tuvo suficiente tiempo para soñar, escribir y transformar.

Fue el gran ideólogo de la Reforma Liberal, que realizó profundas transformaciones en el país, entre ellas la educación, el arte, la cultura, la libertad de culto, la construcción de carreteras, la organización administrativa del Estado y el articulado legal.

El gobierno de Marco Aurelio Soto, además, trajo un breve período de paz, roto algunos años más tarde por las ambiciones políticas. Pero ese breve lapso de cinco años —entre 1876 y 1881— dejó una huella profunda en Honduras.

Y llegó la fatalidad: Soto renunció en 1893, dejó el poder y marchó al exilio; Rosa falleció diez años más tarde, y Honduras entró en una espiral de incertidumbre y caos.

Además de su visión de estadista, Ramón Rosa fue un notable escritor. Sus textos revelan a un hombre con profundo amor por la educación y admiración por el legado de grandes figuras como Francisco Morazán, José Cecilio del Valle y el padre José Trinidad Reyes.

A Morazán y a Valle no los conoció, pero estudió sus actos y pensamientos. Al padre Reyes sí lo conoció, cuando él, Ramón Rosa, era apenas un niño de siete años.

En distintas ediciones de revistas, Ramón Rosa escribió ensayos para rescatar la obra y la vida de esos tres personajes. Hoy, por primera vez, esos textos se reúnen en un solo libro.

Sobre Morazán escribió:

"Morazán, aunque equivocado algunas veces —no en el fondo de su sistema, sino en la apreciación de sus aplicaciones—, es y será un gran modelo; mas no podría serlo si el crimen hubiese viciado su carácter, tornándolo en adulterador de principios, en falso apóstol y en encubierto o descarado dictador, que hubiese servido a sus egoístas intereses, que hubiese asaltado el poder para convertirlo en medio de opresión y en objeto de especulaciones, y que hubiese, en suma, conculcado los principios y desnaturalizado los fines de las instituciones republicanas".

Y agregó:

"Si Morazán fue odiado de veras, fue porque nunca tuvo transacciones indignas con el coloniaje ni con el servilismo; si fue amado de veras, fue porque siempre se mostró consecuente con sus principios, con el bello ideal de la República. A las medianías en lo científico, en lo literario y en lo político se las rechaza o se las quiere durante el espacio de breves días; pero luego se las olvida, y el olvido es el signo de su nulidad. A los hombres extraordinarios en las ciencias, en la literatura y en la política se los odia o se los ama siempre. He aquí el signo de su viabilidad perdurable en el sentimiento de la posteridad y en las páginas de la historia".

Para Rosa,

"Costosa, muy ardua, es la empresa de seguir en la práctica las ideas y ejemplos de Morazán. Para ello hay que resolver magnos problemas, de mucha entidad, en los dominios de la sociedad y de la política. Hay que formar patria; hay que realizar la unidad nacional de Centroamérica; hay que formar pueblo por la virtud de la educación; hay que darle acertadas, sabias y liberales instituciones; y hay que cumplir y respetar estas instituciones, haciéndolas pasar del papel escrito a la más cumplida realidad de los hechos. De lo contrario, no tendremos más que lo que tenemos: la careta de la República encubriendo el semblante grotesco y despreciable de la miseria, de la imbecilidad, de la corrupción y del despotismo".

De José Cecilio del Valle también escribió con admiración, reconociendo la inteligencia del "Sabio":

"Valle, por su dilatada vida pública, y más que todo por sus luces y por sus virtudes, era conocido en toda Centroamérica; y más que conocido, muy apreciado por todos los pueblos centroamericanos. El verdadero mérito, a despecho de la ruin envidia y de las necias rivalidades, tiene siempre un ascendiente irresistible. Valle ejercía en todos los ánimos ese ascendiente poderoso, avasallador, incontrastable", señaló el reformador.

Ramón Rosa escribió este recuerdo del padre José Trinidad Reyes en 1854, es decir, un año antes del fallecimiento del autor de *Las pastorelas*:

"Concluida la oración, aquel hombre piadoso se levantaba con profundo respeto. Entonces, yo asomaba nuevamente la cabeza y hacía ruido en la puerta, para que advirtiera mi presencia. Conocedor de mis pueriles ardides, volteaba a ver, y a mi sonrisa de niño correspondía con una tierna sonrisa paternal. Me llamaba con un ligero movimiento de la mano, que a mí me parecía —aunque no formulaba la idea— cariñoso aleteo del ave que llama a su polluelo. Yo acudía, saltando, y él me apretaba la cabeza entre sus manos y me hacía caricias, que me agradaban mucho más cuando, al despedirme, me daba golpecitos en la cara y me regalaba nardos y claveles, que me decía eran flores de la Virgen, y, por añadidura, algunos centavos para mis juguetes".

Pero más allá de lo anecdótico, lo que Rosa escribe nos ayuda a descubrir al padre Trino y el papel que jugó como sacerdote influyente en una sociedad que lo quería y respetaba.

En **Tres próceres: Morazán, Valle y el padre Reyes**, podremos conocer, en realidad, a cuatro grandes personajes de la historia hondureña: al héroe unionista; al estadista de ideas luminosas; al cura educador; y al propio Ramón Rosa, revelado a través de su escritura.

ÓSCAR FLORES LÓPEZ
Editor Colección Erandique

9

FRANCISCO MORAZAN

I

En el cuadro que ofrece la edad heroica de Centroamérica, que comienza en el año de 1822 con la protesta armada contra la anexión de Centroamérica al Imperio Mexicano de don Agustín de Iturbide, y que termina con los trágicos sucesos del año de 1842, destácase serena, noble y majestuosa la figura simpática de un hijo de Tegucigalpa, de Francisco Morazán, que con su brazo supo combatir la reacción encaminada contra la independencia y la libertad y, con su indomable carácter y sus ideas firmes y elevadas, mantener viva la fe en los altos e inmortales destinos de la República.

Voy a escribir la historia de aquel grande hombre, obra dificilísima que declaro ingenuamente excede, con mucho, a mis fuerzas. Escribir la historia de Morazán no es redactar los preparativos, combinaciones y resultados de las batallas de un héroe que supo imponerse a la fortuna; es más que todo esto: es juzgar, en una época de vacilaciones, de dudas y aun de escepticismo, y con el auxilio de la Filosofía de la Historia, a un hombre de ideas, de principios; es, para decir con mayor exactitud posible, todo un sistema político, si se quiere exótico en una tierra virgen y para un pueblo nuevo, planteado y desarrollado durante una dilatada época, en medio de la exaltación de los ánimos, del desbordamiento de pasiones inocentes o aviesas en su origen, y entre el choque de opuestas e irreconciliables ideas y el horrible fragor de los combates.

La vida de Morazán entraña no tanto una serie dilatada de hechos, de esfuerzos y de heroísmos, cuanto una serie de altas ideas y de fecundas enseñanzas. De aquí la gran dificultad que se presenta para el biógrafo y más para el historiador crítico, con respecto al juicio que debe expresar sobre la vida, obras, tendencias y aspiraciones del república que más honra los anales de nuestra historia. Yo me comprometería a salir airoso escribiendo, con cuatro plumadas, las biografías de todos los criminales tiranuelos que han llenado y llenan de infamia al Centro de América, pero me siento débil y medroso al escribir la vida de Francisco Morazán...

Sucede en los países que han retrogradado en lo social y en lo político el fenómeno de que las enseñanzas de lo pasado, lejos de relegarse a los archivos para que las estudien los aficionados a lo antiguo, son, por lo contrario, cuestión de actualidad, la aspiración de lo presente y el ideal de lo porvenir. Nuestra gran retrogradación hacia el pasado colonial, aunque disfrazada con el ropaje churrigueresco de repúblicas en caricatura, hace que la vida, las obras y las ideas de Morazán sean tema de actualidad, que constituyen la suprema aspiración de lo presente y que sean, para los hombres pensadores, los ideales que se dibujan en los vastos horizontes de lo porvenir.

Dados nuestros grandes retrocesos, dados nuestros errores en materia política, dados nuestros crímenes que hoy nos exhiben como falsificadores de la República, dados tan funestos hechos sociales, que hoy dan vida a la más funesta escuela de nuestras escuelas de corrupción, no será aventurado decir que la escuela de Morazán, que la enseñanza en pro de la unidad de la patria y de las efectivas instituciones de la República, es la única enseñanza que debe darse en nuestros días, y que es aún más: la enseñanza que en lo porvenir deben dar, si quieren ser independientes y libres, los hijos de nuestros hijos...

Yo, que amo, como pocos, la memoria del ilustre público, deploro de todo corazón que sea tan grande a costa del egoísmo, de la imprevisión, de los errores y de los crímenes de nuestros partidos políticos; a costa de la desorganización y del envilecimiento de la patria. La historia, como el individuo, juzga bajo la ley indefectible de los contrastes. La reacción estúpida y criminal mató al héroe, rico en actividades, en esfuerzos, en aspiraciones y nobles ideales; pero el contraste histórico lo hace aparecer, aun hoy en día, como el revelador de nuestros destinos de organización, de verdadero progreso, de cumplida libertad y de inmarcesible gloria.

¡Ah! Yo desearía que tanta gloria hubiese sido eclipsada por hombres y por pueblos que, dejando muy atrás al batallador del 29 y del 40, al mártir sublime del 42, hoy nos dijesen: "Si Morazán trabajó en lo pasado, su noble vida corresponde a la historia; pero nosotros hemos ido adelante: nos hizo ver la luz crepuscular de la mañana;

pero por nuestra virtud vemos ya la esplendente luz del mediodía: tenemos, sin zozobras ni combates, patria, libertad e instituciones, y la felicidad de los nuestros y el aprecio y el respeto de los países extranjeros".

Contémplese a Morazán, contémplese su advenimiento político, su vida y su muerte; estúdiese su historia y que se me diga entonces, por conservadores o pseudo-liberales, si es una ineptitud o una vulgaridad el decir que la idea de Morazán, su vida y sus hechos deben formar el númen de una revolución benéfica y regeneradora.

Desde 1827, Morazán, de ciudadano, convirtióse en soldado de la independencia y del derecho: desde la cañada de La Trinidad hasta la capital heroica de El Salvador, y desde ésta a Guatemala, la capital de los Capitanes Generales de la Colonia, hace una carrera triunfal, realiza hechos heroicos, se ve abrumado por el peso de los laureles y, vencedor sin contradicción, en el año de 1829 sostiene la legalidad y, lejos de imponerse como dictador afortunado, deja el gobierno a los poderes legítimos para que en paz y justicia rijan los destinos de la combatida república, de la república salvada por su brazo y por su genio.

Desde 1830, sin seducciones ni amenazas, es promovido a la primera magistratura por el voto público. En 1831 y 1832 vence bizarramente a la reacción liberticida más general y poderosa de que puede haber memoria en los anales de Centroamérica, y asegura el régimen de las leyes; y bajo su gobierno se operan las reformas de más trascendencia para el ensanche de los derechos de los ciudadanos y de los adelantamientos sociales.

En 1834, pudiendo imponerse por la fuerza, deja libres a los electores de las autoridades supremas; es vencido por su competidor, el sabio Valle, que tan solo tenía el ascendiente de su talento, de su palabra y de sus escritos, y es electo para un segundo período por haber bajado al sepulcro el estadista predilecto de los pueblos.

Desde 1834 a 1839, como guerrero y como político, combate en las asambleas de batalla y en el terreno de la diplomacia a los facciosos y sofistas que, so pretexto de reformas constitucionales, desde 1832 empezaron a dar golpes de ariete al gran edificio de la Constitución y de la patria, sostenido a costa de los mayores y más nobles esfuerzos y de los más grandes y extraordinarios sacrificios; y en tal época Morazán, superando en heroísmo a Guzmán el Bueno y excediendo a Bolívar en republicanismo, consciente en el sacrificio de su esposa y de sus hijos, y con puñados de hombres vence ejércitos y desprecia la proclamación de dictador que los conservadores guatemaltecos le ofrecieran, humildes y reverentes, conceptuándolo como Salvador de la Patria y como sostenedor de sus instituciones.

Desde 1839 hasta 1840, por haberse frustrado los esfuerzos del patriotismo y del genio, la república estuvo en el período de una violenta y dolorosa agonía; y Morazán, con empeños casi sobrehumanos, entre luchas y conflictos indecibles, quiso volverla a la vida; y cuando se perdió toda esperanza, cuando murió la república a manos de miles de forajidos, Morazán, en su retirada de Guatemala con un puñado de valientes, consumó uno de los hechos de armas de más arrojo y que más ilustran nuestros anales militares.

Desde 1840 hasta 1842, Morazán, con el alma desolada, peregrinó en extraños pueblos que le ofrecieron poder y fortuna, los que desechó generosamente para regresar a Centroamérica y libertarla de las invasiones extranjeras y redimirla de las indianas dictaduras que habían convertido a la patria en un semillero de cacicazgos sin paz, sin libertad y sin honra.

Y por fin, en septiembre de 1842, el egoísmo y el envilecimiento hacen fracasar la empresa salvadora del redentor de dos millones de hombres; y el repúblico es llevado al cadalso por los agentes de traición infame; y la noble víctima se prepara a morir con la serenidad de Sócrates y con la viva fe de Jesucristo; y muere como héroe y como mártir, y lega en su testamento, a la juventud centroamericana, su idea regeneradora y luminosa en pro de la unidad de la patria y de las genuinas instituciones de la República.

Como los hechos expuestos, y muchos más, serán demostrados punto por punto en los capítulos de esta obra, desde ahora tengo derecho para preguntar: ¿quién ha hecho más que Morazán en favor de la verdadera república? ¿Qué otro hombre, por su idea y por su ejemplo, puede presentarse en primer término como modelo digno de imitarse por la presente y venideras generaciones?

Cierto es que Morazán cometió gravísimos y trascendentales errores en su vida militar y política. Como hombre pagó su tributo a la contingencia de la naturaleza humana. Por convicción y por deber, yo he de juzgar sus errores y de condenarlos con entera imparcialidad. Pero si hay errores en la vida del guerrero y del político, nunca pueden hallarse crímenes en la vida del repúblico. El error no rebaja la dignidad del hombre: el crimen la mancha y la degrada.

Morazán, aunque equivocado algunas veces, no en el fondo de su sistema, sino en la apreciación de sus aplicaciones, es y será un gran modelo; mas no podría serlo si el crimen hubiese viciado su carácter y tornándolo en adulterador de principios, en falso apóstol y en encubierto o descarado dictador, que hubiese servido a sus egoístas intereses, que hubiese asaltado el poder para convertirlo en medio de opresión y en objeto de especulaciones, y que hubiese, en suma, conculcado los principios y desnaturalizado los fines de las instituciones republicanas.

Contra tales aseveraciones se pronunciaron los enemigos implacables del general Morazán, quienes lo injuriaron, calumniaron y escarnecieron. Véanse los escritos de don Manuel José Arce, de don Manuel Montúfar, del marqués de Aycinena, algunas poesías del doctor don José Trinidad Reyes y las publicaciones de Honduras y Guatemala en tiempos de los gobiernos de los generales Francisco Ferrera y Rafael Carrera. Véanse también las publicaciones de El Salvador, Nicaragua y Costa Rica correspondientes al año de 1842.

Jamás hombre alguno de Centroamérica fue tan combatido y ultrajado por sus enemigos, ni tan querido y admirado por sus amigos: para los unos era un monstruo; para los otros era un ídolo. Morazán recibió o las maldiciones del odio enconado por intereses destruidos, o los himnos de la alabanza, algunas veces inspirados por pasiones interesadas. Jamás personaje alguno de nuestro país ha producido choques más violentos de juicios, de opiniones, de sentimientos y de ideas.

Aun hoy en día parece que la noble figura del héroe se deja ver, en vaga confusión, entre las negras polvaredas levantadas por los pies de rabiosos detractores y entre las sonrosadas nubes formadas por los vapores de la imaginación de exaltados y rendidos admiradores. Para la Filosofía de la Historia, ¿qué significan tanto odio y tanto amor? Significan la grandeza del hombre maldecido o endiosado; significan la firmeza granítica de sus ideas y la inmortalidad de su destino.

Si Morazán fue odiado de veras, fue porque nunca tuvo transacciones indignas con el coloniaje ni con el servilismo; si fue amado de veras, fue porque siempre se mostró consecuente con sus principios, con el bello ideal de la República. A las medianías en lo científico, en lo literario y en lo político se las rechaza o se las quiere durante el espacio de breves días; pero luego se las olvida, y el olvido es el signo de su nulidad. A los hombres extraordinarios en las ciencias, en la literatura y en la política se los odia o se los ama siempre. He aquí el signo de su viabilidad perdurable en el sentimiento de la posteridad y en las páginas de la historia.

Dichoso Morazán, tan odiado y tan amado, que por la virtud de su carácter ha tenido el raro privilegio de sobrevivir a las generaciones y de ser, a través de los tiempos, vida, alma y fuerza de las más nobles aspiraciones de la patria.

Para los hombres de la edad heroica de Centroamérica ha sonado la hora solemne de la posteridad. Para ellos han llegado ya los tiempos del juicio sereno y del imparcial criterio histórico. Nos agitan al presente las pasiones, los intereses y las ideas de los contemporáneos. En medio de nuestros desaciertos, de nuestras amarguras y de nuestros desengaños podrá haber parcialidad y exageración en los juicios sobre los hombres de hoy; y yo declaro que no me creo exento de esa debilidad propia de todos los hombres, en todas las épocas y en todas las latitudes.

Mas la muerte y el tiempo están de por medio entre los hombres de hoy y los hombres de la Federación de Centroamérica. La muerte y el tiempo son las mejores garantías para juzgar con calma y con justicia. La verdadera historia tiene siempre un sentimiento de piedad, y esta piedad no es otra cosa que el respeto religioso a los hombres de quienes nada tenemos ni esperamos.

La historia, la verdadera historia, tiene y debe tener la solemnidad de lo pasado, la gravedad de lo presente y la seriedad de las enseñanzas para lo porvenir. La historia debe reproducir los ecos de las tumbas, representar las agitaciones de la vida que se inclina a lo futuro. La historia en nuestro siglo no es solo la crónica: es también el lazo de la idea, las edades y los tiempos; debe proceder por vía de comparaciones, y como el hombre de la ciencia quirúrgica que conoce la moral médica, no debe profanar los organismos de los muertos, debe estudiarlos y revelar sus juicios a los contemporáneos para atenuar los males de lo presente y prevenir los males de lo futuro.

¡Qué gran ministerio el de la historia! Si la medicina trata de atenuar o destruir las dolencias físicas, la historia trata de atenuar o disminuir las dolencias morales. La medicina ha encontrado remedios heroicos para luchar en pro de la vida; la historia ha encontrado también hombres heroicos para luchar en pro de las ideas, de la dignidad y de la felicidad de los pueblos.

Apartándome de consideraciones abstractas, que para muchos serán una pura ideología, debo insistir diciendo que trataré de Morazán subordinándome a los cánones del sagrado ministerio de la historia. Yo no conocí a aquel hombre, ni mis mayores tuvieron que agradecerle; y antes bien, algunos de ellos fueron sus opositores. Mi abuelo don León Rosa y mi tío el doctor don José Trinidad Reyes fueron, en un tiempo, acérrimos enemigos del general Morazán.

Yo, que primero por instinto y después por reflexión he estado en abierta pugna con el credo político de los conservadores, de quienes no he recibido ningún daño y a quienes justifico en muchos de sus actos y procedimientos administrativos; yo, que casi desde niño estoy afiliado al partido liberal, pero no al pseudo-liberal que falsifica las ideas y es imprevisor e inconsecuente; yo, que no he buscado ni busco empleos, influencias ni aplausos, que más bien he desechado en observancia del deber; yo, que cuento con tales circunstancias, creo tener algunas condiciones para escribir imparcialmente la historia del héroe de Gualcho.

II

Los ascendientes paternos de Morazán pertenecieron a la familia Morazzani de la Isla de Córcega, que hace más de un siglo es posesión francesa y que en tiempos anteriores correspondió a Italia... Por parte materna, los ascendientes de Morazán pertenecieron a la familia de los Quezada y de los Herrera, establecida en Tegucigalpa. Esta familia fue de las más antiguas y distinguidas por su posición social, por su carácter noble y caballeroso y por los talentos e instrucción de algunos de sus individuos...

Es digno de notarse el cruzamiento de razas de las dos familias de quienes desciende Morazán. Sin duda a ese cruzamiento se debe que

Morazán haya poseído cualidades y virtudes eminentes, al parecer opuestas, y que es muy difícil ver reunidas en un mismo individuo. De la raza paterna heredó Morazán la suavidad de carácter, la penetración, el disimulo y las grandes dotes diplomáticas que tanto distinguen a los hijos de Italia; de la raza materna heredó el valor, la constancia, la tenacidad y la hidalguía que tanto caracterizan a los hijos de España... El hombre, según la ciencia, ha sido y será siempre un compendio de las virtudes y vicios de su raza.

En el último cuarto del siglo pasado contrajeron matrimonio, en la Villa de Tegucigalpa, don Eusebio Morazán y doña Guadalupe Quezada. Tuvieron como fruto de su unión cuatro hijos: don José Francisco, doña Marcelina, doña Cesárea y don Benito, quien se dedicó a la carrera eclesiástica... El primogénito del expresado matrimonio, don Francisco, nació en Tegucigalpa el día 3 de octubre del año de mil setecientos noventa y dos...

Cuando Morazán hubo salido de la infancia, sus padres, que se distinguieron por la sencillez de su carácter, por la pureza de sus costumbres y por un grande y amoroso apego a sus hijos, se empeñaron con esmerada solicitud en proporcionar a su primogénito la mejor educación posible. Dificultades insuperables se oponían a la satisfacción de aquella solicitud paternal. Todavía a fines del pasado siglo y en los comienzos del presente eran casi nulos los medios de educación en Honduras... Entraba en el sistema político y administrativo de la madre patria mantener a los americanos en perpetuo estado de ignorancia; debían tener sus ojos cerrados a la luz de la ciencia y del derecho, porque la ciencia y el derecho alguna vez habían de hacerles conocer su carácter de hombres libres y rechazar un régimen de odiosa desigualdad, de inicua explotación y de embrutecedor oscurantismo...

Morazán tuvo la desgracia de nacer y formarse en aquella triste época de aislamiento y de completa oscuridad en que Honduras carecía de escuelas. Únicamente en Comayagua se estableció una clase de latinidad en 1588 por el señor Quintanilla, tercer obispo de la provincia: después se fundó por el obispo Vargas y Abarca un colegio tridentino destinado a la enseñanza del derecho canónico y de la Teología; y por último, en 1784 se creó por el obispo Antonio de Guadalupe una clase de Filosofía, dada bajo los principios del sistema de los ergotistas. He aquí todo lo que había respecto a enseñanza, y esta, limitada a los hijos de españoles.

Tegucigalpa, al tiempo en que los padres de Morazán trataban de educarlo, carecía de todo establecimiento de enseñanza: era una triste villa mandada por su alcalde mayor europeo; era una especie de residencia de mineros peninsulares de todo en todo privilegiados, y ocupados casi exclusivamente en sacar provecho de los indios que, bajo sus órdenes, hacían con rudas fatigas las labores de las minas de Santa Lucía, de San Antonio, de Villa Nueva, de Yuscarán, de Cedros, de Plomo y del Corpus. Aumentar el número de barras de plata que en grandes cueros se sacaban al sol y que se amontonaban en los extensos patios de las "casas grandes", tal era, fuera de ejercicios piadosos, la primordial atención de los peninsulares residentes en Tegucigalpa. La educación, el cultivo de la inteligencia, era cosa, si se quiere, baladí para sus propósitos.

Morazán, pues, tuvo que aprender las primeras letras, lectura, escritura y las reglas elementales de la Aritmética en escuelas privadas de pésima organización y sostenidas con una especie de contribución que aportaban los padres de familia. No obstante lo rudimentario y mal sistemado de tales escuelas, el niño aprendió a formar una clara y hermosa letra española, a leer con alguna corrección y a hacer muy felices ensayos en la ciencia del cálculo.

(Biografía del General Morazán por don Liberato Moncada. Se halla inédita en la Biblioteca Nacional de Honduras. Esta obra se refiere sucintamente a la vida de Morazán desde 1792 hasta 1829. Más bien que el nombre de verdadera biografía merece el calificativo de breves Apuntamientos Biográficos. Me he fundado en los curiosos aunque incompletos datos que proporciona para escribir los párrafos relativos a la educación y primeros empleos de Morazán. El señor Moncada fue condiscípulo de Morazán y su sucesor como ministro del Gobierno de Honduras: fue un hombre que se distinguió por su recto juicio y por su probidad acrisolada. Aunque tuvo altas posiciones como empleado, jamás tuvo las pasiones e intereses de un sectario político. Sus afirmaciones, pues, merecen entera fe. El señor Moncada, ya anciano, murió en Tegucigalpa, respetado por liberales y conservadores y en medio de una honradísima pobreza. Perteneció a aquella noble generación de los Herrera, de los Rivera y de los

Cabañas, que no hizo de la política el medio de especulaciones indignas y de vergonzosas granjerías)...

Llegaron para Morazán los más floridos años de la juventud; pero, en vez de disiparla en esparcimientos de fútiles empresas y en peligrosos devaneos cercanos a los vicios, hizo propender la actividad de su espíritu a fin de cultivar sus claros y privilegiados talentos. De esta suerte llegó a estudiar con bastante provecho las matemáticas y el dibujo lineal, que era uno de sus estudios predilectos.

El coronel don Manuel Montúfar, conservador de gran talento y detractor implacable de Morazán, dice en sus Memorias para la Historia de la Revolución en Centro América: "Examinando por sus principios y por su carrera se le encuentra formado por sí mismo, sin instrucción y sin escuela; pero ni aun el trato del mundo en una sociedad regular ha podido desenvolver sus disposiciones naturales. Casi todo lo debe a la casualidad como acontece en los caprichos de las revoluciones, pero su carácter o sus condiciones propias no son despreciables".

De buen grado y en justicia puede convenirse con el coronel Montúfar en que Morazán no haya sido un hombre de escuela, en el sentido técnico de la palabra; pero no puede asegurarse, como asegura, que era un hombre sin instrucción o, más claro, un ignorante. Morazán no se formó en buenos colegios, como Bolívar, como San Martín, Mosquera y otros grandes generales de la revolución de la América Latina; pero tal falta de preparación para la vida militar y política, en vez de degradar a Morazán, lo enaltece. Morazán es hijo de sus propias obras. Si le faltaron escuelas, le sobró genio.

En lo que no puede convenirse con el coronel Montúfar es en que Morazán haya carecido de instrucción y no haya podido desenvolver con el trato social sus naturales facultades. Morazán conocía bastante bien su propio idioma, como lo revelan sus escritos; conocía mucho del idioma latino; conocía diversos ramos de las matemáticas y tenía muchos conocimientos sobre jurisprudencia, historia y derecho público. Sus escritos y juicios, que reproduciré en parte, comprobarán la verdad de mis asertos. Morazán no fue un sabio ni siquiera un hombre verdaderamente ilustrado, pero no puede decirse con imparcialidad que fuese un hombre sin instrucción...

El carácter de Morazán fue en todo excepcional. Había en él tres eminentes cualidades: firmeza de voluntad, inteligencia perspicaz y previsora y una sensibilidad delicada; pero predominaban en él la fuerza reflexiva y la entereza en sus resoluciones. Desde muy joven, según lo afirman personas que lo conocieron íntimamente, se distinguió entre sus compañeros, sobre quienes ejercía una especie de predominio, siendo siempre suave, agradable, urbano y circunspecto. Sus amigos lo respetaban en todas ocasiones y era considerado como árbitro para resolver sobre las diferencias que entre ellos ocurrían. Era austero por sus ideas y su temperamento, y cortés y afable por sus modales; era hasta retraído por sus hábitos reflexivos, pero esto no le impedía ser comunicativo y cariñoso cuando del retraimiento pasaba a formar parte en el trato de la familia o de la sociedad. "No parecía sino, dice uno de sus contemporáneos, que aquel hombre estaba predestinado para obrar grandes acontecimientos".

(El general don Cruz Lozano, que acompañó al general Morazán día por día durante los ocho últimos años de su vida. El estimable caballero señor Lozano, que está establecido en San Salvador, tuvo la bondad de facilitarme "algunos apuntamientos sueltos sobre la vida privada del general Morazán". A este documento importante, que obra en mi poder, he de referirme varias veces en algunos capítulos de esta obra).

Tenía Morazán un carácter tan notable por lo excepcional y una atracción tan simpática, que aun sus mayores enemigos, aunque desfigurándolas torpemente, reconocieron sus grandes cualidades. El coronel Montúfar dice: "Tiene dotes naturales bastante felices: a una figura recomendable, aunque no militar, reúne el talento y modales insinuantes, aunque sus maneras se resientan de la afectación o del arte"...

Las costumbres de Morazán estaban en perfecta consonancia con su carácter. Gustaba mucho de la lectura y frecuentemente rehusaba asistir a reuniones por entretenerse con sus libros o con el despacho de su correspondencia. Era metódico para el trabajo y generalmente por la tarde lo reemplazaba con ejercicios a caballo, que hacía por lo común sin ninguna compañía. Vestíase con suma sencillez y era muy sobrio en sus comidas: uno de sus gustos era hacer uso de polvos de rapé, y por lo común en lances apurados aspiraba un polvo. Era muy parco para hablar y solo entraba en discusión cuando el asunto era de verdadera importancia. Oía con gran atención a las personas que a él se dirigían y escuchaba en particular con benevolencia sus indicaciones y observaciones, que siempre valoraba con mesurado y reflexivo juicio.

Alguna vez tuvo pasiones y extravíos muy reprensibles, aunque propios de un corazón joven y ardiente. Pagó su tributo a la frágil naturaleza; pero las debilidades del hombre, si bien censurables, nunca llegaron a falsear las virtudes del ciudadano y del repúblico.

Con sus amigos, Morazán llegó a tener rasgos hasta de verdadera ternura y siempre fue para con ellos respetuoso y consecuente. En sociedad, Morazán fue afable hasta la dulzura y ninguno de sus contemporáneos imparciales habla de que tuviese afectación en sus maneras: todo lo contrario, se distinguía por una suma sencillez y por una gran naturalidad en sus modales.

Amaba con pasión a su familia y la suerte incierta de su hija y de los suyos lo hacía con frecuencia tener las más amargas reflexiones y sentir los más agudos y profundos dolores. "Más de una vez, dice un testigo ocular, le vimos verter lágrimas de dolor cuando marchaba a una campaña; pero defendía una causa santa y se conformaba con decir: Sufro, pero primero tuve patria que familia".

(Algunos apuntamientos por el general don Cruz Lozano).

Tales fueron, a juzgar por varias relaciones de personas, los sentimientos de Francisco Morazán.

Cuando Morazán hubo dominado todo el horizonte intelectual para él visible, agotados los medios de acrecentar el caudal de sus conocimientos, tuvo que pensar en proporcionarse una ocupación útil, que contribuyese a satisfacer sus necesidades, y tomó plaza de oficial en la Escribanía de Tegucigalpa, que estaba a cargo del señor don León Vásquez.

En el ejercicio de su empleo adquirió varios conocimientos en el ramo de jurisprudencia y hábitos de trabajo en la gestión de negocios de oficina.

Los primeros años de Morazán revelan, en vista de los relatos precedentes, noble afán por educarse, estudios interrumpidos y recompensados con ardor, trato frecuente con las clases sociales más importantes de su época, altas aspiraciones contrariadas por dificultades, a veces vencidas, a veces insuperables, y asiduos trabajos en la oficina de un escribano; humildes y oscuros trabajos que algún día debían ser reemplazados por las grandes y fecundas labores del guerrero y del político, llamado a tener por teatro, no el estrecho recinto de una escribanía de pueblo, sino el vasto y hermoso teatro de la República de Centroamérica...

III

El día 28 de setiembre de 1821 llegaron a Comayagua los pliegos del Gobierno provisional de Guatemala en que se comunicaba al Intendente de la Provincia, brigadier don José Tinoco de Contreras, la proclamación de la independencia. Igual comunicación llegó al Ayuntamiento de la Villa de Tegucigalpa, por la mañana del día 29 del mismo mes, en ocasión que el Ayuntamiento, con el vecindario, se disponía a asistir a la misa solemne que iba a celebrarse en la Iglesia Parroquial en honor de San Miguel, Patrono de Tegucigalpa. Muy distinta acogida tuvo en Comayagua y en Tegucigalpa la nueva de la independencia. Comayagua, influenciada por Tinoco, que era español, y por su junta provincial, que gustaba de los intereses tradicionales, optó porque la Provincia se uniese a México; Tegucigalpa, que ha sido el pueblo de los hombres de entusiasmo y de ideas levantadas, optó, con mucha razón, por unirse a Guatemala, secundando el plan político derivado del acta de independencia del 15 de setiembre...

Los contrarios propósitos de Comayagua y Tegucigalpa produjeron una verdadera escisión entre ambos pueblos: se prepararon para la lucha y el pueblo de Tegucigalpa, con inusitado entusiasmo, según lo refieren testigos oculares, tomó las armas y, a fines de 1821 y principios de 1822, formó y disciplinó compañías de milicias que nombraron sus oficiales por elección. En la primera de estas compañías fue nombrado teniente Francisco Morazán, de edad de veintinueve años, y este grado le sirvió para obtener el nombramiento de ayudante del primer batallón. Tal fue el comienzo de la carrera militar de Francisco Morazán.

Al tratar del inicio de la vida del guerrero no juzgo fuera de propósito describir el físico del joven teniente de las milicias de Tegucigalpa. Era Morazán de regular estatura, de proporcionado cuerpo, de gallardo continente, en especial cuando montaba su corcel de batalla; de blanca y sonrosada tez, empalidecida a veces por las fatigas del trabajo; de bien formada cabeza, poblada de negros y suaves cabellos; de frente protuberante, despejada y espaciosa; de vivos, negros y rasgados, sombreados y grandes ojos; de mirada atractiva y profunda; de nariz correcta, en que se notaban los perfiles del tipo griego; de pequeña boca, en cuyos labios, algo movibles, revelábanse la resolución, la benevolencia, movimientos y expresiones que dejábanse ver más por la ausencia de bigote; y de barba de muy acentuado y muy gracioso corte. Este era, en su apostura y en su facción, el hombre que aun sus mayores enemigos no pudieron menos de reconocerle grandes atractivos en su físico, y cierto ascendiente, cierta seducción en sus maneras serias y a la vez corteses, afables y hasta dulces.

(Álbum de un antiguo veterano del ejército federal, escrito en Costa Rica en noviembre de 1842. El veterano decía: "Mi general era un hombre muy buen mozo; en su trato era fino, de maneras suaves y amables, circunspecto y muy urbano; hombre corazón de bronce para las fatigas y corazón de mujer en su trato familiar; hombre peligroso, de aquellas personas fascinadoras a quienes no se puede ver sin dejar de unirse a ellas por un atractivo magnético que poseen y que es inexplicable". La copia de este curioso documento, que existe original en San Salvador, me la proporcionó en 1877 mi buen amigo, el distinguido jurisconsulto don Cruz Ulloa, natural de Honduras y ex ministro de Relaciones Exteriores del Gobierno de El Salvador. Hoy vive retirado de la política en la ciudad de Santa Tecla)...

Electo don Dionisio de Herrera, el 16 de diciembre de 1824, Jefe de Estado de Honduras por la Asamblea del mismo, a causa de no haber habido elección popular, una de sus primeras atenciones fue la de nombrar, con acierto, un Ministro General. Herrera se fijó en Morazán, pero vacilaba en nombrarlo porque, siendo primo hermano de su esposa doña Micaela Quezada, temía que su nombramiento se le criticase atribuyéndolo al favor de un espíritu de nepotismo; mas como las principales personas del país y los mismos diputados invitasen a Herrera a la elección de Morazán, se decidió al fin a nombrarlo Ministro General. Este fue el primer empleo político que tuvo Morazán y en su ejercicio refrendó la primera Constitución del

Estado, emitida por la Asamblea Constituyente el 11 de diciembre de 1825.

Aflictiva era por entonces la situación de Honduras: la fuerza estaba desorganizada; el tesoro, exhausto, y las rentas, comprometidas; la escisión de Comayagua y Tegucigalpa había agotado los recursos; más de cuatrocientos mil pesos se habían gastado en sostener fuerzas que hicieron indispensables los disturbios públicos; el Poder Judicial estaba sin organización y la desconfianza reinaba a consecuencia de las animosidades de los partidos. En tales difíciles circunstancias, Morazán, en su calidad de Ministro, prestó su eficaz cooperación al hábil e ilustrado político don Dionisio de Herrera, a quien tocaron los más penosos trabajos para fundar las primeras bases de administración en Honduras...

A poco tiempo de haber tomado posesión de la presidencia de Centro América el Gral. don Manuel José Arce, empezaron a manifestarse disensiones, competencias y conflictos entre el Presidente de la República Federal y las autoridades del Estado de Guatemala, secundadas por los liberales exaltados... La conducta de Arce, como era natural, produjo en los pueblos centroamericanos un profundo malestar, que fue seguro precursor de la guerra. Prado, Jefe del Estado de El Salvador, se puso en oposición con el Presidente de la República; los liberales de Honduras y de Nicaragua mantenían igual espíritu de hostilidad. Los liberales de todos los Estados habían perdido la fe en Arce, a quien veían inspirado y dirigido por los conservadores que habían combatido la República, hostilizado a las provincias y hecho la anexión a México...

El estado de cosas en Honduras presagiaba en 1826 un completo desconcierto social, y se prestaba de todo en todo al desarrollo de los planes de Arce, quien, después de haber derrotado a los salvadoreños en los Campos de Arrazola, ensanchó sus ambiciones de mando, acarició grandes sueños de gloria y se propuso, para dar cima a sus proyectos, cambiar a toda costa el gobierno de Honduras, que presidía don Dionisio de Herrera, por otro gobierno que fuese dócil instrumento de sus miras y de su poder, que, merced al triunfo alcanzado, conceptuaba incontrastable...

Consecuente con sus cálculos y propósitos, el presidente Arce, después de consumada la rebelión del clero, a fines del 26 creyó oportuno invadir a Honduras con fuerzas federales. Por tanto, en el mes de marzo de 1827, el batallón federal núm. 2, a las órdenes del coronel don Justo Milla, Vice-Jefe electo de Honduras, invadió a este Estado so pretexto de custodiar en la Villa de los Llanos de Santa Rosa los tabacos allí almacenados, cuya especie formaba una de las rentas de la Federación. Milla, desde que llegó a los Llanos, que ocupó sin resistencia, observó una conducta hostil al gobierno del Estado: armó a los sublevados del Provisor Irías de acuerdo con la junta clerical, aprobó los procedimientos de esta y dio sanción a sus arbitrariedades...

Herrera se ocupó en hacer construir con la precipitación que las circunstancias exigían algunas trincheras para resguardar el centro de la Capital: no podía defender los barrios o cantones de esta porque la línea de defensa habría sido muy extensa y sus fuerzas eran muy escasas para sostener siquiera sus principales posiciones. Entre tanto, el coronel Milla continuaba su marcha y el día 4 de abril puso sitio a Comayagua...

Rendida Comayagua y dominada Honduras por el coronel Milla, la fuerza auxiliar de El Salvador, que muy tarde llegó a Tegucigalpa, tuvo que evacuar la plaza y dirigirse por la vía de Choluteca al vecino Estado de Nicaragua... Morazán y los coroneles Remigio Díaz, José Antonio Márquez y José María Gutiérrez, viéndose expuestos a ser capturados y vejados, salieron de Tegucigalpa para buscar su seguridad uniéndose a la fuerza auxiliar salvadoreña... En la Villa de Choluteca, hoy capital del Departamento del mismo nombre, se separaron de los salvadoreños y determinaron pedir garantías al coronel Milla para permanecer en Honduras. Con este fin escribieron a Milla, que residía en Tegucigalpa, y con el mismo correo que le llevaron la solicitud les mandó pasaporte, accediendo en todo a sus deseos.

Morazán, con sus compañeros, confiando en la palabra de Milla, salió de Choluteca y se dirigió al pequeño pueblo de Ojojona, distante ocho leguas de Tegucigalpa y situado en la pintoresca falda del Cerro de Hule: su objeto era el de vivir pacíficamente al lado de su familia. Ya en Ojojona, Morazán y sus compañeros recibieron aviso, dado por la Sra. doña Josefa de Vigil, de que iban a ser capturados, no obstante el pasaporte. Los compañeros de Morazán se ocultaron, pero este no quiso hacerlo, dando fe a la palabra de Milla y diciendo que el aviso recibido era obra "de debilidades o sospechas de mujeres". Mas a las diez horas de haber llegado a Ojojona fue preso por el teniente Salvador Landaverri, de orden del mayor Ramón Anguiano, comandante local de Tegucigalpa. Morazán presentó al teniente su pasaporte, pero fue inútil, pues fue llevado, como un criminal, a la cárcel pública de Tegucigalpa, en donde fue objeto de tratamientos vejatorios. (Apuntamientos históricos por don José Antonio Vigil. Este caballero, que pertenece a la distinguida familia de los Vigil, de Honduras, conoce mucho la historia del país y en 1883 formó sus apuntamientos, que tengo en mi poder, y que se refieren a hechos respecto a los cuales tomó parte o fue testigo presencial. Acompañó largo tiempo al Gral. Morazán y tiene presentes los actos y vicisitudes del que fue su jefe. Vigil, hoy anciano, de liberal radical ha tornádose en calambuco. Está desligado de la causa de su jefe y de sus mayores, y por lo mismo cuanto dice con relación a su antigua causa merece entera fe, pues más bien abriga prevenciones contra el liberalismo)...

Aunque preso, aún resistíase Morazán a creer en que el coronel Milla violase la fe de su palabra empeñada: le dirigió una exposición enérgica reclamando contra su prisión. La respuesta de Milla le hizo comprender que había caído en una especie de emboscada. Desde entonces Morazán solo pensó en evadirse.

Después de haber sufrido veintitrés días de estrecha y penosa cárcel, dicen los contemporáneos que se fingió enfermo; que se hizo algunas incisiones en la boca, que mucho lo hacían sufrir, y que el práctico Lozano, no sé si de buena o mala fe, certificó que el caso era muy grave, que el preso padecía de escorbuto. Debido a este doloroso ardid de Morazán y a los empeños de sus familiares y amigos, fue trasladado con centinelas de vista a casa de los Sres. Márquez, una de las más respetables, de donde, burlando la vigilancia de sus guardias, logró evadirse aprovechando la oscuridad de la noche.

Morazán se dirigió sin demora alguna a la ciudad de San Miguel del Estado de El Salvador y de allí pasó a la ciudad de León, del Estado de Nicaragua, con el objeto de buscar auxilios para libertar Honduras... Morazán salió de León con 135 hombres, entre jefes y oficiales, llegó a Choluteca en los primeros días de octubre y, con los descontentos hondureños que se le agregaron y un auxilio que mandó el gobierno de El Salvador, organizó una considerable División...

El coronel Milla, que no había podido efectuar su movimiento sobre San Miguel, pensaba encontrar a sus contrarios en Texiguat y salió de Tegucigalpa con toda su fuerza para batirlos. En el pueblo de Sabanagrande, a doce leguas de Tegucigalpa, Díaz y Morazán supieron que Milla se movía para presentarles acción. Coincidieron los deseos de las fuerzas enemigas y la fuerza libertadora prosiguió su marcha, cada vez más resuelta a encontrarse con las fuerzas de Milla para librar una batalla decisiva.

El 10 de noviembre, al caer la tarde, ocupó la fuerza libertadora de Honduras el punto llamado "La Trinidad", distante seis leguas de Tegucigalpa. La Trinidad es una cañada en que está sita una casa de campo, a cuyas inmediaciones se destaca una especie de cordillera de pequeños cerros. Acampada la fuerza en La Trinidad, los espías dieron parte al Gral. en jefe de que el enemigo, que había salido de Tegucigalpa, estaba próximo a llegar. Entonces, refiérese por los contemporáneos que Morazán, inspirado por la amistad y confianza que tenía con el jefe Díaz y llevando su carabina en la mano, como soldado patriota, dispuso la acción. Colocó 400 hombres hondureños, nicaragüenses y salvadoreños en la planicie en que está situada la casa de La Trinidad; e hizo tomar posiciones a más de 600 hombres en las alturas de un cerro cercano a la casa, cuya fuerza formaba la retaguardia del ejército. El coronel Díaz, el coronel Bosco, el coronel Pacheco y el patriota Morazán, con sus respectivos ayudantes, estaban a la vanguardia.

Al amanecer del día 11 de noviembre las fuerzas enemigas estuvieron a la vista, y sin demora se hizo por ambas partes un nutrido fuego. Díaz, Morazán, Bosco y Pacheco, con las cuatro compañías de vanguardia, cargaron sobre el enemigo. A poco, el coronel Balladares, en cumplimiento de órdenes, dejó la altura que ocupaba, flanqueando por la izquierda con dos compañías a las fuerzas guatemaltecas que empezaban a desorganizarse. Notado esto por Díaz y Morazán, se redobló la carga de la vanguardia que ocupaba el centro, y los "plazuelas" de Tegucigalpa, que acompañaban a Milla, empezaban a desbandarse en pequeños grupos. Díaz y Morazán dieron un soberbio y decisivo ataque general que no pudieron resistir los guatemaltecos, quienes, con su jefe Milla y sus jefes y oficiales, huyeron en todas direcciones, yendo a parar muchos de los vencidos hasta el distante pueblo de Esquipulas, perteneciente al Estado de Guatemala. Hubo algunos heridos y muchos hondureños muertos, y considerables pérdidas entre muertos y heridos de parte de los guatemaltecos. En el campo se recogieron un cañón con todos sus útiles, parque de todas clases y quinientos fusiles.

Cuéntase que Morazán estuvo magnífico en el combate, y desde entonces refiérese el fenómeno que se operaba en él al entrar en batalla. Su fisonomía suave y apacible descomponíase en la pelea y tornábase feroz y aterradora. El caballero agraciado y cortés se convertía en el hombre sañudo y terrible: era la transfiguración del ciudadano convertido, por amor a la patria y al derecho, en el rayo destructor de la guerra.

Cuéntase además que veíase en los campos de La Trinidad, en los puntos de mayor peligro, a un pequeño soldado, casi a un niño, disparando su carabina sin descanso. Cuéntase que se preguntaba: ¿Quién es aquel niño?, y que se respondía: es Cabañas. El heroico niño fue después uno de los primeros capitanes del Gral. Morazán, el prototipo de la honradez, del valor y de la hidalguía; y ha sido y será siempre, por su abnegación y por sus generosas ideas, una de las glorias militares más puras y bellas de la América Central...

El triunfo de La Trinidad, que fue como el despertar del genio militar de Morazán, dejó libre a Honduras de las fuerzas intrusas que hollaron su dignidad y sus derechos. Honduras había dado una terrible lección a los usurpadores y empezado a castigar al presidente Arce por sus desafueros y golpes de Estado. Honduras, antes postrada y escarnecida, se levantaba como Antínoo, más grande después de sus caídas. Honduras no era ya un motivo de desconsuelo; era una esperanza que sonreía, era un estímulo que alentaba al partido liberal de Centro América.

Raros fenómenos los que ofrece la historia. ¿Por qué tan súbita y extraordinaria transformación? ¿Por qué los conservadores, vencedores y poderosos ayer, estaban en completa derrota? ¿Quién preparó el triunfo espléndido de La Trinidad? ¿Quién hizo aparecer el genio de Morazán radiante de gloria y de promesas? ¿Quién entregó su nombre a la historia, a las futuras generaciones? ¿Quién, con aquel genio, con aquel nombre, cambió los destinos de Centro América? Fue el coronel Milla, con su deslealtad. Si Milla hubiera guardado la fe de su palabra, Morazán habría vivido vida patriarcal en el pequeño y pobre pueblo de Ojojona: no habría ido en busca de auxilios al Estado de Nicaragua, no se habría organizado la división victoriosa y no habría aparecido el guerrero que dio las batallas de La Trinidad, de Gualcho, de Las Charcas y que entró a la capital de Guatemala el año de 29 tremolando la hermosa bandera de los libres.

¡Qué enseñanza, qué fecunda enseñanza! Los más grandes y sorprendentes acontecimientos dependen a veces de incidentes, en la apariencia, pequeños y despreciables. ¿Qué habría sucedido si Milla, fiel a su palabra, no hubiese hecho aparecer a Morazán en la escena política? La causa de la libertad de los Estados se habría perdido por completo. ¿Pero qué habría sucedido entonces: vencido Honduras, vencido después El Salvador, triunfantes los conservadores por doquiera y llenos de orgullo y de poder? ¿Habría vuelto Centro América, de reacción en reacción, a los tiempos de la colonia? ¿Habría habido una completa disolución social, causada por los abusos de un poder absoluto y seguidos por los desmanes de una anarquía irremediable? ¿Habría el partido conservador dominado la anarquía, salvado siquiera la unidad de Centro América? ¿Habría convertido la República a un gobierno central y, siendo sensato y previsor, habría afirmado gradualmente un régimen de instituciones? Ante la magnitud de tamaños y tan pavorosos problemas no se puede menos que exclamar, como en caso análogo exclamaba el inspirado autor de "Luis XIV y su Siglo": "Hay abismos de que se espanta la vista, y que no se atreve a sondear la inteligencia humana".

"El Sentimiento Nacional". Corresponde a las Consideraciones Preliminares que configuran casi todo el primer capítulo de la citada obra sobre Morazán. Frente a la posterior propaganda que exaltó el carácter pacífico de nuestra independencia, Rosa lo lamentó, puesto que retrasó la formación del sentimiento de nacionalidad, retraso que considera vigente todavía cuando escribe. La situación centroamericana, luego de haber dejado sus funciones de gobernante, se le está tornando amarga y su mordacidad caricaturesca contra el "señor presidente de turno" puede estar dirigida a su líder juvenil, Justo Rufino Barrios, quien ya ha orientado la reforma por las vías del régimen de fuerza. Pesimista, cree que "la generación actual está viciada". Hay que volver a Morazán porque el sentimiento nacional es el sentimiento centroamericanista (expresa estar preparando un estudio sobre la unión que espera publicar pronto y del cual no han vuelto a tenerse noticias). Adelanta que la unión debe ser gradual, por las partes más homogéneas como El Salvador y Honduras, y que debe basarse en "verdadero pueblo", que solo existe allí en donde hay instituciones y se respetan las leyes, no la voluntad de los caudillos. Resultan premonitorias sus frases sobre la dominación extranjera cernida sobre países tan débiles y desunidos, y marcan su nivel de conciencia sobre este problema, ya que en aquella década la presencia directa de las potencias había dejado de manifestarse en la forma agresiva de los años 50. Más que a un retroceso del movimiento reformador que lo vuelve tan pesimista, Rosa asistía a la congelación, a la estabilidad estructural conseguida alrededor de una nueva economía y de una nueva clase dominante, con una serie de resultados que no eran los que posiblemente había deseado. Por eso exige, y escribe el libro sobre Morazán, para orientar el sentimiento nacional y volcarlo otra vez a esa revolución de principios por la que siempre luchó.

EL SENTIMIENTO NACIONAL

El absolutismo del régimen colonial, con su cortejo de desaciertos y de iniquidades; y las rudas luchas siguientes a la independencia, con sus tendencias ora a afirmar el despotismo, ora a plantear las instituciones de la República; tales son los dos grandes hechos que aparecen y resaltan en el vasto cuadro, aun no trazado por completo, de la Historia política de Centro América Española. Iluminado por los últimos reflejos de la esperanza, yo pido un rayo de luz para mi patria: yo pido a la Providencia que en el Centro de América se suspenda la obra de perdición de las dictaduras infames y envilecedoras: yo le pido que nos aleje de la dominación extranjera a la que estamos muy predispuestos. Ojalá que esta no sea el castigo de nuestra incapacidad, de nuestras bajezas, de nuestros errores, de nuestra imprevisión y de nuestros crímenes. Ojalá que nos ampare la sombra protectora de Morazán, que quiso legarnos patria e instituciones. Ojalá que nuestras cenizas, rebullendo en el sepulcro, se agiten siquiera cuando los hijos de nuestros hijos tengan patria y libertad; cuando sean ya imposibles en este edén intermedio de las dos Américas ni las brutalidades de dictadores bárbaros, ni las influencias y dominación de poderes extranjeros. Grandes son nuestros errores y nuestros crímenes, pero hemos sufrido mucho y los hemos expiado y los expiamos experimentando infinitas desventuras. Que venga una época de concierto y de rehabilitación. Estos son los votos del patriotismo.

Si los altos fines de la independencia y de la República se hubieran cumplido entre nosotros, a buen seguro que los hechos y las ideas de Francisco Morazán no tendrían hoy la suma importancia que tienen. Si el sentimiento nacional de Centro América se hubiese pronunciado en el sentido de asegurar la unidad de la patria y la efectividad de las libertades individuales y públicas; si se hubiese alcanzado esa conquista digna de nuestro siglo, Morazán sería hoy un notable personaje histórico; pero no sería por sus hechos y por sus ideas nuestra inspiración en lo presente y nuestro ideal para lo porvenir.

Imagínese que, como por encanto, desaparecen de la Historia de Italia, de esta musa del mundo moderno, los nombres y las enseñanzas célebres de Cavour, de Garibaldi y de Mazzini; pues bien, la unidad italiana y sus progresos en pro de las instituciones no desaparecerían, porque el ejemplo y la idea de aquellos hombres han llegado a convertirse en sentimiento nacional de sus conciudadanos: imagínese que desaparecen de la Historia de los Estados Unidos los nombres venerados de Washington, de Jefferson y de Lincoln, y sus lecciones, que son las que más ilustran a este siglo de la República; pues bien, no se perderían ni la unidad de la Federación Norteamericana ni su credo político del gobierno de sí mismo (self government), porque en el pueblo-rey de las libertades individuales y públicas se ha hecho carne el verbo de la idea de los hombres que fueran los creadores de su admirable creación de derechos, de garantías y de portentosos adelantamientos sociales y políticos; imagínese que desaparecen de la Historia de Suramérica los nombres y los ejemplos, casi legendarios, de Bolívar, de Sucre, de San Martín y de O'Higgins, de aquellos hombres extraordinarios que, en medio continente, hicieron dar a pueblos envilecidos por la Colonia el salto más prodigioso que puede contemplar la moderna Historia, el salto del estado de servidumbre reglamentada por los Carlos V y los Felipe II, al estado de la República creada y sostenida entre batallas, y alentada por los principios de la dignidad humana, de la filosofía de la razón y de la libertad; pues bien, aunque la memoria y las enseñanzas de aquellos prohombres desapareciesen en Suramérica, aún se mantendría la vida inquieta, pero fecunda en esfuerzos propicios a la independencia y al derecho de los pueblos, porque en Suramérica, aunque no hay en todos los movimientos regulares de sociedades definitivamente constituidas, existen ya, enérgicas en sus hijos, los sentimientos de la dignidad nacional y existen grandes e irresistibles vocaciones que los llevan, aunque sea entre dolores y lágrimas, a la consecución del derecho y de los demás altos fines de la cultura social.

Pero entre nosotros, amargo y cruel es afirmarlo, no se ha formado el verdadero sentimiento nacional; y de aquí la necesidad de buscar un poderoso resorte para movernos progresivamente; de aquí la necesidad de buscar en lo pasado fuerza, aliento e inspiración para mejorar nuestra condición presente, e ir en pos de un honroso y grande porvenir; de aquí la necesidad de presentar la vida y enseñanza de Francisco Morazán como tema trascendental de actualidad, como fuerza benéfica de impulsión que nos lleve a realizar mejores destinos, en provecho del hombre, de la familia, del cuerpo social, de la patria, de la humanidad. Hay que repetir con Álvaro Contreras: "Suprimid el genio de Morazán y habréis aniquilado el alma de la Historia en Centro América". Aunque no tenemos pueblo, asimilémonos la idea y el sentimiento de un extraordinario mito.

¿Por qué se dice que la vida, las ideas y las enseñanzas de un grande hombre encierran en síntesis la causa del presente y del porvenir de Centro América? ¿Hay fe en tales aciertos? ¿Los dicta el corazón, que es la entraña del patriotismo? ¿Los inspira el cerebro, que es el órgano de las ideas y, más que todo, el órgano de la ciencia? ¿Se trata de embaucar, en fin, en nombre de engañosa y malograda causa o de un falso principio político?

Todas estas preguntas, todas estas dudas, y aún muchas más, son naturales para quienes no conozcan nuestra antigua historia y nuestros contemporáneos acontecimientos... Como gusto de la hipótesis por pura recreación o por antecedente de investigación científica, del mismo modo gusto de la realidad cuando trato de hechos consumados. He dicho que entre nosotros se ha falsificado la República, y esta falsificación es la más funesta de las falsificaciones. Después que el Gral. don Miguel García Granados dejó el poder en Guatemala, desinteresada y noblemente, los centroamericanos han tenido como único criterio el criterio de la fuerza; como único fin social, el éxito; como opinión pública, los gritos del populacho y las adulaciones de una prensa asalariada; y como derechos individuales y como garantías, la entrega incondicional de sus personas, de sus familias, de sus intereses y, aun más, de su conciencia y de sus ideas, al señor que manda, al dispensador de todos los bienes, al presidente, al dueño de vidas, de honra y de haciendas.

No es de ahora que expreso las ideas enunciadas condenando el régimen de fuerza. Cuando renunció la presidencia el señor García Granados, compelido por la ingratitud de los unos y por las sugestiones indignas de los otros, fui el único que, como diputado, hablé en favor de la justificación del gobernante y de los intereses y fines de la revolución, que tuvo en su origen un programa y actos honrosísimos, pero que bien pronto llegó a desnaturalizarse por completo. En mi discurso pronunciado en la noche del 31 de diciembre de 1872 ante la Asamblea Constituyente y un público numeroso dije lo que sigue: ..."Señores, es tan extraño como desconsolador, que algunos queriendo poner remedio a los males de la situación, pretendan fuerza y solo fuerza del gobierno actual. Yo no me opongo a la energía en la administración; mas yo no quiero, no puedo querer, el imperio de la fuerza en nuestro país"...

No falto a la verdad. Que lo digan imparciales extranjeros dentro de Centro América: que lo digan los centroamericanos honrados, de todos los partidos políticos, se entiende, fuera de Centro América. Unos y otros convendrán conmigo en que el estado político de nuestro país es el estado más adverso a los derechos y a los progresos de nuestras incipientes sociedades. Tenemos constituciones, códigos y reglamentos; pero no son más que escritos que valen mucho menos que los gastos que causó su impresión. Todo se idealiza, y todo se llena de fango; todo se ofrece, y casi nada se cumple: en teoría, palabras y más palabras; y en el hecho, atentados y más atentados brutales. Aquí, en nuestra desgraciada Centro América, todo se simplifica a estilo del cesarismo o a estilo de la tribu salvaje. En sociedad, en política, en religión, en industria, en comercio, en agricultura, en instrucción pública, en relaciones exteriores, no hay más que hacer esta pregunta: ¿Qué quiere el presidente o el favorito del presidente?...

Hoy por hoy, ¿la sociedad vive tranquila, sale a las calles y plazas y se divierte? Es porque el presidente quiere la paz y el regocijo público. ¿Se agitan cuestiones políticas bajo un tema obligado y se habla de ellas, con inusitado calor, en la tribuna del diputado, en la tribuna del pueblo, y se escribe en hojas sueltas y en periódicos? Es porque el presidente, con generosidad nunca bastante encarecida, ha dado el presente de la libertad, de la palabra y de la prensa. ¿Se ponen la camándula y el escapulario los centroamericanos, oyen misa, confiesan, comulgan y reverencian a los jesuitas? Es porque el presidente es piadoso y amigo de la religión. ¿Hacen alarde los centroamericanos de descreídos, sin saber lo que es creencia católica, o alarde de libres pensadores, sin saber media palabra de ciencia? Es porque el presidente no oye misa y destierra a los jesuitas y demás frailes. ¿Optan los centroamericanos por el sistema de nuevas industrias, de inmigración y de libre cambio? Es porque el presidente así opina. De lo contrario, industrias y comercio a estilo del Paraguay y murallas a estilo de la China. ¿Quieren la agricultura los centroamericanos? ¿Cultivan las plantas textiles para formar sacos continentes sin contenido? Muy bien: dejan el café, el liquidámbar y la grana porque aquel cultivo no le place al presidente.

En instrucción pública, ¿gustan al presidente los acólitos, los sacristanes y los doctores con capetos a la usanza de la Edad Media? Pues están muy buenos el Rivalda y los Estatutos de Carlos II, el Hechizado. ¿Gustan al presidente, porque alguien se lo insinúa, los métodos de Mantilla, de Sarmiento, de Bello, de Horacio Mann, de Lastarria y los de Spencer, de Augusto Comte, de Littré y de Büchner? Pues están excelentes los nuevos métodos de enseñanza y las nuevas ideas de la ciencia.

¿Y en relaciones exteriores, echa una bravada el presidente por cuestiones de límites o de reclamos extranjeros? Los centroamericanos se exaltan y se disponen a batirse hasta con los Estados Unidos y las primeras potencias de Europa. Pero ¿quiere el presidente ser diplomático, y entregar nuestros territorios, y pagar lo que no debemos y humillarse ante nuestros contrarios? ¡Magnífico! Nuestros contrarios tienen razón. El presidente ha salvado la integridad, los recursos y la honra de la patria y se levantan arcos triunfales para que pase el insigne diplomático a quien todo se debe, hasta el agua que bebemos y el aire que respiramos.

En resumen, ¿qué es un presidente entre nosotros? La viva personificación de la sociedad, del Estado: lo absorbe todo y lo domina todo. En sociedad, es el dispensador de todos los bienes, y aun el propagador de la moda y el buen gusto; en política, es el único sostén del orden interior y de la dignidad en lo exterior, y el protector de las libertades individuales y públicas; en industria, agricultura y comercio es el que da impulso a la producción, el que conserva el ahorro, el capital, el que distribuye benéficamente los consumos públicos; en religión es el que define el dogma y, como en tiempo de Luis XIV, resuelve sobre si debe haber hugonotes que asistan a la prédica o católicos que asistan a la misa; y, para no amplificar los conceptos expresados, es, entre los romanos, cesaristas y pretorianos, el emperador y pontífice máximo, omnipotente y divino.

Tal estado social, en que los gobernantes tienen, de hecho, más poder, atribuciones e influencias que el emperador de la Rusia y que el sultán de Constantinopla, no ha podido menos de traer, como consecuencia lógica, el anonadamiento del espíritu de los pueblos, el indiferentismo o el escepticismo de los hombres pensadores y la creación de falsas escuelas políticas tan viciosas por su fondo como adversas por sus efectos a los fines de la República. Las escuelas de sofistas, que en todos los tiempos han precedido y acompañado a las épocas de desconcierto y de corrupción social, son las escuelas predominantes entre nosotros.

Los sofistas del tiempo de la Federación dieron en tierra con la unidad de la patria: los sofistas de nuestros días han dado en tierra con los pocos elementos que quedaban como sostén de la dignidad nacional y de los sentimientos del republicanismo. Un grosero sofisma hace que hoy se confundan algunas medidas de progreso material e intelectual con los principios que constituyen el organismo de la República. Quien combate el clero y lo veja, quien funda algunas escuelas, quien establece algunas líneas telegráficas y mejora o abre algunas vías de comunicación, ese es el hombre de las instituciones, aunque, por otra parte, pisotee, día por día, los derechos individuales; aunque haga nulas las libertades electorales y parlamentarias; aunque haga esclava de sus intereses o de su capricho la administración de justicia; aunque convierta en su patrimonio exclusivo la hacienda pública; aunque viole la seguridad del hogar y el secreto de la correspondencia; aunque las manifestaciones de la conciencia y del pensamiento se sofoquen por el espionaje, que finge y que delata, y por el terror que oprime y que degrada; aunque la ley del palo suspendida sobre todas las espaldas sea, en definitiva, la única y suprema ley.

Pero ¿qué importa? "El país progresa", dicen los sofistas, y el orden y el progreso afirman la República. "Libertad y Reforma", dicen a los pueblos, y estos, aunque soportando el peso de horribles atentados, de impuestos y de vejaciones, tienen que exclamar, aunque sollozando: "Libertad y Reforma: nuestro gobierno es el genuino representante de la República, es el mejor de los gobiernos". Tal es la falsificación monstruosa que se ha hecho entre nosotros de las instituciones.

En tiempos pasados, y no muy remotos, teníamos cruentas luchas de partidos, pero al fin se trataba dignamente de una cuestión política. Hoy no se lucha: los hombres de los disueltos partidos, o están inmóviles como estatuas o aplauden su deshonra con el frenesí demente que produce el terror. Están sujetos a la coyunda vil del despotismo; y para los hombres pensadores, toda cuestión política ha dejado de serlo, para convertirse en una cuestión de humanidad. Los pueblos, en su abatimiento, no piden ya tal o cual institución: su mayor anhelo es que se respete por los gobernantes siquiera su dignidad humana. ¡Hasta dónde llegan los excesos del despotismo! ¡Hasta dónde llega el envilecimiento de los pueblos que no han sabido ser ni previsores ni virtuosos para combatirlo enérgicamente, en eso de sus sagrados e imprescriptibles derechos!

A la escuela del interés y de la corrupción, a la escuela de los sofistas que difunden espaciosas ideas para encubrir las excrecencias de nuestro cuerpo social, debe oponerse sencilla y noblemente la escuela de la verdad, de la razón impersonal y del sincero patriotismo. Va a hacer tres años que dije: "La revolución de ideas, la revolución de principios que sean en espíritu y en verdad, está por hacerse en

Centroamérica". (Véase mi libro "Biografía de don José Cecilio del Valle", escrito en 1882. Este pequeño libro, en que hice el elogio de las ideas en desprestigio de la fuerza bruta, valióme, como puedo demostrarlo con documentos, desinteresadas felicitaciones de publicistas y literatos americanos y europeos que ni siquiera me conocen. En cambio, me produjo, como lo preví, y como lo dije, una abundante cosecha de ridículos, de injurias y calumnias autorizadas en los periódicos por el anónimo. No se han discutido las ideas expresadas en el libro consagrado al sabio Valle: únicamente se me ha calumniado e insultado: este es el recurso de quienes obtienen garantías, posición y medros a trueque de ser injustos y hasta infames).

Hoy afirmo, más convencido si cabe, que es tan urgente como debido y hasta humano hacer esa revolución. Mas una verdadera revolución no puede hacerse sin bandera, y el patriotismo centroamericano para moverse revolucionariamente debe levantar, muy alto, la bandera de Francisco Morazán, que simboliza estos dos grandes principios: unidad de la patria y efectividad de sus instituciones republicanas.

"Este es un tema gastado", se me dirá, y una gran vulgaridad en política. ¿Quién no ha confirmado y repetido que quiere la unidad nacional y el cumplimiento de las instituciones liberales? Convengo en parte con la objeción. Querer y vocear en favor de tales principios ha sido y es harto común y hasta trivial entre nosotros; pero obrar con fe y abnegación en pro de los mismos principios, como obraron durante una dilatada época Francisco Morazán, Trinidad Cabañas y José Francisco Barrundia, esto es excepcional, esto es raro, esto constituye un milagro del patriotismo que debe dar fe a los corazones casi yertos de los centroamericanos y dar un rayo de luz a sus inteligencias entenebrecidas por las densas sombras que proyectan las dictaduras triunfales sobre las ruinas de la patria.

Por mucha que sea la imparcialidad con que escribo la historia de Morazán, por mucho que presente, de relieve, las ideas y las virtudes que formaron el fondo de su vida política, no creo cosa fácil que tales enseñanzas penetren de momento en la conciencia de nuestros pueblos y den inmediatos y saludables resultados. La generación presente está viciada y es muy difícil que la idea haga reaccionar, de momento, a pueblos que tienen en su carácter y en sus costumbres hondos y arraigados vicios sociales. Es en absoluto cierto que los hábitos, buenos o perniciosos, casi constituyen una segunda naturaleza.

Por otra parte, costosa, muy ardua, es la empresa de seguir en la práctica las ideas y ejemplos de Morazán. Para ello hay que resolver magnos problemas, de mucha entidad, en los dominios de la sociedad y de la política. Hay que formar patria; hay que realizar la unidad nacional de Centro América; hay que formar pueblo por la virtud de la educación; hay que darle acertadas, sabias y liberales instituciones; y hay que cumplir y respetar estas instituciones, haciéndolas pasar del papel escrito a la más cumplida realidad de los hechos. De lo contrario no tendremos más que lo que tenemos: la careta de la República encubriendo el semblante grotesco y despreciable de la miseria, de la imbecilidad, de la corrupción y del despotismo.

Pero ¿cómo resolver tan arduos problemas?, se me dirá. Exprésense, no ideas abstractas: señálense medios prácticos para llegar a soluciones definitivas y mejorar la condición de nuestra suerte.

Pienso que en la práctica la Unión Nacional no podrá alcanzarse, desde luego, constituyendo de una vez un cuerpo de Nación compuesto de todos los dispersos miembros de la familia centroamericana. A este fin se opondrán, por muchos años, temores de dominación, rivalidades de pueblos, opuestos intereses y, sobre todo, el egoísmo de los unos y la indiferencia de los otros. La Unión, pues, sólo puede ser gradual, progresiva. (Sobre este importante punto tengo hecho un estudio fundado en antecedentes históricos, en hechos de observación en nuestra circunstancia de actualidad y en razonamientos inspirados por la Filosofía y por la Ciencia Política. Alguna vez tendré ocasión de publicar mi estudio, para que, si algo útil contiene, sea objeto del juicio y de la aceptación o improbación de mis conciudadanos).

La Unión sólo puede intentarse y realizarse con éxito por pueblos homogéneos, por pueblos que, por sus antecedentes, por su seguridad, por sus intereses, por su igualdad de hábitos políticos y comunidad de costumbres y por sus simpatías, pueden formar y sostener de un modo natural y espontáneo una entidad nacional. Para corroborar lo expuesto, pueden servir de ejemplo las Repúblicas de El Salvador y Honduras. Verdad es que la unión de pueblos homogéneos sería repugnada y combatida por intereses egoístas, que sólo medran al favor de nuestra debilidad; pero aun en el caso de una lucha, los pueblos unidos en su derecho triunfarían por la fuerza de su unión y por la justicia de su causa.

El buen resultado de tal linaje de unión aseguraría el equilibrio centroamericano, haciendo casi imposibles las intervenciones escandalosas y los atentados brutales de los Estados más fuertes, en daño y en desdoro de los Estados más débiles: tal arreglo desvirtuaría muchas causas de turbación, de guerra y de anarquía y, al favor de una nueva situación de paz sólida y honrosa, y al favor de un saludable y alto ejemplo y de nuevos y respetables intereses y de nuevos y fraternales vínculos, de manera ordenada y pacífica, se operaría gradualmente la fusión de todos los pueblos centroamericanos, bajo un solo gobierno y en el seno de una sola y verdadera patria.

Fuera de la unión gradual de las repúblicas del centro, únicamente puede lograrse la unidad nacional por la fuerza o por la conquista: hay que esperar que aparezca un hombre extraordinario que una militarmente lo que políticamente está dividido; o hay que esperar que una potencia extranjera, lo que es más probable, aprovechándose de nuestra desorganización, de nuestra incapacidad, de nuestros vicios y escándalos, venga a ponernos en regla y nos una y nos gobierne a ley de conquista disimulada por inmigraciones y por empresas y reclamada por los fueros de la civilización. O la fuerza de dentro, creando en todo Centro América una dictadura militar permanente, o la fuerza de fuera labrando para siempre nuestra humillación merecida: tales son los lastimosos extremos que se nos presentan, si no se efectúa la unión gradual de nuestros pueblos, por la virtud de benéficas y salvadoras evoluciones. Estas, para realizarse, darán ocasión a sacudimientos y luchas; pero si se realizan, el éxito será seguro y honroso y se salvará el porvenir de los hijos de la región más central y más bella de nuestro continente.

La patria no puede existir sin verdadero pueblo. Nosotros tenemos pueblo en el sentido vulgar de la palabra; pero no en la acepción política, pero no en la acepción de la República, acepciones que hacen juzgar al pueblo como una entidad nacional poseedora de la soberanía y capaz de dirigir sus destinos, dándose libremente, por medio del organismo del gobierno, su representación interior y exterior. Nosotros podemos decir que, en vez de esa entidad nacional, tenemos masas dispersas, colonos a la española, que, olvidados de sus derechos, bajo el peso de la anarquía o de la dictadura, ven en el gobierno, por diabólico que sea, una divina Providencia, y trabajan y obedecen y gimen a hurtadillas, o bien aplauden delirantes a sus propios tiranos, porque el poder es todo y el pueblo nada: máxima terrible cuya cumplida observancia hace que formemos una monstruosa excepción, la nota disonante en el concierto de los países libres de América.

Este estado de abyecta miseria, que no exagero, tan sólo podrá desaparecer por la virtud de la educación práctica obtenida en la grande escuela de la vida pública. De nada sirve que el maestro de escuela enseñe tímidamente a los niños que tienen deberes y derechos políticos, si estos niños, cuando son hombres, hacen un segundo aprendizaje en la escuela de la indignidad, de la bajeza y de la corrupción, organizada por el despotismo; escuela que los enseña a olvidarse de sus derechos y a prosternarse ante el poder de sus mandarines, para alcanzar la merced de vivir, cuando más, para obtener algunos medros personales.

La educación práctica que haga a nuestros conciudadanos dignos, esforzados y celosos de sus derechos, es la educación que necesitamos para tener verdadero pueblo. Todos los hombres de convicciones, capaces de pensar, de hablar y de escribir algo de provecho, son los llamados, aunque sean calumniados y perseguidos, a formar el noble y santo magisterio, que ha de proporcionar con la idea y el ejemplo la educación práctica de nuestros pueblos.

Si alguien cree que estas son vagas teorías, yo le preguntaría si en la pasada generación ejercieron o no positiva influencia la palabra y los escritos de Valle, de los Barrundia, de Morazán, de Herrera, de Marure, de Gálvez y de Molina. Sin aquella palabra y sin aquellos escritos no se habrían formado sentimientos de dignidad y de libertad en los pueblos de épocas pasadas. Digan lo que quieran, y hagan lo que quieran los hombres de la fuerza bruta: la palabra que desciende de la tribuna o que se agita con la hoja del periódico o del libro, forma un huracán que destruye las fortalezas de los tiranos y que deja libre el campo para que se levante el Capitolio de los pueblos libres.

Un verdadero pueblo tiene que regular su vida por las instituciones. Sustituir estas al poder discrecional, a la arbitrariedad, al capricho, a los antojos del que manda, es asegurar entre nosotros el imperio de la ley; es asegurar el cumplimiento de los fines de sociedades regularizadas y cultas. Hoy por hoy, ¿qué es en Centro América una institución, una ley? Se puede contestar como los puristas del cesarismo romano: la institución, la ley, es la voluntad del sumo imperante.

Pero debemos salir de estado tan oprobioso de absolutismo, para tener instituciones impersonales, únicas que aseguran los derechos del hombre y que labran la felicidad y el engrandecimiento de los pueblos. Mas del absolutismo, ¿debemos pasar a la realización de un bello ideal en materia de instituciones? Pienso que tal propósito haría frustráneo cualquier esfuerzo del patriotismo. Nuestras instituciones no deben ser las más avanzadas y perfectas: deben ser, tomada en cuenta nuestra pésima constitución social, las más practicables y sensatas, y a la vez las que más favorezcan, de un modo seguro, aunque lento, al desarrollo de los primordiales intereses del orden, de la libertad y del progreso.

Yo admiro a Barrundia y a Morazán por su generoso radicalismo sostenido al calor de su corazón y al calor de su genio. Pero tal radicalismo del tiempo de la Federación contribuyó de eficacísima manera a producir la disolución de la patria y la muerte de todas nuestras libertades. Si hemos de tener modelos, imitemos en parte la sólida y progresiva organización de Chile, para imitar después en todo la admirable organización de los Estados Unidos y de los cantones suizos. Seamos sensatos, y conquistemos, por medios seguros aunque gradualmente, los mayores adelantamientos sociales y políticos. Siempre diré como Linneo: "La Naturaleza no da saltos".

Se extrañará por algunos que hable de la necesidad de instituciones, cuando se ve que en nuestras pequeñas repúblicas del Centro se han dado y se dan muchas leyes libérrimas. Pero estas casi siempre no son más que humoradas del despotismo o de la anarquía. Esas leyes no son verdad; no se respetan ni se cumplen. Esas leyes, en vez de moralizar a los pueblos y de asegurarles sus derechos, más bien los acostumbran a recibir lecciones diarias en la escuela política de la hipocresía, de la falsificación, de la mentira.

Preferible es, pues, tener instituciones, no avanzadas en teoría, no perfectas, pero que sean verdaderas, que sean un hecho en las esferas de la vida privada y pública; instituciones que se respeten y se cumplan, que protejan el derecho de sus sostenedores y de sus contrarios. No de otra suerte se procede en los Estados Unidos, en donde la ley, buena o mala, se cumple.

A este respecto, en una ocasión solemne, dijo el presidente Mr. Ulises S. Grant estas notables palabras que revelan el espíritu político de aquel gran pueblo: "Seré fiel ejecutor de todas las leyes, merezcan o no mi aprobación. En todas las cuestiones tendré una política que recomendar, ninguna que imponer contra la voluntad del pueblo. Las leyes deben gobernar a todos, lo mismo a los que las combaten que a los que las defienden. No conozco mayor método para obtener la abrogación de una ley mala o perjudicial que el de ejecutarla estrictamente".

(Véase el discurso inaugural del presidente Grant y la obra intitulada "Vidas y Retratos de los Presidentes de los Estados Unidos").

Ojalá que estas palabras lleguen a grabarse en el ánimo de nuestros gobernantes y de nuestros pueblos. La escuela norteamericana debe ser nuestra escuela, con respecto al acatamiento a la ley. El respeto a las instituciones ha convertido a los Estados Unidos en una de las naciones más respetables, más prósperas y felices de la tierra.

Las numerosas cuanto amargas consideraciones anteriores, que me duelen en lo íntimo del alma por referirse a mi patria, alguien podrá conceptuarlas fuera de oportunidad, pero yo las juzgo muy pertinentes... Demuestran la magnitud de los problemas políticos que hay que resolver en Centro América; demuestran, a la vez, la alta conveniencia que hay en estudiar y en seguir, en todo lo posible y debido, los principios políticos que regulan la conducta de Morazán, que aparece más grande y glorioso a medida que los tiempos pasan y que aumentan nuestros retrocesos e infortunios.

Jamás se encarecerá demasiado la importancia de nuestros problemas sociales y políticos. Para los hombres pensadores deben ser el objeto de reflexión y enseñanza de todos los días, de todas las horas, de todos los momentos, y su solución debe ser, para los pueblos, una aspiración incesante.

Unidad de la patria, pueblo formado por la virtud de la educación, instituciones libres y práctica respetuosa de estas instituciones: he aquí el resumen de los grandiosos y civilizadores principios que, sustentados por Morazán con la idea y con el ejemplo, así en los campos de batalla como en el terreno de la política, han de resplandecer en las páginas de este libro como enseñanza salvadora, inspirada por las virtudes del patriotismo y del genio. Necesítase, con urgencia, aprovechar esa enseñanza y resolver dignamente nuestros problemas políticos. De lo contrario, tendremos la triste y pavorosa alternativa de ser para siempre un Estado asiático, en donde imperen la inmovilidad, el atraso, la injusticia, la barbarie, o de ser, al andar el tiempo, la desgarrada presa de una humillante dominación extraña.

No nos hagamos ilusiones: nuestros países son países inconstituídos, por más que tengamos nominales constituciones y Códigos y Reglamentos; por más que hayamos alcanzado algunos progresos intelectuales y materiales, obra en parte ineludible de la acción del tiempo y del influjo extranjero. Necesario es, pues, que nos constituyamos para tener derechos, para tener República, para vivir libres y felices, y para pronunciar, sin rubor, ante las demás naciones, el dulce y querido nombre de patria, que hoy no podemos pronunciar dignamente ante el extranjero que, con justicia, o nos compadece o nos desprecia.

Si no reaccionamos contra nuestro pasado y contra los vicios que canceran nuestra sociedad presente, probaremos que somos, como los nictálopes, que no ven a la luz del mediodía y que sólo fijan sus miradas en medio de las densas sombras de la noche: probaremos que somos incapaces para cumplir los altos fines del derecho y de la libertad. Debemos, empero, desechar el aflictivo y enervante pesimismo. Si el patriotismo quiere, se hará una revolución de principios y la Patria y la República se ostentarán triunfantes, teniendo por auréola las inmortales ideas del mártir de nuestra Democracia...

BIOGRAFÍA DE JOSÉ CECILIO DEL VALLE

PALABRAS DE RAMÓN ROSA

INFORME

Excelentísimo señor doctor don Marco Aurelio Soto,
Presidente de la República

Excelentísimo Señor:

En 22 de diciembre del año próximo pasado tuvisteis a bien darme oficialmente la delicada cuanto honrosa comisión de que revisase y ordenase, para imprimirlas, las obras de don José Cecilio del Valle, y de que escribiese la biografía de tan distinguido centroamericano, para que sirviese de introducción al libro en que deben aparecer sus principales escritos.

No son para dichas, Señor, pero sí para sufridas muy penosamente, las dificultades con que he tropezado al poner por obra la ejecución de mi encargo. Entre nosotros no se ha prestado atención a los estudios históricos, ni ha habido gusto por ellos; y de aquí ha provenido la pérdida de muchos materiales y datos preciosos, la cual ha embarazado en gran manera el cumplimiento de mi comisión.

No obstante, después de haber superado graves obstáculos, a fuerza de pacientes investigaciones y de laboriosos estudios, he dado remate a mis trabajos; y hoy tengo el honor de presentaros, ordenadas y revisadas, las copias de los principales escritos del ilustre Valle, lo mismo que la biografía que ha de precederles en el libro que va a publicarse por cuenta del Estado.

La biografía de don José Cecilio del Valle, por su extensión, es una obra completa, aunque por su mérito muy lejos está de ser una obra acabada. Está dividida en ocho capítulos, y cada capítulo contiene un sumario de los principales puntos que abraza.

Los capítulos de la biografía se refieren a los períodos importantes de la vida de Valle, períodos que he dividido tomando en cuenta los sucesos de mayor interés, personal o político, que formaron, por decirlo así, verdaderas épocas para el hombre cuyos hechos y vicisitudes me he ocupado en historiar.

El primer capítulo comprende el período transcurrido desde 1780, en que nació Valle, hasta 1803, en que se recibió de abogado en la Real Audiencia de Guatemala; el segundo capítulo se extiende desde 1803 hasta 1812, en que Valle contrajo matrimonio, y en que, en toda la madurez de sus facultades, expuso sus ideas de economista como regente de la Cátedra de Economía Política; el tercer capítulo recorre desde 1812 hasta 1821, en que Valle redactó el Acta de Independencia de Centroamérica; el cuarto capítulo comprende desde 1821 hasta 1822, en que Guatemala se anexó al Imperio de México, y en que Valle fue, como diputado, a la capital imperial; el quinto capítulo se extiende desde 1822 hasta 1824, en que, recobrada la independencia centroamericana, Valle regresó a Guatemala a hacerse cargo del Poder Ejecutivo provisional de Centroamérica; el sexto capítulo comprende desde 1824 hasta 1829, en que, domeñada por Morazán la reacción liberticida del presidente Arce y de los conservadores de Guatemala, Valle volvió a ocupar su puesto de diputado en el Congreso Federal; el séptimo capítulo abarca desde 1829 hasta 1834, en que falleció Valle, cuando había sido electo, por segunda vez, presidente de la República Federal de Centroamérica; y el octavo y último capítulo se refiere a la gran sensación y consecuencias políticas que produjo la muerte de Valle, al olvido que se hizo después de su vida y de sus obras, a la justicia que hoy se hace en Honduras a su memoria y a las enseñanzas morales y políticas que ha dejado a la posteridad aquel sabio hondureño.

Imposible historiar la vida y hechos de Valle, ligados íntimamente con la sociedad, con la política y vicisitudes de su tiempo, sin historiar, aunque a grandes rasgos, los sociales acaecimientos de capital carácter de la época en que vivió, y en que fue actor o espectador en la escena de los sucesos políticos. He aquí por qué, Señor, he tenido que hacer de la biografía de Valle un gran cuadro histórico en que aparece, en lugar preferente, su noble figura. A la manera que, en el arte plástico, el pintor tiene que formar un cuadro con un fondo de luz y de sombras, para que puedan verse distintamente las formas, líneas y rasgos fisonómicos del retrato que su pincel produce, así el biógrafo, pintor de almas, si se me permite la frase, tiene que formar un cuadro de hechos históricos, fielmente apuntados y con crítica apreciados, para que puedan conocerse clara y distintamente los móviles de conducta, las acciones, las obras, las ideas, las tendencias, aspiraciones e ideales del personaje cuya vida, por la virtud de la palabra escrita, reproduce para que se perpetúe en las páginas de la historia.

El pincel y la pluma, al retratar, emplean procedimientos análogos, con la diferencia de que el pintor debe impresionar, ante todo, de un modo estético, la vista; y el biógrafo debe impresionar, ante todo, de un modo científico, el espíritu de los contemporáneos y de las generaciones venideras.

Debo, además, deciros, Señor, cuál es el criterio a que obedecen mis apreciaciones históricas. Como bien lo sabéis, hay un criterio de circunstancias, interesado, de provechos positivos; y hay un criterio impersonal, de desinterés y de justicia, ajeno a las pequeñeces y miserias que oponen los límites del tiempo y del espacio. Entre nosotros, en que la política, la mal entendida política, lo ha dominado todo, hasta la historia, que debe ser soberana, se ha adoptado, por lo común, el criterio de las circunstancias, el criterio de la pasión y de la conveniencia del momento, cuando algo se ha escrito sobre nuestros sucesos históricos y nuestros hombres públicos. ¿Se tienen ideas conservadoras?

Pues es necesario presentar a los liberales como monstruos de la anarquía. ¿Se tienen ideas liberales? Pues es necesario presentar a los conservadores como fieras, en sus antros, incapaces de toda idea acertada y de todo sentimiento generoso. ¿Se tienen ideas clericales? Pues es necesario presentar a los librepensadores como desnaturalizados impíos y corruptores de oficio. ¿Se tienen ideas anticlericales? Pues es necesario presentar siempre a los clérigos como amigos del absolutismo, del retroceso y de la inquisición. Tal ha sido y tal es, en lo general, el criterio histórico en Centroamérica: es el criterio de la subordinación de una conveniencia que infama, al predominio de las pasiones de un partido triunfante, que oprime, que degrada, que envilece.

El iracundo exclusivismo político ha traído el irracional exclusivismo histórico. Tan impudente ha sido la falsificación que se ha hecho de los principios de la república, como horrible la falsificación que se ha hecho de la historia.

Señor: Vos habéis tenido piedad del pasado, rehabilitando la memoria del gran Valle; y yo he querido tener piedad de la historia, rechazando el estrecho, el inmoral criterio de las circunstancias, al escribir su biografía y juzgar los principales acontecimientos de su época. Ese criterio no es el criterio de la ciencia, no es el criterio de la razón, no es el criterio de la recta justicia, no es el criterio del noble sentimiento. Señor: yo, que tengo la buena suerte de estar de acuerdo con vuestras elevadas ideas, sé que Vos estáis de acuerdo con mi criterio histórico; sé que no queréis hacer de la historia un Santo Oficio, una despiadada inquisición. Nosotros no podemos decir a liberales ni a conservadores: "Creed o arded". Nosotros somos y debemos ser de nuestro siglo de tolerancia, de libertad y de crítica imparcial; nosotros, cueste lo que cueste, debemos mirar al porvenir de las ideas, que es el porvenir de nuestra patria.

Por tristísima experiencia, que ha agostado casi en flor la vida de mi alma, de mi pensamiento, sé, Señor, lo que ha de costarme lo que os digo, lo que han de costarme los juicios políticos que encierra la biografía de Valle. Sé que he de atraerme la malevolencia de liberales y conservadores exaltados. En realidad, ¿cuál será el principal éxito inmediato de esta obra? A buen seguro, el odio ya, y la venganza en perspectiva. Los más benévolos, por hoy, se encogerán de hombros y verán, con soberano desdén, mi escrito; los menos benévolos, tal vez me calumnien y me injurien de una manera soez, porque los unos me verán muy reaccionario, y los otros me verán muy rojo; cuando, a la verdad, Señor, no he sido más que imparcial y justiciero.

Muchos habrá que, puesto que hablo de éxito, me preguntarán qué títulos tengo para esperar que alguien se ocupe en mi escrito, para esperar que en lo político, en lo literario o en lo científico, llame en alguna manera la atención. ¿Títulos? No los tengo; pero cuando escribo, tengo una excusa: la de tener corazón, sinceridad y franqueza; y esto basta para que, hoy que esas prendas brillan por su ausencia, pueda ser el blanco del desdén, de la calumnia o de la injuria. No importa. Pocos, como yo, tendrán tanta altivez y tan profundo desprecio para todos los que se yerguen, ostentando falsos títulos en política, para difamar a los que piensan con su cabeza y sienten con su corazón.

Pero basta, Señor, en este informe, tal vez de impropias digresiones; basta de pesimismo, pues aún quedan hombres de conciencia en la América Central. Concluyo, pues, Señor, diciéndoos que, al mirar al pasado, rehabilitando la memoria de Valle y de nuestros más ilustres hombres[1], habéis mirado al porvenir. La causa del porvenir es la causa de aquellos hombres. Centroamérica unida bajo un régimen de moralidad política, bajo un régimen de efectivas instituciones republicanas: he aquí la fórmula del pasado; he aquí la enseñanza para el porvenir. La revolución de ideas, la revolución de principios, que sean en espíritu y en verdad, está por hacerse en Centroamérica. Contra exaltados y espurios liberales y conservadores, Vos, con la biografía del sabio Valle, dais una enseñanza regeneradora, un elemento revolucionario, en la despejada esfera de las ideas. Por ello, ante las disociadoras y enconadas pasiones, vuestro crimen es grande, Señor. ¿Quién os absolverá de tan enorme crimen? Os absolverá el tribunal a donde no se necesita acudir en grado de apelación o de súplica: os absolverá el más respetable de los tribunales, el augusto Tribunal de la Historia.

RAMÓN ROSA

Tegucigalpa, 10 de diciembre de 1882.

---

[1] En virtud de decretos del señor Presidente Soto, se están erigiendo estatuas en las plazas principales de esta capital, al sabio don José del Valle, al Benemérito General don Francisco Morazán, al inmaculado héroe, General don José Trinidad Cabañas y al ilustre poeta Presbítero Doctor don José Trinidad Reyes, uno de los fundado-res de la Universidad de la República.

CAPÍTULO I: LOS PRIMEROS AÑOS

Consideraciones preliminares. — Nacimiento de Valle. — Sus primeros años. — Su traslación de Honduras a Guatemala. — Su aprendizaje primario. — Su segunda enseñanza. — Sus estudios privados. — Su grado de Bachiller en Filosofía en la Universidad y su recibimiento de Abogado en la Real Audiencia de Guatemala. — Descripción del físico y del carácter moral de Valle.

DOS AÑOS HACE que Centroamérica, por deber, por gratitud, y aun por su propia honra, estuvo en el caso de celebrar el primer centenario de José Cecilio del Valle. Pero Centroamérica no paró mientes en el recuerdo del sabio estadista que redactó el acta inmortal de Independencia. Centroamérica casi ha perdido la memoria; Centroamérica casi lo ha olvidado todo; ha hecho silencio, completo silencio al sueño de la muerte de sus más ilustres hijos, como si temiera despertarlos, como si temiera que se levantasen de improviso para lanzarle una severa, amarga y cruel reconvención.

Lo que pasa es muy lógico. No existe la nación centroamericana de quien José Cecilio del Valle, fue uno de los más esclarecidos fundadores; no existe el pueblo respetable de quien José Cecilio del Valle fue uno de los más valientes y abnegados defensores; no existe la noble y grande patria a quien José Cecilio del Valle consagró los votos de su corazón, las inspiraciones de su alma, la actividad de su genio. La que fuera Centroamérica es hoy, en lo político, un pueblo degenerado y destrozado, lleno de un aturdimiento tal, que casi le impide tener grandes recuerdos y grandes ideales.

Natural, y muy natural, es lo que sucede con respecto a la memoria del sabio Valle, tan digna de venerarse. Natural es que reine un profundo silencio; que casi no se pronuncie el nombre del sabio estadista; que no se recuerden los hechos de su vida fecunda en beneficios públicos y en altas enseñanzas; que no se conozcan sus obras, verdaderos monumentos de sabiduría, tan dignas de ser estudiadas, tan idóneas para enriquecer la inteligencia de la juventud y elevar el sentimiento nacional, y tan merecedoras de formar, para exhibirla ante propios y extraños, la ejecutoria de nuestras instituciones y de nuestras letras.

Pero el verdadero mérito tiene el privilegio singularísimo de abrirse paso, aunque a veces tarde, a través de las generaciones que olvidan o de las generaciones que maldicen. Por esto, a José Cecilio del Valle, que debe gozar de los privilegios que trae aparejados un innegable y sobresaliente mérito, se empieza a hacer justicia, salvando su ilustre nombre y sus obras valiosísimas de un ingrato y criminal olvido. La justicia de la posteridad comienza. He aquí por qué el Gobierno de esta sección de Centroamérica, de este girón desgarrado de la Gran Patria, ha acordado nobilísimamente se escriba la biografía de José Cecilio del Valle y se publiquen sus obras por cuenta de la Nación; he aquí por qué, como encargado del Gobierno de mi país, aunque falto de aptitudes y merecimientos, pero sobrado de buenos deseos, tengo la señalada honra de escribir la biografía del célebre hijo de Honduras, del sabio estadista que supo honrar, en el más alto grado, las instituciones y las letras centroamericanas.

José Cecilio del Valle nació el día 22 de noviembre del año de 1780, en la villa de Choluteca[2], situada a la margen del río que lleva su nombre, y perteneciente, durante la dominación española, a la antigua provincia de Tegucigalpa. Según consta en la relación oficial[3] de los títulos y méritos de Valle, hecha en Madrid, a 3 de septiembre de 1815, por la Secretaría de la Cámara de Gracia y Justicia y del Estado de Castilla, José Cecilio del Valle «fue hijo legítimo de don José Antonio Díaz del Valle y de doña Gertrudis Díaz del Valle; noble hijodalgo, y de las más distinguidas familias españolas de la provincia de Guatemala, quienes, por lo tanto, han obtenido en ella los más principales empleos políticos y militares».

---

[2] Choluteca es hoy la capital del Departamento de su nombre.
[3] La copia de esta relación, autorizada con la firma autógrafa del Secretario de S. M., Fernando de Harrolas, está en poder del autor de esta Biografía, quien ha obsequiado una segunda copia a la Biblioteca Nacional de Honduras, en donde puede verse ese importante documento, al que ha de referirse varias veces en algunos capítulos de esta obra.

Los primeros años de Valle transcurrieron en esta provincia, como transcurrían los años de los hijos de todas las familias distinguidas de aquel tiempo; esto es, en medio de un absoluto retraimiento y casi sin recibir otras impresiones que las producidas en el seno del hogar doméstico. El apartamiento colonial, ley de desamor que presidía a las sociedades hispanoamericanas, labrando su desunión y haciendo imposible su armonía y su progreso, se hacía sentir en la nación, en la provincia, en la ciudad, en la villa, en la familia y en el individuo. Bajo los auspicios de ley social tan huraña y lúgubre, pasó la infancia de José del Valle, del hijodalgo que había nacido con un alma expansiva, predispuesta para amar la más grande armonía social de nuestros tiempos: la armonía de la República.

Los padres de Valle, aunque poseedores de grandes riquezas, consistentes principalmente en valiosas haciendas de ganado —la de «Ola», situada al oeste de Choluteca, y la inmediata a «Namasigüe», situada al norte[4]—, aunque ricos en materiales propiedades, carecían moralmente de todo recurso para dar educación, siquiera fuese mediana, al hijo de su predilección, objeto de su cariñosa solicitud, de sus tiernos afanes y de sus lisonjeras esperanzas. La provincia de Tegucigalpa estaba falta, en aquel entonces, hasta de escuelas primarias elementales. Con suma dificultad aprendían algunos niños, hijos de padres pudientes, a leer y escribir en escuelas privadas, costeadas por las familias interesadas en su sostenimiento. Respecto a enseñanza superior, tan sólo había en Comayagua, capital de la provincia de su nombre, un Colegio Tridentino, fundado por el obispo Vargas y Abarca, destinado a la enseñanza teológica, a la que se aumentó en 1784, por iniciativa del obispo Antonio de Guadalupe, una clase de Filosofía Escolástica[5]. Tales eran los únicos medios de cultivar, en Honduras, la inteligencia de la juventud, a fines del pasado siglo.

Dada esa situación, los padres de Valle, sin duda cediendo, más que todo, al noble deseo de educar a su hijo, se trasladaron con toda

---

[4] Datos tomados de la parte histórica del Cuadro estadístico del Departamento de Choluteca, formado bajo el Gobierno del señor Soto, por el Director de Estadística, don Francisco Cruz.
[5] Datos tomados del Archivo de la Catedral de Comayagua, incendiado en 1872 por el General José María Medina.

su familia, en 1789, de la provincia de Tegucigalpa a la ciudad de Guatemala, centro de la Capitanía General que constituían las provincias de Centroamérica. Valle, pues, dejó su tierra nativa a la edad de 9 años; pero no la olvidó nunca, pues siempre conservó de su provincia amada[6], como él la llamaba, los más tiernos recuerdos filiales y los más fervientes votos por su prosperidad y engrandecimiento.

Establecida la familia de Valle en Guatemala, una de sus primeras atenciones fue la de proporcionarle la primera enseñanza. Al logro de este fin, fue colocado en la escuela de «Belén», en donde el niño, apenas salido de la infancia, aprendió con provecho las primeras letras.

Aunque la situación de Guatemala, en lo tocante a la vida moral y literaria, aventajaba en mucho a la de Honduras, empero era sumo el atraso que se notaba en orden a la enseñanza, al desarrollo de las ideas, entorpecido, casi paralizado, por la influencia de las instituciones de la colonia y de las funestas preocupaciones que formaban su cortejo. Refiriéndose a la situación social de Guatemala, existente a fines del pasado siglo, decía, en 1867, el erudito don José Milla y Vidaurre lo que sigue: «Las doctrinas atrevidas que en el antiguo mundo habían producido una transformación completa en las ciencias morales y políticas, apenas eran conocidas en este reino, que por sus escasas y tardías comunicaciones con la Europa, permanecía casi enteramente extraño al movimiento intelectual del resto del mundo y a los acontecimientos que cambiaban la faz de las naciones. De la tempestad deshecha que destruía las creencias e instituciones seculares, llegaba solamente algún rumor lejano a estas remotas y pacíficas comarcas, que hacían de la conservación de la fe religiosa y de la lealtad al soberano sus más espléndidos blasones. Las ciencias exactas eran casi enteramente ignoradas, y los pocos hombres estudiosos que se dedicaban a cultivarlas excitaban las sospechas del vulgo, que creía ver el resultado de artes diabólicas en las operaciones más inocentes y sencillas de la física experimental. Relativamente adelantados los conocimientos en las ciencias eclesiásticas, en la

---

[6] Véase el Manifiesto de don José del Valle a la nación guatemalana.
—1825.

jurisprudencia y en la bella literatura, eran desconocidos los estudios de la economía política y de las matemáticas; y la filosofía no había logrado desembarazarse de los embrollados sistemas de los peripatéticos».[7]

Tal era el medio social, si así vale decirlo, de Guatemala, cuando Valle hacía el aprendizaje de las primeras letras. Pero los adelantamientos de la sociedad se operan bajo la ley infalible de las oposiciones, ley de penosos contrastes y de acerbas luchas, pero de resultados armónicos que realizan, de manera gradual, el bien de la humanidad. Reacción hubo, pues, a fines del pasado siglo, contra las preocupaciones, contra las supersticiones, contra el escolasticismo triunfantes. Villaurutia, Flores, Rayón, Mociño, Martínez, y sobre todo Fray José Antonio de Liendo y Goicoechea, oriundo de Cartago de Costa Rica, fueron los grandes representantes de reacción tan fecunda en beneficios públicos. Goicoechea, de alma grande, de acerado carácter, de talento superior y de vastos y sólidos conocimientos, formado en la escuela del escolasticismo, escéptico después y casi positivista por último, fue el más activo reformador del plan de estudios en Guatemala, estableciendo los principios fundamentales y útiles de que las ciencias exactas debían subordinarse a la demostración; las ciencias naturales a los experimentos; las ciencias políticas y morales al bien de los pueblos; y las ciencias filosóficas al examen crítico de la razón humana. Valle, refiriéndose a los trabajos de aquel reformador atrevido, dice: «En el seno mismo de los escolásticos, en la edad de los errores, supo elegir los libros más sublimes de las ciencias a que fue dedicado; apropiarse los conocimientos más grandes, darles las gracias de su genio y comunicarlos a nosotros y a nuestros mayores. Ved aquí su justo valor. Fue lo que Fontenelle dice de un filósofo: el Prometeo de la fábula que robó el fuego de los dioses para comunicarlo a los hombres».[8]

---

[7] Véase el discurso, en el elogio de Fr. Matías Córdova que leyó el socio consultor don José Milla, en el salón principal de la Sociedad Económica de Guatemala el día 13 de enero de 1867.

[8] Véase el elogio que de Fr. José Antonio de Liendo y Goicoechea, que murió el 2 de julio de 1814, hizo don José del Valle, por encargo de la Sociedad Económica de Guatemala, el día 7 de agosto del mismo año.

La reforma social, aun en la esfera pacífica de las ciencias y de las letras, nunca se opera impunemente. El reformador tiene que ser víctima de las pasiones y preocupaciones de los contemporáneos, a la vez que victimario de un sistema de errores. El anatema y la condenación en el presente, y la honra y la gloria en el porvenir: he aquí la suerte de todo verdadero reformador. Goicoechea lo fue en alto grado. Por las ideas que difundió, por los nuevos libros que trajo de España, que conoció bajo el reinado glorioso de Carlos III, por el nuevo criterio que dio a la enseñanza, por las heridas mortales que infirió al estéril escolasticismo, atrajo contra su persona la malevolencia, los anatemas y aun las persecuciones del clero ignorante y de las clases sociales que rendían pleito homenaje a las más añejas y retrógradas ideas. Pero, a despecho del encono y de la persecución, Goicoechea alcanzó un éxito feliz: la reforma triunfó, el plan de estudios se transformó benéficamente en Guatemala.

No es fuera de propósito que haya tratado de la transformación social que en materia de enseñanza se operó en Guatemala a fines del pasado siglo. Esa transformación dichosa fue la que dio a Valle oportunidad de cultivar su claro talento bajo los auspicios de la verdadera ciencia. Valle, en aquella época esencialmente revolucionaria, y que, en términos ortodoxos, podría llamarse herética, apenas salido de la escuela primaria, fue el discípulo de Rayón, de Escoto y del gran reformador Fray José Antonio de Liendo y Goicoechea. Goicoechea abrió las amplias y despejadas vías que debía recorrer, como hombre de ciencia y de letras, José del Valle. Goicoechea, aquel fraile reformador, aquel fraile de las herejías, aquel nuevo Savonarola, aquel nuevo Lutero en la esfera de la reforma de las ciencias, fue el Bautista, el sabio que, un poco más tarde, había de atraerse, por su positivo saber, la admiración de todos los centroamericanos y el alto aprecio de algunos sabios de Europa.

Sin la reforma, sin las enseñanzas del franciscano Goicoechea y sus adeptos, no puede explicarse, ante la Filosofía de la Historia, cómo en aquella oscurísima época colonial, cómo en Guatemala, uno de los limbos más remotos de los pueblos colonizados por España, pudo formarse un hombre que, a principios de este siglo, divulgó en todos los ramos de las ciencias verdades tan útiles como trascendentales, que hoy mismo tan sólo comprenden y popularizan los más célebres y afamados escritores del antiguo y nuevo continente. Es indudable que nada se pierde, así en lo físico como en lo moral: en la vida y en las producciones fecundas de José del Valle palpita el alma creadora y luminosa de Liendo y Goicoechea.

Bajo los auspicios de la nueva época de transformación en la enseñanza de las ciencias y de las letras, época que dio de sí, en 1794, el planteamiento provechosísimo de la Sociedad Económica de Amigos de Guatemala[9] ; bajo auspicios tan felices, el joven Valle estudió gramática latina en el Colegio Tridentino, y siguió después los cursos de filosofía, de derecho civil y de derecho canónico en la Pontificia Universidad encargada de proporcionar la enseñanza secundaria y profesional.

Autorizada y antigua costumbre ha sido en nuestros establecimientos de enseñanza, calcados sobre constituciones y tradiciones españolas, la de elegir, al fin de cada año escolar, uno de los alumnos de más talento e instrucción para sostener un examen público, revelador del estado y progresos de la enseñanza; y Valle fue elegido, en la antigua Universidad de Guatemala, para que sustentase el primer acto público de Lógica, Metafísica y Física Experimental. Lucidísimo fue el acto, inusitada la sensación que produjo. Valle, con todo el despejo de su clarísimo talento, discurrió sobre el origen, construcción y usos de varios instrumentos de física que se expusieron a la vista de los concurrentes[10]. Harto justificada fue la novedad: el acto público debió ser un acontecimiento literario para quienes de antiguo estaban acostumbrados a oír abstrusas disertaciones teológicas y controversias metafísicas, tan insustanciales como faltas de atractivo y útil enseñanza.

Desde temprano el estudio de las ciencias y de las letras fue para Valle una vocación irresistible, enérgico estímulo de sus más perseverantes esfuerzos, y fuente perenne de sus más puros goces. Así

---

[9] La Sociedad Económica, por sus trabajos progresivos, inspirados en las ideas modernas, se atrajo la malevolencia del Gobierno de la Colonia, quien la disolvió en 1799. La Sociedad fue restablecida en 1811, y perseveró en la prosecución de utilísimos trabajos. A esta Corporación Benemérita tuvo la honra de pertenecer el autor de esta Biografía, lo que es para él un grato recuerdo.

[10] Relación de los méritos y títulos de José del Valle, ya citada.

es que Valle, en su juventud, no se limitó, como por deber, a hacer los estudios de las ciencias y artes oficialmente establecidos en el Seminario y en la Universidad. Ávido de saber, recibió, en lo privado, de las personas más instruidas, lecciones de álgebra, de geometría, de literatura y de los idiomas inglés, francés e italiano, distinguiéndose en el aprendizaje de tan variados e importantes ramos, tanto por su decidida aplicación como por sus notables aprovechamientos. Valle trataba de complementar, por su propio esfuerzo, la deficiente instrucción que recibiera en el Seminario y en la Universidad. Particularmente el estudio de las lenguas vivas, más preciadas en el mundo civilizado, le interesaba en gran manera. Él sabía que el conocimiento de los idiomas extranjeros multiplica, por decirlo así, las facultades, las aptitudes perceptivas de nuestra alma; él sabía que cada idioma que se posee es un nuevo sentido, es un nuevo órgano de que se sirve la inteligencia para ensanchar, de modo prodigioso, sus ideas. Por esto no es extraño que Valle se familiarizase con las literaturas latina, española, francesa, inglesa e italiana, y que viviese en intimidad espiritual con Tácito y Virgilio, con Mariana y Cervantes, con Buffon y Cuvier, con Newton y Bentham, con Dante y Gioberti.

Viviendo vida austerísima, casi olvidado de su juventud, edad hermosa que de ordinario se deshoja por la mano febricitante de inconsideradas pasiones, Valle continuó honrada y pacientemente sus estudios hasta graduarse, en diciembre de 1794, de Bachiller en Filosofía en la Universidad de Guatemala. Con la misma disposición de ánimo, con la misma rigidez de costumbres, continuó sus estudios mayores hasta obtener, en julio de 1799, el grado de Bachiller in utroque iure, como se decía en aquel tiempo; esto es, en derecho civil y canónico.

Graduado de Bachiller en Derecho, hizo los estudios de lo que, hasta en nuestros días, se ha denominado la pasantía, es decir, los estudios prácticos de la legislación objetiva, de las leyes de procedimientos. Después de haberlas estudiado, con provecho, asistiendo a los tribunales y observando sus prácticas en los diversos géneros de enjuiciamiento, Valle dio término a sus estudios forenses. En agosto de 1803 fue examinado, aprobado y recibido de Abogado en la Audiencia de la ciudad de Guatemala e incorporado en ella. De esta suerte, a los 22 años y meses de edad, y tras afanes y estudios sin cuento, José del Valle vio coronados sus votos y esfuerzos, teniendo una profesión honrosa y un título expresivo de grandes e incontestables merecimientos.

A la edad en que se recibió de Abogado, José del Valle era ya, física y moralmente, como suele decirse, un hombre completo. Voy a intentar describirlo en su físico, y fijar, a seguida, los rasgos característicos de su fisonomía moral, puesto que pueden dar idea de lo que prometía para lo porvenir el joven Abogado, incorporado en la Real Audiencia, cuyos altos destinos no eran siquiera presentidos en la época en que dio feliz remate a sus estudios.

José del Valle era de regular estatura, ni alto ni bajo; era de esos hombres que no impresionan ni por lo exiguo ni por lo grande: sus formas constituían un conjunto armónico; su color era trigueño; su cabeza era pequeña, pero esférica; su frente era ancha, espaciosa, pero un tanto limitada por el pelo echado hacia adelante; tenía ojos pequeños y vivísimos, y de un negro profundo en que reverberaba mucho de la luz meridional de las ardientes playas de Choluteca; su nariz era regular, y sus mejillas, ligeramente cóncavas y empalidecidas, hacían resaltar sus pómulos, dándole un interesante aspecto reflexivo; su boca era graciosa, con sus labios un tanto contraídos, contracción que se notaba más por la ausencia del bigote; el resto de su cuerpo era proporcionado y delgado, aunque no flexible, pues había en los movimientos y en la apostura de Valle algo de tiesura, y mucho de severidad. Vestía con cierta sencilla elegancia. Usaba blanquísima camisa de alto cuello que casi le ocultaba las partes laterales de la barba; llevaba enorme corbata, de finísima seda blanca, muy anudada; levita de paño negro, abotonada de arriba abajo, que ocultaba en su totalidad el chaleco, y pantalones del mismo color, perfectamente tallados.

En lo moral, Valle era hombre entero, inflexible en la línea de su deber, de costumbres regulares, austeras, severísimas, y, no obstante, poseía un alma muy afectuosa, muy apasionada. Tenía la conciencia clara de su propio valer, y era hasta orgulloso; tenía tal vez el único orgullo excusable; y, sin embargo, era dulce, afabilísimo en el seno de la amistad y de la familia, y muy caritativo para con los desvalidos. Tenía cierta seriedad de carácter muy propia del hombre de la reflexión profunda y de los cálculos matemáticos; y, a pesar de esto, amaba apasionadamente las artes bellas, en especial, la música y la poesía. Tenía una conversación animadísima y variada, y, particularmente, cuando explicaba una materia, lo hacía hasta la saciedad: parecíale que sus amigos o contertulios no le entendían lo bastante, o que no se explicaba como debía, y usaba y abusaba de la palabra en sus conversaciones, cuando en ellas creía ver algo instructivo, algo de enseñanza.

Tal era, física y moralmente, a la edad de 23 años, el joven Abogado, José del Valle. En su persona había un bello conjunto de eminentes cualidades, prometedoras de grandes cosas. ¿Qué faltaba a aquel joven extraordinario para que llegase a ser grande, y legase su nombre, lleno de enseñanzas, a la posteridad? Le faltaban vida y movimiento en lo social; espacio y teatro en lo político; atmósfera respirable para hombres de carácter, de talento y de saber; libertad e instituciones; verdadera patria. ¡Que el carácter se quebranta, que el talento se eclipsa, que el saber es infecundo, cuando las densas sombras del Escorial monárquico oscurecen los horizontes de la vida de las sociedades, o cuando las tinieblas, aún más espesas y odiosas, de brutales e indianas dictaduras, de caricaturescas repúblicas, llevan el caos a la conciencia, y oponen, si así puede decirse, un veto infame a los progresos del genio, a los progresos de la libertad, de la razón y la justicia!

CAPÍTULO II: ¡POBRE CENTROAMÉRICA!

Género de vida de Valle después de haber terminado su carrera. — Empleos y distinciones que obtuvo. — Su actitud con motivo de los primeros movimientos de insurrección, ocurridos en el año de 11, en favor de la Independencia. — Su enseñanza de Economía Política en la Sociedad Económica de Guatemala. — Su matrimonio celebrado en el año de 1812.

VALLE, DESPUÉS de terminar su carrera de Abogado, no tuvo cambios notables en su modo de vivir, en sus costumbres. Dejó de concurrir a las aulas y de hacer, a horas fijas, determinados estudios requeridos por la disciplina escolar; pero su vida continuó siendo una vida de observación, de aprendizaje. Distribuía su tiempo entre las atenciones que dedicaba a su familia y amigos, y las que siempre consagraba al estudio. Era un trabajador infatigable que no quería dormirse sobre sus laureles. Se acostaba, con toda regularidad, a las once de la noche, y a las cinco de la mañana estaba ya en pie, dispuesto al trabajo. Leía, meditaba profundamente y escribía mucho; y, siguiendo el consejo de Boileau, corregía, limaba y volvía a limar sus escritos. Tales eran sus ocupaciones ordinarias.

Como Valle llamara la atención por su conducta intachable y por sus sólidos y vastos conocimientos, y como, en su calidad de hijodalgo, aunque nacido en América, tuviese alguna parte en los privilegios de los peninsulares; debido a estas causas, obtuvo la confianza del Capitán General y Gobernador del antiguo Reino de Guatemala, quien le dispensó señaladísimas consideraciones.

En mérito de los precedentes indicados, en el mes de mayo de 1805, Valle fue nombrado por el Capitán General Diputado interino de la Comisión Gubernativa de Consolidación, de nueva creación; Defensor de obras pías; y Censor de La Gaceta de la Ciudad de Guatemala, en atención —señala la redacción de sus títulos y méritos—, «a su literatura y prudencia». Pero no pararon aquí los nombramientos que recibió Valle. En febrero de 1806 fue nombrado

Asesor del Consulado de Guatemala; en marzo de 1807, Fiscal del Juzgado de los Reales Cuerpos de Artillería e Ingenieros del Reino, a propuesta de la Comandancia de los mismos cuerpos; y en abril de 1808, Asesor de los referidos cuerpos, «cuyos destinos —asegura la Relación citada— y la Asesoría de los Juzgados Ordinarios de la Capital desempeñó con el mayor tino y general aprobación, y los más de ellos, sin sueldo alguno, como igualmente otras comisiones de la Real Hacienda que también se le encargaron».

Como se ve, el joven Abogado estaba lleno de empleos y de honoríficas distinciones. Mas al escribir la biografía de hombre tan notable, tan extraordinario, me da profunda pena el apuntar que haya merecido y aceptado la confianza de ejercer el cargo de Censor, por más que éste se contrajese a la prensa oficial, única que, de materias sociales y políticas, podía tratar en aquellos aciagos tiempos de opresión y de absolutismo autoritario. Repugna ver cómo, en fuerza de las instituciones de aquella época, la alta inteligencia de un gran pensador, que en el fondo reconocía los fueros sagrados del pensamiento, tuvo por ministerio ejercer la censura, que aun en lo oficial tiene siempre mucho de inquisitorial, de degradante y de odioso.

Gran cosa era, socialmente, en aquellos tiempos, un convento; en aquellos tiempos en que se reproducían, en América, las sombrías fases de la Edad Media. Valiosas cosas eran también los intereses de los conventos, poseedores de fincas rústicas y urbanas y de pingües rentas. Los representantes de tan cuantiosos intereses eran muy favorecidos, y Valle obtuvo el beneficio, en 1808, de ser nombrado Abogado del Convento de Santo Domingo de la Ciudad de Guatemala y su provincia.

¡Contrariedades notables las que ofrece la suerte! ¡Singulares contrastes los que presenta la posición de ciertos hombres, cuando las ideas que profesan no están en armonía con el organismo de la sociedad en que viven! Valle, como verdadero economista, no podía ser partidario de las manos muertas, de la propiedad vinculada, inmovilizada, poseída por individuos avezados a la inactividad, a la pereza, y sustraída al movimiento del cambio, de la circulación activa y reproductora[11]. Y, sin embargo, el economista Valle, cediendo a las exigencias de su tiempo y de su posición, fue el Abogado, el Defensor de las manos muertas. Sólo en los países libres, en que tienen ancho campo para desarrollarse de un modo armónico todas las actividades, todas las aspiraciones de los asociados, puede notarse la falta de las repugnantes inconsecuencias que hacen aparecer a los hombres como en un teatro donde se representan indignas comedias, desempeñando papeles opuestos a sus convicciones y a los votos íntimos de su conciencia.

En el mes de abril del año de 1809 fue propuesto, en terna, a pluralidad de votos, para el cargo de Diputado Vocal de la Junta Central de la Provincia y, en consecuencia, fue electo, habiendo merecido igualmente que se le nombrase Secretario de la Junta Preparatoria, formada para el efecto de constituir la Junta definitiva.

La situación creada en España a causa de la invasión injustificable de Napoleón I[12], el destronamiento de la familia reinante de los Borbones, que movió al heroico pueblo español a hacer un ensayo de gobierno propio, por medio de sus Juntas revolucionarias; el ejemplo de la independencia de los Estados Unidos, ocurrida en el último cuarto del siglo XVIII, y la gigantesca lucha de independencia, comenzada en México y en la América del Sur desde 1810; todos estos grandiosos acontecimientos, que debían cambiar los destinos de Hispanoamérica, vinieron a ejercer influencia, aunque al principio muy débil, en los ánimos de los colonos pertenecientes al antiguo Reino de Guatemala, a quienes se adormecía y se halagaba con el título de "fidelísimos y muy leales vasallos"[13].

No obstante el sistema de opresión, de engaños y de supercherías que emplearan las autoridades coloniales para contrarrestar el espíritu de independencia; no obstante sus grandes y repetidos esfuerzos para

---

[11] Valle condenaba las leyes "que dificultan la circulación de la propiedad, poniendo trabas que embarazan su giro". Véase su escrito: El Economista.
[12] La invasión de España no ha podido justificarla ni Mr. Thieres, tan hábil Historiador como adorador del genio de Napoleón. Véase su Historia del Consulado y el Imperio.
[13] Bandos del Capitán General don Antonio González Saravia, de 15 y 27 de Mayo de 1810. Véase el Bosquejo Histórico de las Revoluciones de Centro América, por don Alejandro Marure, Capítulo I.

ahogar, en germen, todo principio de libertad; en el año de 1810 empezó a abrirse paso, aunque lentamente, la idea de independencia; y en el año de 1811 ocurrieron, en El Salvador y Nicaragua, los primeros movimientos de insurrección contra el régimen de la colonia, movimientos que, malogrados, se repitieron en 1812 y 1814, teniendo también, desde el punto de vista del éxito, un fin desdichadísimo.

En el año de 1811, en que se efectuaron las primeras insurrecciones de los independientes, Valle era empleado del Gobierno colonial, y aunque por su carácter de americano, por su ilustración y por sus aspiraciones, debió simpatizar con la causa de la independencia, no obstante, su posición social, sus compromisos de amistad y sus deberes de empleado leal, le impidieron, sin duda, manifestarse en favor de los independientes, quienes, por otra parte, no podían inspirar confianza a los hombres reflexivos, atendido a que sus planes revolucionarios carecían de dirección y de concierto.

Tal vez por tales motivos, Valle fue un simple espectador de los acontecimientos del año de 11, siendo consecuente con su puesto de amigo de las autoridades de la colonia. Esta actitud y algunas condescendencias posteriores le valieron que el Arzobispo de Guatemala, Fray Ramón Casaus, certificara ante el Gobierno de la Metrópoli, en 1815, lo que sigue: «Este sujeto ha brillado como modelo de lealtad española, de patriotismo verdadero y de adhesión heroica al legítimo Gobierno, a pesar de lo que por estos nobles sentimientos ha tenido que sufrir por los tiros de la envidia y malignidad de los propensos a la disolución del Estado monárquico. Si los demás americanos de distinción e instrucción le hubieran imitado, la América hubiera sido feliz, y los pueblos no hubieran sido seducidos».

Hay elogios que hacen daño, mucho daño. El Arzobispo Casaus, presentando a Valle como modelo de lealtad española, afea la figura de aquel gran centroamericano. Valle fue tan pequeño por su adhesión heroica al legítimo Gobierno de la colonia como grande fue después por su firme adhesión a la independencia y a los principios de la República. Valle, subordinado a la colonia, y el Arzobispo Casaus, afirmando que la América hubiera sido feliz si los demás americanos de distinción e instrucción le hubieran imitado, estaban de acuerdo con su educación, con sus antecedentes históricos, con sus intereses del momento, y seguían las corrientes de las ideas de las clases sociales a que pertenecían; pero no estaban acordes con algo más impersonal, con algo más elevado, con algo más noble y duradero, con las exigencias de la justicia, con las inspiraciones de la humanidad. No es para todos el heroísmo de las revoluciones redentoras: Valle no tuvo ese heroísmo, y lo siento, y debe deplorarlo la Historia, pues es de desearse que el sabio estadista hubiese dado, en todo y por todo, un alto ejemplo de desprendimiento, de abnegación y de elevadas miras. Su sumisión a la colonia, según el criterio del Arzobispo Casaus, imitada por los americanos, habría hecho la felicidad de América. Este es el absurdo de los absurdos.

Y no se crea que hago esta afirmación en menosprecio, y menos en odio, a España. España nos dio todo lo que podía darnos: su noble sangre, su habla hermosísima, su religión, sus caballerosas costumbres, su genio atrevido, espiritual, y sus protectoras Leyes de Indias, que han permitido, para su eterna honra, que hayan vivido y vivan al lado de sus bisnietos millones de bisnietos de los indios que han venido, de manera gradual, civilizándose y formando un gran elemento social de nuestra América. Dígase lo que se quiera de la conquista de España, cuyos extravíos y excesos no justifico[14], pero ella, por el espíritu y tendencias del Gobierno de la Madre Patria, no tuvo por principio el odio y el exterminio de los aborígenes,

---

[14] Los excesos, las crueldades de los españoles, en daño de los indios, que disminuyeron la población aborigen, no fueron estimulados ni autorizados por el Gobierno de la Metrópoli. Las leyes del Gobierno de España fueron esencialmente protectoras; sus agentes, amparados por la distancia y avezados al militarismo, son, ante la Historia, los responsables de las iniquidades cometidas en América. Isabel la Católica, Carlos III y otros monarcas benéficos valen más, para mí, que muchos de los dictatoriales y sanguinarios caudillos que hemos tenido con el irrisorio nombre de Presidentes de la República. El absolutismo de España, en América, era siquiera lógico. El brutal y arbitrario caudillaje, sobre ser funesto y execrable, es ilógico. Jamás la Historia tendrá una palabra de benevolencia para justificarlo. Entre Felipe II y un bárbaro caudillo indiano, estoy por Felipe II: su genio era sombrío y terrible, pero al menos tenía genio. Prefiero la garra del león majestuoso del África a la picadura envenenadora del miserable insecto.

inhumano principio que se ha visto realizado en los Estados Unidos de Norteamérica, bajo los auspicios de un sistema frío como el cálculo, exterminador como la muerte. En las repúblicas hispanoamericanas vivimos los descendientes de españoles al lado de los descendientes de los caciques, principales y proletarios indianos; y vivimos como elementos armónicos, puestos al servicio de una misma causa, de la causa de la justicia y de la civilización. Este honor insigne corresponde a España, nuestra Madre Patria, de quien tenemos los vicios, pero también las preclaras virtudes. Nuestra independencia se ha operado porque debía operarse, en cumplimiento de indefectibles leyes históricas. Fue natural el resentimiento, fue natural el odio en tiempos de acerbas y crueles luchas; pero hoy, ley de amor debe presidir nuestras relaciones con la Madre Patria. Sus dolores son nuestros dolores, sus errores son nuestros errores, sus alegrías son nuestras alegrías, sus glorias son nuestras glorias, su historia es nuestra historia, y a buen seguro, en lo porvenir, sus destinos serán nuestros destinos. Por esto, en la independencia de América, yo no he visto ni veo más que la realización de la gran verdad expresada en una de esas maravillosas síntesis históricas que sólo es dado formular a mi ilustre amigo, el primer orador del siglo, don Emilio Castelar: «Los pueblos tienen que ser ingratos con los pueblos para ser agradecidos con la Humanidad».

Por acuerdo de 15 de febrero del año de 1812 la Sociedad de Amigos de Guatemala, restablecida en 1811, dispuso se diese, bajo el patrocinio de la Corporación, la enseñanza de la Economía Política. La Junta Directiva de la Sociedad nombró a Valle Regente de la nueva cátedra, y éste, en 12 de marzo del mismo año, presentó su plan de enseñanza, precedido de una exposición sobre el origen, caracteres, desarrollos y fines de las ciencias.

Luminosísima fue la exposición de Valle, y asequible y práctico su plan de enseñanza, que fue aprobado, en un todo, por la Sociedad Económica. Consideró las ciencias, aplicando un criterio profundamente analítico, como originadas de las naturales necesidades del hombre; las consideró tan diversas como diversas son las necesidades humanas; dio a las ciencias caracteres fundamentales, universales, con todas las zonas; y particulares caracteres, provenientes de sus distintos medios de aplicación en el tiempo y en el espacio; les atribuyó un carácter progresivo, sin límites asignables; les reconoció el sello de la unidad y de la variedad en la historia de sus desarrollos; las consideró como elementos de bienestar y de progreso para las sociedades, y como encaminadas a labrar la felicidad de los hombres. La elevada y brillante síntesis que, sobre las ciencias, nos ha dejado Valle, en mi pobre concepto, no habría podido formularla ni presentarla mejor ninguno de los sabios de su tiempo.

Con respecto a la Economía Política, tanto en la exposición a que acabo de referirme como en el gran discurso que pronunció ante la Sociedad Económica, al inaugurarse la cátedra, expresó ideas exactísimas, de vasto alcance en los dominios de la teoría científica, y de incalculable trascendencia en el terreno de la práctica. La ciencia de la riqueza era para Valle una ciencia de observación, relacionada con todas las actividades sociales, y auxiliada por todas las investigaciones y progresos de las demás ciencias; debía tener, por seguro criterio, el análisis completo de las causas que favoreciesen o contrariasen el desarrollo de los agentes de la producción, para afirmar y fortificar los estímulos, y desechar o suprimir los obstáculos; juzgaba que la ciencia económica no debía ser, lo que había sido en sus principios, una ciencia incompleta y de exclusivismos, ya en beneficio de la industria rural, ya en provecho de la industria fabril, ya en pro del comercio; conceptuaba que la ciencia económica estaba llamada a armonizar los múltiples y complicados intereses de la producción, de la distribución y del consumo de la riqueza; afirmaba que la Economía tenía su parte universal y sus especialidades de aplicación, sus especialidades de localidad. «Cada reino —decía— tiene su Economía Política, del mismo modo que tiene su Botánica, su Gramática y su Jurisprudencia».

Elevándose a consideraciones de otro género, impugnaba, aunque con toda la mesura requerida por su posición, el sistema antieconómico implantado por España en sus colonias; condenaba el retraimiento de los pueblos, su falta de comunicaciones y de inmigración; condenaba los procedimientos empleados en orden a la educación; y condenaba, en fin, las trabas y entorpecimientos opuestos por la legislación, en nombre de restricciones protectoras, de privilegios o de los intereses fiscales, al firme arraigo y al fácil desarrollo de la riqueza de los particulares y de la riqueza pública. Tales son, a grandes rasgos expuestas, las principales ideas que en lo económico enunció Valle, en el año de 1812, ideas propias de un verdadero estadista, ideas que en aquellos tiempos, en América, y aun en Europa, solo podían ser concebidas y divulgadas por hombres que se adelantasen a su época, que fuesen los precursores de la revolución económica que se ha operado en este siglo, dando en tierra con mil errores funestos, y asentado las sólidas bases sobre que reposan los progresos industriales de los pueblos modernos.

Cuando, después de más de medio siglo de enunciadas tales ideas, recibí, en Economía, las sabias lecciones del Doctor don Mariano Ospina, uno de los hombres más instruidos y pensadores de la pensadora Colombia; cuando leí las obras de Rossi y de Courcelle-Seneuil, con que se honra la Francia, las de Stuart Mill, con que se honra Inglaterra, las de Minghetti, con que se honra Italia, las de Flores Estrada y Colmeiro, con que se honra España, y los famosos escritos sobre Política Económica del argentino Juan Bautista Alberdi, obra monumental con que se honra la América Latina[15]; cuando reflexioné sobre las enseñanzas fecundas de publicistas tan eminentes, me sentí orgulloso, como centroamericano, al reconocer que el centroamericano José Cecilio del Valle, a principios de este siglo, había dado ya en Guatemala las mismas enseñanzas, coincidiendo con el sentir de tan modernos publicistas, cuyo criterio forma hoy un voto decisivo en materias económicas. Lástima grande que las doctrinas de Valle no hayan sido conocidas, que no hayan salvado, recogidas en un libro, las fronteras de Centroamérica. Lástima grande que nuestra incuria haya dejado en los archivos, apolillándose, los escritos luminosos de Valle. Lástima grande que nuestra juventud no haya sacado provecho de ellos, para renovar la faz de esta tierra centroamericana. Achaque inveterado es el nuestro de ensalzar, de endiosar los militarismos triunfantes sobre ruinas, y de llevar al extranjero, en alas de la adulación, tan solo el ruido de los atentados del caudillaje, que han hecho de esta tierra privilegiada,

---

[15] Véase la Organización de la Confederación Argentina. Esta obra, a mi juicio, es la más digna de ser estudiada por los Estadistas hispanoamericanos.

para los países cultos, la tierra clásica de la anarquía o del despotismo. Achaque inveterado, y que ha de costarnos lágrimas de sangre, es el achaque nuestro de otorgarlo casi todo a la fuerza y de negarlo casi todo a las ideas; y he aquí que la enfermedad moral de nuestros pueblos es arraigada y cruel; y he aquí que necesita de remedios heroicos. ¡Pobre Centroamérica!

En el año de 1812, no solo ocupaban las ideas el alma de Valle; llenaba también un grande amor su corazón. Habíase prendado de la señorita doña Josefa Valero, dama muy principal, y en el mismo año santificó los votos de su afecto, uniéndose en matrimonio a la mujer de sus amores, de sus ensueños y esperanzas. La vida del matrimonio cuadraba mucho con el carácter de Valle. Hombre incapaz de disipar su actividad en locos devaneos, necesitaba buscar en la familia un centro de gravedad; así es que su enlace matrimonial no fue tan solo la obra de la pasión, fue también la obra del convencimiento. Valle, por sus severas costumbres, no podía ser el hombre de los galanteos, de las amorosas conquistas. Tenía que ser, como lo fue, el honrado, el intachable padre de familia. Fue amantísimo para su señora esposa, y tuvo en ella cinco hijos: don José Bernardo, y las señoritas doña Dolores, doña Mercedes, doña Juana y doña Bautista. Alentó para con sus hijos un alma siempre llena de bondad y de ternura. En la actualidad tan solo le sobreviven dos de sus hijas, que residen en Guatemala y habitan la antigua casa paterna, guardando, con religioso respeto, todos los recuerdos y todas las reliquias de su ilustre padre[16].

---

[16] Por una especie de tierna piedad filial, muy digna de encomio, la familia de Valle conserva su gabinete de estudio tal como estaba al ocurrir su muerte. El gabinete tiene la forma de un gran cuadro, rodeado de estantes de dos metros de alto, llenos de obras escogidas. Los puntos intermedios de los estantes están adornados con retratos en medallón de los autores predilectos del sabio Valle. Allí figuran Linneo, Nicolás Copérnico, Galileo Galilei, Cristián Wolff, Buffon (Conde José Luis), Isaac Newton, Bernardo Bobier de Fontenelle, Godofredo G. Leibnitz, Tasso, Ariosto, Cervantes, &., &.

En el mismo gabinete se ven, por todas partes, colecciones de plantas disecadas, colecciones de minerales, familias de animales, instrumentos matemáticos, globos, mapas, petrificaciones curiosísimas, bustos mitológicos e históricos, &, &. El gabinete de Valle es el de un sabio. Allí tan solo se ve una silla: esa silla la ocupaba el hombre estudioso que no gustaba de visitas importunas ni de pláticas insustanciales. Muchos, por esto, daban a Valle el epíteto de orgulloso. El ilustrado y dulcísimo poeta, mi amigo J. J. Palma, que visitó el gabinete de Valle, me ha dicho "que le pareció estar en el templo de la sabiduría y ver vagar la sombra venerable del sabio".

Si Valle volviera a la vida, experimentaría un gozo inefable al ver conservado su gabinete de estudio como se conserva religiosamente una reliquia. Nada es más grato que pensar en la perennidad de los recuerdos. De mí sé decir que me halaga la esperanza de que mi hijo conserve siempre, como el mayor tesoro, el libro que cierre por última vez, y que sea objeto de mis últimos pensamientos. Perdónese a un pobre aficionado a las letras este rasgo de inocente vanidad, pero hay tanta ternura cuando se piensa en la muerte y en los seres queridos que han de consagrarnos algún recuerdo...

CAPÍTULO III: EL ACTA DE INDEPENDENCIA

Nuevos cargos que obtuvo Valle desde 1813. — Sus principales escritos hasta 1815. — Valle es recomendado por el Gobierno de la Metrópoli para que se le tenga presente en las vacantes que ocurran en las Audiencias de la Península. — Situación del Reino de Guatemala después de los movimientos de insurrección de los años 11, 12 y 14. — Indulto de los independientes, para cuyo acuerdo Valle dictaminó como Fiscal. — El Gobierno de Guatemala pasa de Bustamante a Urrutia. — Restablecimiento de la Constitución española en 1820, lo que generaliza la opinión por la independencia. — Valle funda "El Amigo de la Patria", combate a Molina, y las ideas de libertad progresan. — Valle jefe de los Gazistas. — Urrutia delega el poder en Gainza, y éste se ve impelido a proclamar la independencia el 15 de septiembre de 1821. — Opinión de Valle respecto a la emancipación nacional. — Valle redacta el Acta de Independencia.

LAS DOTES PERSONALES de Valle y su reputación, de día en día mejor sentada, le hicieron obtener nuevos cargos y distinciones. En mayo de 1813 la Regencia le concedió los honores de Auditor de Guerra del Ejército y Provincia de Guatemala, recomendándolo, por dos veces, al Consejo de Estado a fin de que lo tuviese presente para los empleos de su carrera en las provincias de ultramar; y en agosto del mismo año fue nombrado por el Capitán General de Guatemala Asesor de la renta de tabaco. La relación de sus títulos y méritos, con referencia a sus servicios, dice: «Que en la Real Audiencia, así en clase de Abogado como en la de Relator nombrado para las causas promovidas con motivo del último indulto concedido ahí, dio pruebas de su instrucción, actividad y celo por el mejor servicio, dejándose ver sus conocimientos nada vulgares, en filosofía, oratoria, lenguas, historia, matemáticas y jurisprudencia, y su tino, solidez y buena conducta moral y política, como lo certifican el Capitán General, el

Regente, el Oidor Decano y un Alcalde del Crimen de la Real citada Audiencia, asegurando el primero que este interesado es muy digno de una toga en aquel tribunal, hallándose con la ventaja de no tener relaciones en el pueblo, por estar distante del de su naturaleza».

A la vez que Valle desempeñaba, con celo e inteligencia, los cargos que le fueran encomendados, continuaba ocupado en estudiar y en publicar escritos, algunos de ellos muy notables por los útiles conocimientos que difundían. Sus principales escritos hasta 1815 fueron: una Memoria o Instrucción sobre la langosta y modo de exterminarla, y de precaver la escasez de comestibles, que se imprimió de orden del Gobierno; una Exposición de lo practicado por el Comercio en demostración de su lealtad, con motivo de las circunstancias creadas por los independientes; en este escrito indicó las providencias que convendría dictar para que prosperase el comercio del Reino; de esta Exposición se hizo mención honrosa en La Gaceta de México; varios artículos anónimos publicados en los primeros tomos de La Gaceta de Guatemala; una Memoria sobre el método que debe seguirse en el estudio de Jurisprudencia, complementándolo con los conocimientos de la Historia civil y particular del Derecho patrio; un Prospecto o plan de enseñanza para la clase de Economía Política, en que ofreció escribir unas Instituciones de esta ciencia[17]; una Memoria sobre el plan de estudios que convendría adoptar en la Universidad de Guatemala; una Instrucción sobre los derechos y facultades de los Jueces árbitros, los de las partes comprometientes, y el método con que deben proceder aquéllos; y numerosas alegaciones en derecho sobre asuntos graves que defendió en la Real Audiencia.

Habiendo recurrido Valle al Gobierno de S. M., por medio de un memorial, informado favorablemente por el Capitán General de Guatemala, solicitando plaza togada en una de las Audiencias de la Península, se dirigió su instancia de real orden, en 15 de junio de 1815, por el Ministerio de Indias, con recomendación para que, con presencia de los méritos del interesado, se le tuviese presente en las vacantes que ocurriesen. La Cámara acordó de conformidad, en 17 de

---

[17] Hasta ahora no he podido averiguar si Valle dejó escritas las Instituciones de que se ha hecha mérito.

junio del mismo año, y en cumplimiento de la real resolución. Valle, con tal acuerdo, alcanzó una de las más grandes ventajas y uno de los honores más insignes a que en aquellos tiempos podían aspirar los hijos de españoles nacidos en América.

A consecuencia de los progresos de la revolución de independencia que había estallado en México y en el Sur de América, y de los movimientos de insurrección ocurridos en El Salvador y Nicaragua en 1811, repetidos en 1812, de la conjuración de Belén habida en Guatemala en 1813, y de los trabajos de insurrección vueltos a ocurrir en El Salvador en 1814; a causa de estas manifestaciones revolucionarias de los pueblos, y de las duras y aun bárbaras represiones que empleara para sofocarlas en el Reino de Guatemala el Capitán General don José de Bustamante y Guerra, que sucedió a don Antonio González Saravia en 14 de mayo de 1811[18]; a causa de todo esto, aun bajo el terror que sabía inspirar Bustamante, la idea de independencia ganaba terreno en Guatemala. No podía hacerse valer porque habían fracasado los independientes, ocultos unos, prisioneros otros, y teniendo en perspectiva el confinamiento, el garrote vil o la horca; pero los mismos excesos del despotismo hacían avivar más en los ánimos el justo y vehemente anhelo de hacer independientes las provincias del Reino de Guatemala; y tal sentimiento y tal propósito se generalizaban de día en día, más y más. La fuerza de vapor de las ideas estaba muy comprimida por el terror; pero esa fuerza, que hace las grandes revoluciones beneficiosas a la humanidad en razón directa de la presión del despotismo, era cada vez más enérgica y potente. Debía producir una explosión, un estallido, en no lejano día, y romper la pesada y vieja maquinaria del sistema colonial, y hacer cesar las industrias criminales de tres siglos; industrias que, degradando, que desnaturalizando al hombre, lo desposeían de sus más preciosas dotes: de su razón y de su libertad.

Cuando tal situación, preñada de dificultades y de injusticias, existía en Guatemala, Valle continuaba siendo el empleado sumiso y hasta obsequioso del régimen de la colonia; él, que no tenía necesidad de empleos, porque era rico, porque muchos de ellos los servía gratuitamente; él, que no podía amar el despotismo, porque era

---

[18] Véase el capítulo I del Bosquejo Histórico de Marure.

hombre de talento, de honrados sentimientos y de elevadas miras. Y, sin embargo, Valle escribió una manifestación del comercio de Guatemala en favor del régimen colonial; Valle servía a los intereses egoístas del comercio, que ha sido y será siempre el cálculo, nunca el sentimiento generoso, el corazón abnegado; Valle, conociendo que el Capitán General Bustamante, españolista cruel, había burlado la honrosa capitulación de los insurgentes granadinos para tratarlos como rebeldes, con duro e infame tratamiento, continuaba siendo el Asesor y el Fiscal de las autoridades coloniales; Valle, que conocía los intereses reaccionarios, las tendencias retrógradas, los engaños y las supercherías del clero, se mostraba complaciente para con el oscurantismo, y se hacía acreedor a que lo recomendase el Arzobispo Casaus como modelo de lealtad española.

Explicable es la conducta de Valle en aquella época, pero de ninguna manera honrosa para sus sentimientos de americanismo, de que dio más tarde relevantes pruebas. Valle había obtenido confianza, consideraciones y honores de los peninsulares; se había educado bajo los auspicios del antiguo régimen, y era empleado de la colonia. Pudo creer que sus sentimientos de lealtad lo comprometían, de manera indeclinable, a ser consecuente con sus antecedentes, con sus relaciones y con su posición; así debió creerlo cuando tuvo la conducta que observó contrariando la causa de los independientes, quienes, por otra parte, carecían en sus planes, como antes he dicho, de dirección y de concierto.

Mas, tales deberes, tales consideraciones, ¿podían hacer desconocer a Valle la justicia de los independientes? ¿Podían hacerle desconocer los horribles atentados de las autoridades de la colonia? Valle, si no quería, si no podía o no debía ser revolucionario, por lo menos pudo y debió guardar silencio, pudo y debió dejar de ser el empleado de un Gobierno que hostilizaba, que perseguía, que martirizaba a sus hermanos, los centroamericanos, defensores de una noble y santa causa. Valle, en aquella época, debió, por lo menos, con su retraimiento absoluto, hacer una protesta en contra de las brutalidades de Bustamante y en pro de los desgraciados, de los oprimidos, de las nobilísimas y primeras víctimas de la gran causa de la independencia de Centroamérica. Pero en Valle, a pesar de su talento, a pesar de sus luces, a pesar de su rectitud de conciencia, pudo más la tradición que la nueva idea redentora; pudo más su posición que el sentimiento de la generosidad; pudo más su interés del momento que los grandes intereses del porvenir de la Patria. En tales aberraciones, aunque excusables, no caen impunemente los hombres que llegan a grande altura: la Historia las recuerda y las reprueba. José del Valle, durante la época precursora de la independencia, aparecerá siempre como el hombre del cálculo, como el hombre de la fría reflexión, como el hombre del presente; pero de ninguna manera como el hombre de los nobles arranques, como el hombre de la espontánea y abnegada generosidad, como el hombre inspirado que mira al porvenir.

En vista de los antecedentes indicados, no es extraño que Valle haya sido el Fiscal de los reos de Estado, de los independientes, cuando se acordó su indulto. En efecto, el rey Fernando VII, en celebración de la paz y tranquilidad de sus dominios, y de su matrimonio, por el que dio a los españoles una tierna madre en su muy amada y querida esposa, la reina, en real cédula expedida el 25 de enero de 1817[19], dio un indulto general a los infelices que gemían en España, Indias y Filipinas bajo el peso de sus crímenes. El Presidente de la Real Audiencia de Guatemala, Gobernador y Capitán General del Reino, don José de Bustamante y Guerra, como era de uso, tomó en sus manos la real cédula, la besó y puso sobre su cabeza estando en pie y destocado[20]; y hecho esto, para la ejecución de la real cédula, pasó el asunto al Fiscal. Valle, que era el Fiscal interino, pidió en 4 de julio del mismo año que se cumpliese la real cédula, para el rasgo de piedad en el día venturoso del augusto matrimonio del monarca: que se viesen con preferencia las causas de los reos independientes, que causaban muchos gastos a la Real Hacienda, los que debían salir de América, según la real cédula, como perturbadores y trastornadores (8).

Valle, dada su posición voluntariamente aceptada, voluntariamente sostenida, no podía menos de tener el criterio de la

[19] Marure dice, a mi juicio, equivocadamente, "Real orden de 25 de junio de 1817".
[20] Esta ceremonia humillante era la que usaban las autorida-des supremas al recibir una real orden del Rey su Señor. El Escribano daba fe de haberse efectuado ese acto de servil obediencia.

monarquía absoluta. Los independientes gemían bajo el peso de sus crímenes, y el indulto no era otra cosa que un rasgo de la real piedad. Impresiona dolorosamente ver a Valle como Fiscal de sus oprimidos y tiranizados compatriotas; ver a Valle doblar la cerviz ante las circunstancias; verlo de satélite del despotismo; verlo reconocer como un crimen lo que no era más que un arranque noble y generoso del patriotismo; lo que no era más que un sacrificio hecho en aras de la libertad de Centroamérica.

En el año de 1818 empezó a ser menos adversa la suerte de los independientes centroamericanos. El férreo, el implacable Bustamante, dejó en ese año el poder, y le sustituyó don Carlos Urrutia, hombre de carácter debilísimo y, por ende, muy apto para dar algún respiro a los independientes, que harto lo necesitaban después de largos y aciagos años en que el terror había llegado a entronizarse.

Bajo el Gobierno de Urrutia las ideas de independencia cobraron nuevos bríos y ganaron más terreno, pero su empuje fue más vigoroso y su expansión fue completa en el año de 1820, en que se restableció la famosa Constitución española del año 12. Hermosos rayos de libertad que partieron del foco revolucionario de la Metrópoli penetraron al fin en los entenebrecidos horizontes del antiguo Reino de Guatemala. Se declaró la imprenta libre, y el pensamiento, lleno de calor y de vida, brotó avasallador y luminosísimo del seno de la conciencia de los oprimidos. El doctor don Pedro Molina, sujeto de cultivada inteligencia y de grandes virtudes cívicas, fundó El Editor Constitucional, y habló el lenguaje convincente y ardoroso del patriotismo. Valle, a su vez, fundó El Amigo de la Patria, periódico notabilísimo en que evidenció las ventajas de la civilización, en que trató, de un modo superior, importantes materias científicas, y en que combatió las ideas políticas de Molina, quien no quería consideraciones ni contemplaciones tratándose de los derechos del hombre, tratándose de la independencia.

Molina representaba la idea radical; Valle representaba la idea moderada: Molina era el órgano de la revolución; Valle era el órgano de una evolución. El antagonismo de tales hombres, el choque de tales ideas hizo más luz, esclareció más conciencias, acabó de vigorizar los ánimos, y la idea de independencia convirtióse en un verdadero sentimiento nacional, poderosísimo, imponente, irresistible. Nada como las luchas del pensamiento, nada como las luchas de la prensa para desprestigiar y soterrar las malas causas, y para hacer triunfar, sobre sus ruinas, las causas que entrañan un nuevo principio, un principio de vida, de rehabilitación o de perfeccionamiento para las sociedades.

Las opuestas ideas de Molina y de Valle tuvieron, como era natural y como sucede siempre, sus órganos encargados de llevarlas a la práctica. Se crearon dos partidos, dos organismos políticos: el de los Gazistas y el de los Cacos. El partido Gazista estaba compuesto de los españoles europeos y de la clase de artesanos; el partido Caco estaba formado por las familias llamadas nobles y por los independientes, en su mayor parte. Los Gazistas contaban con la protección de las autoridades coloniales y halagaban con medidas de proteccionismo a los artesanos; los Cacos contaban con el entusiasmo de los independientes y con el apoyo del pueblo desheredado. Los Gazistas pretendían ganar las elecciones de Diputados a Cortes y de individuos de los Ayuntamientos para hacer valer sus ideas de moderación, de treguas y de contemplaciones; los Cacos aspiraban al mismo fin, para hacer valer su idea radical de absoluta independencia. Valle era el jefe autorizadísimo de los Gazistas; Molina y Barrundia eran los jefes populares de los Cacos. Los Gazistas triunfaron en las elecciones, merced a la intervención del poder y a la influencia del oro, que hicieron rodar comprando votos; los Cacos sufrieron una derrota electoral, pues no contaban más que con las ideas y con el entusiasmo popular, elementos bien pobres cuando aún no tiene profundo arraigo la virtud republicana que sabe sobreponerse a los halagos o amenazas del poder y a las seducciones del interés.

Mas efímero fue el costoso triunfo del partido Gazista. Los Cacos se atrajeron a mucha parte de las familias nobles, y se organizó un partido medio, más disciplinado, más enérgico, más influyente. Por inspiración de este partido, la Diputación Provincial de Guatemala, reinstalada en 13 de junio de 1820, estrechó al Capitán General Urrutia para que delegase el mando en don Gabino Gainza, Subinspector General del Ejército. El torrente de la opinión era incontrastable, y Gainza empezó a ejercer el poder en 9 de marzo de 1821. El régimen de la colonia estaba en plena decadencia, flaco, envejecido, tocado de mortal enfermedad. A las épocas de decadencia corresponden, por lo común, los hombres que declinan. Gainza estuvo en su puesto al representar, en Guatemala, al poder colonial en sus postrimerías: Gainza era débil de carácter, voluble en sus resoluciones, de edad muy avanzada y de salud quebrantadísima por frecuentes achaques; Gainza era el hombre quebradizo, el organismo gastado de que necesitaban los independientes; Gainza debía asistir, con profundo duelo en el alma, a los funerales de la colonia en la América Central.

La volcánica sacudida de los sucesos de México aceleró, por decirlo así, el hundimiento de la colonia en Centroamérica. El tornadizo Gainza veíase desorientado en medio de una situación dificilísima, llena de dudas, incertidumbres y peligros, y fluctuaba entre opuestos propósitos, entre contrarias e inconciliables pretensiones, ora inclinándose a restaurar el despotismo colonial, ora siendo propicio a la causa de los independientes. Pero he aquí que resuena en Guatemala el grito de Iturbide proclamando el Plan de Iguala en combinación con Guerrero; he aquí que este suceso gravísimo se agravó con el pronunciamiento de Chiapas en favor del Plan de Iguala[21]. México era libre, y la libertad tocaba, con golpes redoblados, a las puertas del antiguo Reino de Guatemala: era ya imprescindible la necesidad de que oyera llamamiento tan enérgico y declarase su independencia.

Los independientes guatemaltecos así lo comprendieron: apremiaron a Gainza con sus instancias y representaciones, halagando a la vez su vanidad e intereses, haciéndole comprender que él sería el jefe de la nueva nación. Gainza, cediendo a la necesidad y a la conveniencia, a los grandes y diversos estímulos que lo impulsaban,

---

[21] Chiapas pertenecía al antiguo Reino de Guatemala: era provincia centroamericana. Los errores del partido conservador de Guatemala nos hicieron perder aquella rica provincia, hoy Estado de México. Más tarde, contra todo derecho, por un acto de militarismo del General Santa Ana, perdimos el territorio de Soconuzco, proverbial por sus producciones. Soconuzco es también un territorio mexicano. Nuestra debilidad, que es la obra de nuestros errores y del fraccionamiento de nuestros pueblos, nos ha hecho perder territorios valiosísimos a que tenemos incontestables derechos; pero ¡ay, lo que jamás deberíamos perder es la honra de Centro América!

para salvar su responsabilidad, sin contrariar las corrientes de la opinión y sujetándose al voto de la Diputación Provincial, convocó una Junta General de los empleados y corporaciones de Guatemala para que dictase las medidas convenientes sobre el capitalísimo asunto de independencia.

La Junta se reunió el día 15 de septiembre de 1821 en el Palacio de Gobierno. Valle tomó la palabra, y en un discurso elocuentísimo demostró la necesidad y la justicia de la independencia, pero manifestando que, para proclamarla, debía oírse el voto de las provincias. Las luminosas ideas de Valle fueron acogidas con aplauso; mas su parecer en orden al aplazamiento no fue adoptado[22]. La mayoría de la Junta, estimulada por las entusiastas e impetuosas manifestaciones del pueblo reunido en masa, acordó se proclamase en el acto la Independencia de Centroamérica. La Diputación Provincial y el Ayuntamiento de Guatemala, órganos legítimos de la voluntad del pueblo, acordaron los puntos del Acta que debía celebrarse, y Valle redactó aquel memorable documento, el más antiguo y honroso título en que consta la primera y más gloriosa reivindicación de los derechos de los centroamericanos .

Este recuerdo histórico inspiró al dulcísimo Poeta J. J.Palma, en una de sus más bellas composiciones dedicadas a Honduras,esta preciosa décima:

En vaga reminiscencia
Me parece aquí estar viendo
Al sabio Valle leyendo
El acta de independencia:
Contemplo la resistencia
Del llanero paladín:
Miro en Maipo a San Martin,
Y me parece que escucho

---

[22] Valle, en su Manifiesto del año 25, asegura en absoluto que la Junta General adoptó su voto sobre independencia; pero no hace relación al aplazamiento que era necesario, oyendo el parecer de las Provincias. Por este aplazamiento no estuvo de acuerdo la mayoría de la Junta, según lo dicen Marure y otros escritores, con quienes estoy conforme.

Los clarines de Ayacucho,
Los tambores de Junín.

Valle también redactó el Manifiesto que publicó el Capitán General Gainza sobre el gran suceso de la independencia. Valle, por fin, no obstante sus antiguas conexiones coloniales, no obstante sus recientes vacilaciones, no obstante sus dilatorias adversas a la libertad, entró de lleno en las anchas vías de la revolución y dio la espalda al pasado. Desde que la independencia se proclamó, Valle rindió el culto más puro al nuevo régimen: tan solo pensaba y trabajaba con el nobilísimo fin de organizar la naciente República, a la que prodigaba los tesoros de su genio. Puede, pues, con sobrada justicia, contarse a José Cecilio del Valle, al autor del Acta inmortal de Independencia, de 15 de septiembre de 1821, entre el número de los más ilustres fundadores de la Nación Centroamericana. Mientras Centroamérica sea, aunque fraccionada, José del Valle será siempre acreedor a una inmensa deuda de gratitud.

CAPITULO IV: UNA ÉPOCA TURBULENTA

Puntos principales del Acta de Independencia de 15 de septiembre de 1821. — Nuevo sistema de Gobierno: Valle forma parte del Gobierno. — Trabajos administrativos de Valle para organizar la nación. — Se crean los partidos liberal y conservador. — El partido conservador trabaja por la anexión de Guatemala a México. — Situación de Centroamérica. Guatemala se anexa a México en 5 de enero de 1822, contra la opinión de Valle y de los independientes. — La Junta Provisional Consultiva se disuelve, y Valle vuelve a la vida privada. — Corresponde a Valle el honor de haber sido el primero, en el norte de América, que formuló la idea sobre "La Unión Latinoamericana". — Valle es electo Diputado al Congreso de México. — Viaje de Valle a México en 10 de marzo de 1822.

IMPORTANTÍSIMOS FUERON los puntos acordados en el Acta de Independencia de 15 de septiembre de 1821. En ese documento se fijaron las bases de un nuevo régimen: se determinó que se eligiesen por las provincias representantes para formar el Congreso de la nación, al que debía corresponder la fijación de la forma de Gobierno y la formación de la Ley Fundamental; que la elección de representantes se hiciese por las mismas juntas electorales que habían elegido Diputados a las Cortes de España, observándose las leyes anteriores para el procedimiento de la elección; que las provincias eligiesen representantes sobre la base de un Diputado por cada quince mil habitantes; que el Congreso Constituyente se reuniese el 1.º de marzo de 1822; que hasta su reunión no se hiciese alteración alguna en la observación de las leyes españolas, ni con respecto a los tribunales y funcionarios existentes; que se conserve en toda su integridad y pureza la religión católica; y que, mientras el país se constituía, el Jefe don Gabino Gainza continuase con el Gobierno superior político y militar, obrando de acuerdo con una Junta Provisional Consultiva que se estableció, formada de la Diputación

Provincial y de los señores licenciado don Miguel Larreinaga, licenciado don José del Valle, presbítero don José Antonio Alvarado, marqués de Aycinena, doctor don José Valdés, doctor don Ángel María Candina y licenciado don Antonio Robles, a quienes se confirió la representación de sus respectivas provincias[23]. Valle representaba la provincia de Comayagua. Honduras tuvo el honor de ser representada por el hombre que animaba con su pensamiento aquella gran transformación nacional.

Los puntos enunciados fueron los más interesantes del Acta de Independencia. Como puede notarse, el Acta fue eminentemente conservadora, pero también eminentemente sensata, dados los antecedentes y circunstancias de la época: en el Acta casi no se ve la expresión de ideas radicales, de principios revolucionarios. Se suprimió el Gobierno de España, conservando el organismo gubernativo de la Madre Patria; se dio, como por vía de gracia, o como por vía de transacción, algunos meses más de vida a las autoridades y leyes españolas. Valle, con su gran prudencia, con su sentido político, comprendió que se daba un salto peligrosísimo de un antiguo a un nuevo régimen, y que era necesario evitar una caída mortal: Valle comprendió que, más que una revolución amenazadora para los intereses y preocupaciones coloniales predominantes en Guatemala; que más que una revolución de inciertos resultados y ocasionada a la ruina y desprestigio de la nueva causa, debía hacerse una transición conciliadora, pero regular y pacífica, una verdadera evolución social que, de un modo lento pero seguro, diese, andando el tiempo, todos los frutos de la independencia.

Consumada estaba la emancipación política de Guatemala, pero se necesitaba organizar los trabajos del Gobierno, darles vigor y concierto, y hacer sentir a los pueblos, por medio de una administración benéfica, los favorables resultados del nuevo régimen. Se encomendó a Valle la formación de un plan administrativo, y éste propuso se distribuyesen los trabajos entre comisiones de seguridad y defensa, de instrucción pública, de estadística, de agricultura, de

---

[23] Véase en el Bosquejo de Marure o en la Colección de Leyes de Guatemala, por Pineda Mont, el Acta de Independencia de 15 de septiembre de 1821.

comercio y de hacienda pública. Las comisiones se organizaron, y Valle se ocupó especialmente en el ramo de rentas: «en la hacienda he visto siempre la columna de bronce en que debe descansar la independencia». Perseverante e infatigable fue Valle en los trabajos del Gobierno provisional: formó estados de todas las rentas, despachó los asuntos relativos a ellas, propuso medidas oportunas para aumentar sus ingresos, hizo el Arancel de derechos de importación y exportación, explicó sus fundamentos en un notable escrito que le precedió, manifestó a sus coasociados la necesidad de entrar en relaciones de amistad y alianza con las demás naciones, y auxilió a la Junta Consultiva en el despacho de los múltiples negociados que estaban a su cargo. Además, como periodista, publicaba luminosos escritos, evidenciando las ventajas de la independencia, escritos reproducidos, con aplauso, por la prensa extranjera.

Todos los grupos políticos, de diversas y aun inconciliables pretensiones, se habían unido para consumar la independencia de España; distintos fueron sus móviles, pero idéntico su propósito. El clero quiso la independencia porque era necesario aceptarla, y porque veía en la emancipación de Guatemala un medio de sustraerse a los rudos golpes que asestaran a sus privilegios las Cortes de España. Los peninsulares y sus adeptos quisieron la independencia porque vieron halagados sus intereses y sus ambiciones. Los liberales, que formaron el antiguo partido de los Cacos, quisieron la independencia porque aspiraban generosamente a la práctica de sus radicales ideas republicanas; y los hombres reflexivos, como Valle, quisieron la independencia porque tenían en mira una evolución política que, gradual y prudentemente, hiciese ganar terreno a la educación liberal de los pueblos, para que se crease un sólido régimen de libres instituciones en el Centro de América.

Tan opuestos móviles, tan contrarias y enemigas pretensiones, no pudieron menos de romper, bien pronto, el acuerdo, el consorcio feliz que se efectuó para desligar a Guatemala de la Madre Patria. Los liberales pidieron que se derogase, y lograron su objeto, el artículo 3.º del Acta de Independencia, por el que la elección de representantes de las provincias se dejaba a las juntas electorales que habían elegido Diputados a Cortes, lo que aseguraba un triunfo para el partido de Valle, para el partido Gazista; pidieron la formación de las milicias nacionales, lo que también lograron; pidieron la destitución de empleados sospechosos de tener afinidades con el antiguo régimen; y quisieron, en fin, extralimitándose, tomar participación en las deliberaciones de la Junta Provisional Consultiva. Los peninsulares y los criollos españolistas, por su parte, vieron con repugnancia la intervención de las clases populares en los asuntos públicos; se dolían de relacionarse y mezclarse con hombres que casi el día anterior habían sido no más que sumisos vasallos; y presentían que el arraigo de las instituciones de la República daría en tierra con sus intereses de clase, con sus privilegios de abolengo y con su orgullo cifrado en los hábitos de una antigua dominación. Las exigencias y exageraciones inconsideradas de los unos, y el egoísmo y la vanidad de los otros, crearon, a poco de consumarse la independencia, dos partidos fuertes e irreconciliables: el partido liberal independiente y republicano, y el partido conservador autoritario y reaccionario. En germen estaban estos dos partidos al proclamarse la independencia; pero ese germen desarrollóse de irregular y viciosa manera, y creó hondas y acerbas divisiones que habían de traer, no los antagonismos de un pueblo libre, sino las luchas destructoras de la libertad y de la patria.

La opinión predominante en Centroamérica, la verdaderamente popular, era la de los independientes republicanos. Los conservadores reaccionarios veían que no podían contrarrestarla usando de procedimientos legales. Bajo este concepto, se aprovecharon de las disidencias de algunas poblaciones de Honduras y de Nicaragua, decididas a desligarse de Guatemala y unirse a México; explotaron la situación de la vecina nación mexicana, en donde creían que don Agustín de Iturbide podría constituir un sólido y durable Imperio; ejercieron todas las malas artes de su influencia para captarse la voluntad del tornadizo Gainza, que tiraba siempre al lado de las ideas monárquicas. Con tantos y tan inmorales trabajos, al fin, favorecidos por Gainza, que vil y cobardemente desertó de las filas de los independientes, los conservadores reaccionarios se sintieron fuertes para proclamar, sin embozo, la idea de que Centroamérica no tenía elementos bastantes para constituirse como nación independiente, y que debía unirse a México, si quería gozar, bajo el Imperio, de los beneficios de la paz y de la libertad.

Los trabajos y las declaraciones de los conservadores hicieron más profunda y a la vez ostensible la enemiga de los liberales. Ardientes, exaltadísimas fueron sus luchas: el insulto, las recriminaciones y aun la efusión de sangre fueron los resultados desdichadísimos de tan funestas divisiones. La unión compacta de los hombres que habían hecho la independencia estaba disuelta. Los antiguos partidos de Gazistas y de Cacos estaban en descomposición, pues había Gazistas leales a la independencia y Cacos desleales a la patria; y, en medio de este caos, muy natural después del caos de tres siglos de la colonia, la Junta Provisional Consultiva, presidida por Gainza, hombre sin conciencia, sin lealtad, sin convicciones, apenas si podía poner a raya los elementos de desorden y sostener una especie de statu quo en la situación de Centroamérica, dificilísima en el presente y prometedora de gravísimas dificultades y de pavorosas dudas para lo porvenir.

Las divisiones habidas en Guatemala se hicieron sentir en las demás provincias. El noble pueblo de El Salvador quería, con firmeza, la absoluta independencia de Centroamérica. Algunas poblaciones de Honduras y Nicaragua querían la anexión a México, otras la resistían[24]; Costa Rica permanecía neutral. Así las cosas, en 28 de noviembre de 1821, Gainza dio cuenta a la Junta Provisional con un despacho de don Agustín de Iturbide, de 19 de octubre anterior, en que le manifestaba que Guatemala carecía de elementos para asegurar su autonomía, para precaverse de la ambición extranjera y para constituirse como nación; que Guatemala debía formar un gran Imperio con México, bajo el Plan de Iguala y Tratados de Córdoba, y que, para atender a su seguridad, marchaba hacia la frontera un ejército protector.

Gentil ocasión presentó el despacho de Iturbide a Gainza y a los anexionistas. La Junta Provisional, en vez de desestimar el despacho de Iturbide, o, cuando menos, de remitir su contestación al próximo Congreso, cuya reunión se había acelerado, fijándola para el 1.º de

---

[24] Tegucigalpa, en oposición a Comayagua, estuvo siempre por la independencia absoluta de España y de México. Se mantuvo firme en este propósito; y en premio de su noble actitud y de sus servicios, se le dio el título de Ciudad, y a su Ayuntamiento, el de Muy Noble Ayuntamiento.

febrero, se limitó a manifestar que carecía de facultades para resolver sobre tan arduo asunto; pero a la vez aceptó, por mayoría, el expediente inventado por el marqués de Aycinena, de que los Ayuntamientos, en cabildos abiertos, diesen su opinión y recogiesen el voto de los pueblos sobre la conveniencia o inconveniencias de la anexión. El marqués de Aycinena y los demás anexionistas no tenían otros móviles que los del egoísmo y la vanidad: querían hacer imposible la República para obtener, en cambio de sus servicios liberticidas, pensiones, condecoraciones y honores del Imperio. Bien sabía el marqués de Aycinena que el resultado de su expediente satisfaría sus ambiciones. Los pueblos, seducidos unos, intimidados otros con la amenaza de ejércitos mexicanos, e inexpertos todos, debían dar lugar al sometimiento de Guatemala a México. En vez de resolverse asunto de tamaña trascendencia como debió ser por el Congreso compuesto de hombres de alguna educación política, y perfectamente conocedores de la situación de las cosas, iba a resolverse por pueblos ignorantes, sorprendidos por la intriga, y sin tiempo siquiera para orientarse y recibir los consejos del buen sentido.

Los trabajos de los anexionistas fueron empeñadísimos, y ya sin ningún embozo, en favor del Imperio. Se vejaba y perseguía a los independientes y se quería triunfar a toda costa. Gainza había mandado a los Ayuntamientos, en treinta de noviembre, una circular para que, en cabildos abiertos, diesen su voto sobre la anexión y lo recibiesen de los pueblos, fijándoles para ello el angustioso plazo de un mes, pues en los primeros días de enero debía hacerse el escrutinio y la regulación de votos. Los pueblos, aturdidos por el rudo golpe que les asestaran los anexionistas, pusieron en práctica, como les fue posible, las prevenciones de Gainza, gobernador político y militar de Guatemala.

Llegó al fin el día fatal de 5 de enero de 1822, día de tristísima recordación. Reunióse la Junta Provisional Consultiva, presidida por el Jefe Gainza, y procedió a hacer el escrutinio y la regulación de votos. Resultó que algunos pueblos dejaban al Congreso la resolución sobre anexión, que otros la querían simplemente, que otros la aceptaban bajo condiciones, y que otros se conformaban con el voto de la Junta provisional. A esta divergencia de opiniones se agregó que faltaba la votación de sesenta y siete Ayuntamientos. En ocasión tan solemne, en que todo era dudas y conflictos, y en medio de aquel conciliábulo infame, conjurado en daño de la Patria, Valle se elevó a grande altura, como amigo de la verdad y de los derechos de los centroamericanos: se opuso, con toda la energía de su alma, a la anexión, y, en discurso brillantísimo, que por sí solo bastaría para inmortalizar su nombre, dijo, entre otras cosas, a los enemigos de la independencia:

«Guatemala, colocada en la posición más feliz de la América, extendida sobre una área de ciento cincuenta y cinco mil millas cuadradas de tierras de diversos grados de temperatura y fertilidad, y poblada de dos millones de individuos de diversos talentos y aptitudes, tiene los elementos más preciosos de actividad: las semillas más fecundas de riqueza: los principios más activos de lo grande.

«Bien administrada por un Gobierno que quiera, sepa y tenga las facultades precisas para desenvolver aquellos gérmenes, Guatemala no sólo puede ser nación independiente, sino rica también, fuerte y poderosa. Pero mal administrada por un Gobierno que no quiera, o no sepa, o no esté bastante autorizado para desarrollar sus elementos, Guatemala no podrá ser pueblo independiente y libre, grande ni rico. Ved esas tierras tendidas, fértiles y bien situadas. Serán jardines, si el propietario, dueño de ellas, quiere y sabe labrarlas. Serán malezas, abrojos o gramas, si no tiene voluntad o pericia para cultivarlas.

«Mirad a ese joven robusto y bien dispuesto para recibir la educación más feliz. Será pequeño si su preceptor no quiere que sea grande; pero será sabio si su maestro quiere que sea ilustrado. Un pueblo de dos millones de habitantes, colocado en lo mejor del Nuevo Mundo, tiene principios o recursos que no temo llamar inmensos. Se acaba de proclamar, con todos los acentos de la alegría, con todos los idiomas del gozo, su libertad e independencia absoluta. ¿Podrá pensarse que quiera perderla ahora que empieza a gustarla? Los hombres de Guatemala son como los de Chile, los de Buenos Aires, los del Perú, los de Colombia y los de México. Quieren ser independientes, y tendré por mentirosos a los que supongan en ellos voluntad contraria: no hablan lo que sienten o son locos que han perdido la razón, los que dicen que aman la esclavitud. Si en diversas actas distintos Ayuntamientos declaran que quieren perder su independencia y estar sometidos a México, yo no inferiré, a pesar de esto, voluntad positiva de esclavitud. Diré que ha habido movimientos o intrigas subterráneas: diré que los municipales han sido sorprendidos: diré que por una parte se les ha anunciado que vienen de México ejércitos numerosos y bien disciplinados, y por otra parte se les ha manifestado que el Capitán General, que tiene las fuerzas de esta nación, quiere que Guatemala esté sometida a México: diré que, poniéndolos en posición tan violenta, no han tenido voluntad libre y espontánea: diré que ignoran los principios de derecho público, y, por ignorarlos, no dieron las contestaciones que debían dar. No son los Ayuntamientos, establecidos para cuidar de las escuelas de primeras letras o del aseo y limpieza de las calles, los que deben decidir de la suerte de una nación: no es una Junta creada para dar consejo al Gobierno sobre los asuntos ordinarios de despacho la que debe determinar su ser político: no es un Capitán General, nombrado para defender sus fueros, quien debe declarar sobre sus destinos. Los de una nación dependen de ella misma. Sólo Guatemala puede decidir de Guatemala; y esa voluntad no se ha pronunciado hasta ahora. Guatemala no debe ser provincia de México. Debe ser independiente. Esto es lo que enseña la razón: lo que dicta la justicia: lo que inspira el patriotismo»[25].

Pero vanos fueron los razonamientos incontestables de José del Valle; vanos sus elocuentísimos arranques de noble y fervoroso patriotismo. La resolución de los anexionistas estaba adoptada: formaban un conciliábulo liberticida, y no una junta racional de Gobierno: la mayoría cerró la inteligencia a las ideas, su corazón fue insensible a todo sentimiento generoso, y sus oídos estuvieron sordos al clamor, al tristísimo clamor de la patria agonizante. La mayoría de la Junta, rompiendo en redondo por todo, acordó la incorporación de Centroamérica a México, sin más condiciones que las insinuadas por Iturbide: la sujeción al Plan de Iguala y a los Tratados de Córdoba.

Al consumarse el crimen de aquellos parricidas, triunfó el expediente del marqués de Aycinena, efectuándose desde entonces el desgraciado comienzo de la falsificación de los principios y de la opinión pública. El marqués de Aycinena, tal vez sin saberlo, en su expediente, encontró una riquísima mina, que, más tarde, una y mil

25

veces, han explotado los demagogos y tiranuelos de Centroamérica. ¿Se ha querido anular una Constitución? Se apela, por los demagogos o por los déspotas, a los Ayuntamientos, a las Municipalidades. Los Ayuntamientos o Municipalidades levantan actas favorables a la intriga, y la Constitución desaparece. ¿Se ha querido, contra la ley, contra el organismo de la República, perpetuar en el poder a un caudillo dictatorial y bárbaro? Se apela a las Municipalidades; se levantan actas que expresan la voluntad de los pueblos, y el caudillo se perpetúa o se hace vitalicio. ¿Se ha querido glorificar la conducta de algún sátrapa desatentado? Se apela también a las Municipalidades. Estas levantan las consabidas actas, y así se justifican y se enaltecen las brutalidades de la demagogia, o las brutalidades de la dictadura. Con esto no se ha hecho más que corromper a los pueblos, que, de complacencia en complacencia, de intimidación en intimidación, de abyección en abyección, han llegado a perder la conciencia de sus deberes y la conciencia de su soberano poder. Si el marqués de Aycinena viviese, vería las funestas consecuencias de su obra, de su expediente, y, por egoísta, por empedernido que fuese, lloraría lágrimas de sangre sobre las ruinas de su propia obra; lloraría, inconsolable, porque fue el apóstol de la fuerza autocrática, fuerza que, más tarde o más temprano, convierte a los hijos, o a los hijos de los hijos de los fundadores de la férrea opresión, en miserables súbditos, mucho más infelices que los negros del África sujetos al látigo de especuladores y crudelísimos negreros. El marqués de Aycinena no supo lo que hacía; al menos no comprendió toda su trascendencia: falseó las bases del Derecho Constitucional; y he aquí que, salvas algunas honrosas excepciones, a partir de tan funesto ejemplo, hemos vivido fuera del derecho público; y he aquí que las naciones cultas, apreciándonos en lo que deben, casi nos han colocado fuera del derecho internacional. ¡Qué tal es la lógica inflexible de los acaecimientos históricos! ¡Qué tan severos, qué tan terribles son, para los hombres, para los pueblos que falsifican la conciencia, los providenciales castigos!

Consumada la anexión de Centroamérica a México, muerta la patria centroamericana a manos de muchos de sus propios hijos, como era natural y debido, desapareció el Gobierno que la rigiera como nación independiente. La Junta Provisional Consultiva se disolvió en

21 de febrero de 1822, y Gainza, el comodín de todos los partidos, continuó como jefe militar y político de la provincia subordinada a México: para su consejo, convocó a los Representantes, nuevamente electos para la Diputación Provincial, que se instaló por tercera vez el 29 de marzo del año 22. El nuevo Gobierno trató como sediciosos a todos los opositores al Imperio, y los imperialistas trataron como execrables herejes a los independientes que protestaban contra la inconsecuencia, contra la alevosía, contra el perjurio de los imperialistas que habían dado muerte afrentosa a su propia madre, a su patria.

Valle, amargado su corazón, conturbadísimo su espíritu por la primera y más cruel de sus decepciones políticas, se retiró a la vida privada, y, en su profundo dolor y en su profundo duelo por la patria muerta, buscó un refugio y un consuelo en el estudio y en el cultivo de las letras. Recordaba el desconsuelo inmenso de Cicerón, y, como el orador romano, dijo con infinita tristeza: «Después que se acabó la República, las ciencias fueron mi asilo: a ellas me entregué, y cultivándolas serví a la patria».

Y sirvió a la patria, de noble y honrosísima manera, publicando escritos que hicieron y harán siempre honor a la América Central. Por aquellos tiempos en que se luchaba heroicamente en el sur del Continente por la independencia, uno de los pensamientos dominantes de los más grandes estadistas, amigos de la causa de los americanos, era el pensamiento de asegurar la independencia de América y de ponerla a salvo de la reconquista de la Europa. El derecho público de aquella época está calcado sobre la capital y dominante idea de defensa nacional. En 1822, el Libertador y Presidente de Colombia, Simón Bolívar, invitó a los Gobiernos de México, Perú, Chile y Buenos Aires para formar una confederación y reunir en el Istmo de Panamá, u otro punto elegible a pluralidad de votos, una Asamblea de Plenipotenciarios de cada Estado, con el fin de que asegurase la independencia y los intereses de la paz y de las instituciones de América. Antes de que pudiesen conocerse en Guatemala los trabajos del Libertador Bolívar, el 23 de febrero de 1822, Valle, en fuerza de su genio, concebía y formulaba, en el norte de América, la misma idea del Libertador Bolívar. En un artículo, profundo por su fondo, y bellísimo por su forma[26], decía: «La América se dilata por todas las zonas; pero forma un solo continente. Los americanos están diseminados por todos los climas; pero deben formar una familia.

Si la Europa sabe juntarse en Congreso cuando la llaman a la unión cuestiones de alta importancia, ¿la América no sabrá unirse en Cortes cuando la necesidad de ser, o el interés de existencia más grande, la obliga a congregarse?

Oíd, americanos, mis deseos. Los inspira el amor a la América, que es vuestra cara patria, mi digna cuna.

Yo quisiera:

1°.- Que en la provincia de Costa Rica, o de León, se formase un Congreso general, más espectable que el de Viena, más importante que las dietas donde se combinan los intereses de los funcionarios y no los derechos de los pueblos:

2°.- Que cada provincia de una y otra América mandase, para formarlo, sus diputados o representantes, con plenos poderes para los asuntos grandes que deben ser objeto de su reunión:

3°.- Que los diputados llevasen el estado político, económico, fiscal y militar de sus provincias respectivas, para formar, con la suma de todos, el general de toda la América:

4°.- Que, unidos los diputados y reconocidos sus poderes, se ocupasen en la resolución de este problema: Trazar el plan de que ninguna provincia de América sea presa de invasores externos, ni víctima de divisiones intestinas:

5°.- Que, resuelto este primer problema, trabajasen en la resolución del segundo: Formar el plan más eficaz para elevar las provincias de América al grado de riqueza y poder a que pueden subir:

6°.- Que fijándose en estos objetos, formasen: 1°.- La federación grande que debe unir a todos los Estados de América. 2°.- El plan económico que debe enriquecerlos.

---

[26] Véase en El Amigo de la Patria el artículo intitulado: "Soñaba el Abad de San Pedro; y yo también sé soñar".

7°.- Que, para llenar lo primero, se celebrase el pacto solemne de socorrerse unos a otros todos los Estados en las invasiones exteriores y divisiones intestinas: que se designase el contingente de hombres y dinero con que debiese contribuir cada uno al socorro del que fuese atacado o dividido; y que, para alejar toda sospecha de opresión, en el caso de guerra intestina, la fuerza que mandasen los demás Estados para sofocarla se limitase únicamente a hacer que las diferencias se decidiesen pacíficamente por las Cortes respectivas de las provincias divididas, y obligarlas a respetar la decisión de las Cortes; y,

8°.- Que, para lograr lo segundo, se tomasen en cuenta las respectivas necesidades y se formase el tratado general de comercio de todos los Estados de América, distinguiendo siempre, con protección más liberal, el giro recíproco de unos con otros.

Congregados para tratar de estos asuntos los representantes de todas las provincias de América, ¡qué espectáculo tan grande presentarían en un Congreso no visto en los siglos, no formado nunca en el antiguo mundo, ni soñado antes en el nuevo!»

He aquí expresado con maestría el pensamiento trascendental de la liga americana: he aquí a Valle elevándose a las más altas concepciones de los publicistas de los primeros tiempos de la independencia. Valle mereció y obtuvo grandes elogios por su famoso escrito sobre la liga americana. El ilustre don Bernardo Monteagudo, en su Ensayo sobre una federación general en los Estados americanos, llamó idea madre a la grande idea expresada por Valle.

Si el erudito publicista, don José María Torres Caicedo, tan profundo conocedor de la genealogía, desarrollos y vicisitudes de las ideas e instituciones de los pueblos latinoamericanos, hubiese tenido a la vista los escritos de Valle, correspondientes a los comienzos del año de 1822, no hay duda de que, al escribir su interesante libro, la Unión latinoamericana, habría tenido como autores de tan fecundo pensamiento, de tan vasto proyecto, a Bolívar y a Valle; a aquellos dos genios que, sin conocerse, sin relacionarse, sin cambiarse sus ideas, por una de esas raras visiones que sólo corresponden a los excepcionales talentos, concibieron y formularon, en apartadas tierras y casi al mismo tiempo, una misma idea, que es la idea de hoy, que es la idea del porvenir: la unión de la América Latina para asegurar sus derechos, su tranquilidad, su engrandecimiento y su ventura.

En la actualidad la liga americana no puede tener todos los fines que tuviera en el primer tercio de este siglo. La situación de las cosas y de las ideas ha cambiado radicalmente: la reconquista europea es imposible; la Europa no puede ser ya una amenaza para la América.

Pero la liga americana será siempre un desideratum para el patriotismo, por cuanto regularía las relaciones internacionales de los pueblos latinoamericanos, labrando su paz permanente y acrecentando sus progresos morales, políticos e industriales. La lucha desastrosa de las Repúblicas del Pacífico está probando la necesidad de una liga salvadora para los más grandes y caros intereses de los americanos.

Aunque Valle estaba retirado a la vida privada, viviendo tan sólo entre sus libros, con la vida del pensamiento, la provincia de El Salvador, que se mantenía firme en sus propósitos de independencia, quiso sacar a Valle de su retraimiento, eligiéndolo Jefe Superior Político de su disgregada comunidad social.

Pero Valle comprendía la situación dificilísima de los salvadoreños, que se preparaban a sostener ruda lucha contra Guatemala; Valle comprendía que no debía entrar en una lucha fratricida y, determinado por tales consideraciones, no aceptó el honroso puesto que le ofrecieron los independientes salvadoreños, los grandes batalladores por la causa del derecho y de la libertad de los pueblos.

Poco tiempo antes de declinar Valle tan alto honor, en 10 de marzo de 1822, fue electo por Tegucigalpa, Diputado al Congreso de México. Chiquimula lo eligió para igual cargo, en 19 del mismo mes. Valle no se había separado nunca de su familia, a la que tenía un apego entrañable; pero era preciso aceptar el cargo de los pueblos; la patria lo demandaba: era preciso dejar familia y amigos para hacer un viaje penosísimo, de cuatrocientas leguas, exponiéndose a toda suerte de contrariedades y peligros. Valle, pues, aceptó su cometido y, sintiendo una inmensa desolación en el alma, sintiendo un dolor para él tan desconocido como acerbo, el dolor de la ausencia, salió de Guatemala para México, el día 7 de mayo de 1822. Nuevo y hermoso teatro iba a presentarse a Valle para que desplegase su inquebrantable actividad, para que hiciese brillar con mayor brillo las luces de su extraordinario talento.

El actor fue digno del grande y nuevo teatro: Valle en México se colocó en las más encumbradas eminencias, como ilustrado y nobilísimo representante de la dignidad y de la independencia de Centroamérica.

CAPÍTULO V: VALLE DIPUTADO

Trabajos de Valle como Diputado en el Congreso de México. — Prisión de Valle en el Convento de Santo Domingo. — Sus estudios. — Valle es nombrado Ministro de Iturbide, y sale de la prisión para encargarse del Ministerio. — Su política en el Ministerio. — Caída del Imperio. — Valle vuelve a ocupar su puesto de Diputado. — Sus trabajos en favor de la Independencia de Centroamérica. — Regreso de Valle a Guatemala.

EL DÍA 28 DE julio de 1822 llegó Valle a la capital de Anáhuac. Grandes sucesos se habían operado recientemente en México: el Congreso se había instalado el 24 de febrero anterior, al año de haberse proclamado el Plan de Iguala; el Gobierno de la Regencia había desaparecido, y desde la noche del 18 de mayo, merced a un pronunciamiento militar, habíale sucedido el Gobierno de Iturbide. El 21 de junio del mismo año se había efectuado la coronación solemne del General en Jefe del Ejército de las tres garantías, que, por la gracia del militarismo, tomó el título de Agustín I, Emperador de México.

Bajo el Imperio, y en un Congreso que tenía mucho de opositor a la nueva institución, Valle tomó posesión de su cargo el 3 de agosto. El 5 del mismo mes fue nombrado individuo de la Comisión de Constitución: asistía al Congreso por la mañana, y a la Biblioteca de la catedral por la tarde, donde se reunía la Comisión de que formaba parte. Por la noche se entregaba a su ocupación favorita, a la lectura. Tal era la vida de Valle durante los primeros días de su residencia en la capital mexicana.

El trono de Agustín I se había levantado sobre las bayonetas de un militarismo exaltadísimo. El Gobierno del Emperador estaba viciado por su origen; así es que en el Congreso sólo contaba con una minoría: la mayoría le era adversa y, cediendo a la expansión de sus sentimientos, era propicia a las ideas de Valle, quien desde luego trató de preparar la opinión para hacer triunfar su causa: la Independencia de Centroamérica.

Dificilísima era la situación del Imperio. Las conspiraciones y las sediciones lo cercaban y amenazaban de muerte. Se había fundado sobre el deleznable pedestal de la fuerza, y tan sólo le ocurría emplear la fuerza para inutilizar las oposiciones. En 4 de agosto propuso al Congreso que hubiese en la capital de cada provincia un Tribunal compuesto de dos oficiales del ejército y de un letrado, nombrados por el Emperador, que conociese exclusivamente, o a prevención, de los delitos de sedición, conspiración, homicidios, hurtos y heridas; que las apelaciones se hiciesen para ante el Capitán General de la Provincia; y que, no siendo conformes los fallos de primera y segunda instancia, se ocurriese en súplica al Supremo Tribunal de la Guerra. Tan delicado asunto, que puso en alarma a los mexicanos, de orden del Congreso, pasó a la Comisión de Constitución, unida a la de Legislación. Valle comprendió que, de adoptarse el proyecto de ley de Gobierno, sería someter a Guatemala al juicio de oficiales mexicanos, nombrados por el Emperador, dificultándose más de esta suerte la independencia de Centroamérica. Valle se opuso al proyecto y dio dictamen en su contra. El Congreso apoyó el dictamen de Valle, y lo hizo publicar: el Ministro del Imperio retiró su proyecto de ley. ¡Hermoso triunfo de la oposición mexicana! ¡Brillante triunfo parlamentario, el del centroamericano José del Valle!

No obstante la derrota sufrida por la política autoritaria del Imperio, el 16 del mismo mes de agosto se presentó al Congreso la cuestión de si éste o el Ejecutivo debía nombrar los Ministros del Tribunal Supremo de Justicia. Valle, en un luminoso discurso, calcado sobre la verdadera teoría de la división y responsabilidad de los poderes públicos, estuvo por el nombramiento del Congreso. Este hizo imprimir su discurso y siguió su parecer. Valle, en medio de los entusiastas aplausos de la galería, alcanzó un nuevo y espléndido triunfo parlamentario[27].

---

[27] Sé, por tradición, que Valle era el orador dominante en la tribuna de México; que cuando iba a hablar la sociedad mexicana se impacientaba, como dicen que se impacientan en España, esperando la melodía de la palabra de Emilio Castelar, y que, como sucede con tan famoso tribuno, amigos y enemigos se decían, llenos de interés y de entusiasmo: «Esta noche va a hablar el señor Valle». ¡Qué poder el del talento! ¡Qué mágico ascendiente de la palabra! ¡Qué envidiable gloria la del verdadero orador!

Por aquellos días, Valle trabajaba con el señor Mendiola el proyecto de Constitución, asentando en él incontestables principios de los que debía derivarse, con rigor lógico, la independencia de Guatemala. Fijaba los fundamentos que debían servir para una seria y decisiva discusión. La laboriosidad, esclarecidos talentos y carácter superior de Valle le habían captado el aprecio y simpatías de los Diputados, sus compañeros, quienes, el 24 de agosto, diéronle una alta prueba de confianza y de consideración, nombrándolo Vicepresidente del Congreso.

Tal era el puesto eminente de Valle, cuando dos de sus compañeros fueron a su habitación a manifestarle que muchos de los Diputados opositores iban a ser presos: un vecino de la capital le ofreció su casa para que se asilase, y otros se empeñó en que fuese a ocultarse en casa del Representante de Colombia. Pero Valle no quiso huir, ni estar oculto. «Que huyan —dijo— o se escondan los que son reos ante la ley: los que han cometido delitos y son positivamente criminales. Yo no conozco el crimen: yo soy hombre de bien: yo respeto la virtud y procuraré siempre respetarla». Cruzado de brazos, inerme, pero con la conciencia tranquila, con la serenidad del justo, esperó el rudo golpe del militarismo del Imperio.

El atentado del militarismo no se hizo esperar mucho tiempo. Valle, a la vez que otros Diputados, militares y paisanos, sin orden escrita, fue preso el 26 de agosto, y recluso, como reo de Estado, en el Convento de Santo Domingo, bajo mandamiento de incomunicación, y con centinela de vista. Al encarcelar a Valle y tenerlo en la prisión, sin observarse requisito alguno, se violaron los artículos 172, 128 y 190 de la Constitución española del año 12, a la sazón adoptada en México. Pero ¿qué importan los artículos de una ley, aunque esta ley se llame fundamental, al absolutismo que tiene por criterio la fuerza y por fin la venganza? ¡Desgraciados de los que tienen fe en la ley en las épocas de absolutismo o de anarquía! La ley es la irrisión, el ideal que se pisotea: la arbitrariedad es el hecho que oprime, el hecho que mata: es Justicia infernal, ¡pero es justicia!

———————————————

Inenarrables fueron los profundos dolores, los crueles sufrimientos que se apoderaron del ánimo de Valle al verse en extraña tierra, en medio de lo desconocido, preso, indefenso, y a distancia inmensa de su familia, que había de recibir, entre indecibles congojas, tristísimas nuevas del que fuera su sostén, su padre cariñoso. Mil y mil pensamientos lúgubres, desgarradores, se agolpaban en la mente de Valle. Dirigía representaciones al Gobierno, y eran vanas: era reo de Estado, y se le interrogaba como testigo: quería saber el porqué de su prisión, e ignoraba el curso de su proceso: todo era dudas, todo era incertidumbres para el pobre preso que sentía en el alma inmensa desolación. Para dolores tan intensos, para infortunios tan amargos, sólo había el lenitivo de la cariñosa benevolencia de los religiosos de Santo Domingo, y el dulce lenitivo del estudio: franqueáronse a Valle, por los religiosos, las puertas de la Biblioteca del Convento, y pasaba los días encerrado en su silencioso recinto, estudiando antiguos manuscritos y antiguos impresos relativos a los sucesos y establecimientos de México; leyendo antiguas Gacetas, que le hacían observar los progresos de la nación; y revisando los mapas de Nueva España, los de Alzate, Humboldt, Arrowsmith y Brue, que rectificó en vista de nuevos informes y de propias observaciones. ¡Con qué noble y bella figura se presenta Valle a la imaginación, como prisionero infelicísimo, en el Convento de Santo Domingo! Se me figura ver, bajo la bóveda de sombría y solitaria estancia, a aquel hombre de tez pálida, surcada por los surcos que deja impresos el pensamiento: me parece ver, al caer de melancólica tarde, a los últimos rayos del sol poniente, que penetraban por las altas y estrechas ventanas de las tristísimas celdas del Convento de Santo Domingo, a aquel hombre febricitante, poseído del ansia de saber, inclinado sobre viejos manuscritos, amarillentos y apolillados por los siglos: me parece verlo leyendo y volviendo a leer seculares documentos, lleno de mortal tristeza, pero lleno también de noble afán por encontrar en aquellas memorias del pasado las huellas de una civilización, y algún germen precioso para lo porvenir! ¡Qué cuadro tan solemne! ¡Qué admirable combinación de luz y de sombras! Si yo fuera pintor y tuviese artístico genio, y una paleta rica en colores, retrataría a Valle escogiendo aquellas lentas horas en que estudiaba, como sabio, en el Convento de Santo Domingo; aquellas horas tristísimas que evocan el recuerdo de la Edad Media, de aquella época en que, fuera del perímetro de las agitaciones de las luchas del siglo, la ciencia, deidad adorable, tenía seguro asilo en las silenciosas celdas de los Conventos, poblados de sombras y misterios...

Pero he aquí que, cuando Valle estaba más concentrado en sus estudios, que cuando escribía algunos capítulos, los más interesantes de su Ensayo sobre las ciencias[28], de improviso, a las seis de la tarde del día 22 de febrero de 1823, presentósele un oficial de Iturbide para entregarle un pliego de su soberano. ¡Imposible expresar la sorpresa de Valle! En el pliego se le comunicaba su nombramiento de Secretario de Estado y del Despacho de Relaciones Exteriores, y se le prevenía se dirigiese a Zapaluta, residencia del Emperador, a recibir instrucciones. Se ordenaba, además, al Capitán General le diese una escolta y los auxilios necesarios para que se encaminase, sin demora, al lugar de la residencia imperial. ¡Qué cambio tan inesperado, tan brusco, en la posición de Valle! ¡Aquello era como el súbito despertar de un sueño de horrores! ¡Qué transición! Pasar de una estrecha cárcel a una absoluta libertad: pasar de la condición de mísero reo oprimido y olvidado, a ejercer la primera Secretaría del Imperio; pasar del abatimiento de la impotencia, a la plena animación y al ejercicio de un gran poder; pasar de la penumbra de una celda silenciosa, a la esplendente luz del mediodía, y al bullicio del mundo y de la política. ¡Qué raras, qué dramáticas son las situaciones de ciertos hombres! ¡Qué grandes, qué maravillosas las antítesis de su vida! Imposible explicar su misterioso contraste, como imposible es explicar cuándo la mansa onda del cristalino arroyuelo formará parte de la ola embravecida del inmenso océano.

Valle se presentó ante el Emperador, quien manifestóle, con hidalga franqueza, que lo había nombrado su Ministro para darle alguna satisfacción por los agravios que había sufrido. Valle olvidó las ofensas recibidas, le ofreció sus respetos, y le protestó su gratitud; pero le expresó, al mismo tiempo, que no podía aceptar el honor que se le dispensaba. «Un Ministro —le dijo, ante algunas personas que estaban presentes— debe ser el primer hombre en la ciencia de los

---

[28] Obra inédita comenzada en Guatemala algunos años antes de la prisión de su autor.

gobiernos; el primero en el conocimiento de la nación que ha de dirigir. No debo tener el orgullo de darme el primer título. No ha siete meses que llegué a México, y no tengo, por consiguiente, todos los conocimientos necesarios de esta nación»[29]. Añadió algunas otras consideraciones para justificar la no aceptación de la Secretaría de Estado; pero Iturbide insistió y volvió a insistir, y Valle se vio en el caso de ejercer las funciones de su alto cargo.

Los enemigos políticos de Valle, más tarde y en diversas ocasiones, pretendieron desprestigiarlo por su aceptación del ministerio, tachándolo de monárquico, de imperialista. Semejante cargo no lo mereció Valle, si es que se juzgan sus actos a la luz de una crítica imparcial. Cierto es que respetó la legalidad existente durante la colonia: cierto es que fue hasta complaciente con los peninsulares, y por tales complacencias lo he juzgado con severidad; pero consumada la independencia, Valle fue el devoto más sincero del nuevo régimen y de las nuevas instituciones, y el defensor más tenaz de sus fueros y excelencias. Si Valle hubiera sido imperialista, no habría sido el opositor más ardiente a la política del Imperio en el Congreso Mexicano: no hubiera renunciado su cargo con insistencia ante Iturbide: no le habría enviado algunos días después su dimisión, en términos decisivos, a su residencia de Tacubaya, dimisión que no fue aceptada en términos absolutos: no habría, en fin, sustentado en el Ministerio una política de moderación y de justicia, cuando el Imperio, creado por la fuerza del militarismo, no podía hallar más salvación probable que en el empleo de medios coercitivos, de fuerza y de intimidación. Si Valle fue Ministro del Imperio de Agustín I, fue porque una necesidad indeclinable lo exigía, y porque, además, su puesto era propicio para trabajar en provecho de los intereses de su patria, nunca olvidada, de Centroamérica. La Historia, que debe ser justa, absolverá a Valle del cargo que le hicieran sus enemigos políticos, mal aconsejados por el espíritu de rivalidad, por el espíritu de las pasiones que no sabe perdonar ni a los hombres de acrisolada honra. Pero las pasiones condenan, y la Historia absuelve. He aquí la

---

[29] Manifiesto de Valle a la Nación guatemalana, 1825.

más preciosa garantía de los hombres públicos que saben cumplir con su deber.

Valle, en el Ministerio, no estuvo en un lecho de rosas. El Imperio estaba vacilante, bamboleaba: las oposiciones eran grandes y amenazadoras: la angustiosa situación del Gobierno exigía muchos trabajos, muchos esfuerzos, muchas vigilias, y Valle trabajaba de día y de noche, sin darse punto de reposo. No le tocaban días de calma y de solaz, esos días benditos que buscan, desolados, los politicastros del éxito y de los medros personales. Valle veía que la nube tempestuosa se agrandaba y se ennegrecía de momento en momento, y era preciso conjurar la tempestad. ¿Cómo conjurarla? ¿Cómo hacer que la crisis social se resolviese de un modo benéfico y honroso? ¿Se emplearía la política de un militarismo atentatorio a todo derecho, la política del terror? ¿O se emplearía la política de moderación y justicia, que abre campo al sentimiento nacional y al espíritu dominante de la opinión pública? Iturbide y Valle estuvieron por esta generosa y salvadora política. Valle, que como Diputado no había querido la violencia, tampoco quiso la opresión como Ministro de Iturbide. Trabajaba porque el Imperio no concluyese con una catástrofe: no quería ni el desenlace de una revolución sangrienta, ni el desenlace de una reacción liberticida que malograse las conquistas de la independencia. Esta política triunfó para honra de Iturbide y de Valle. Las ideas republicanas se hicieron predominantes en México. En 6 de diciembre del año de 1822 Santa Ana proclamó en Veracruz la República, y formó el plan llamado de Casa Mata, secundado por Bravo, Guerrero y otros jefes. El Emperador, aunque con muchos partidarios y con un valor personal a toda prueba, evitó noblemente la guerra civil: abdicó la corona en 20 de marzo, y dejó el país, embarcándose con su familia en Veracruz, en el bergantín inglés Rawlins, el 11 de mayo de 1823. De manera tan pacífica y honrosa terminó el Imperio de Agustín I, y con el Imperio, el cargo desempeñado por el estadista Valle. ¡Cuánto enseña la Historia! ¡Que aprendan nuestros caudillos! Iturbide y Valle dejaron nada menos que uno de los más vastos y ricos imperios del mundo[30], y lo dejaron, teniendo prestigios y elementos, sin luchar, por evitar una guerra civil, por evitar que se derramasen lágrimas y sangre. Cuando la opinión se subleva, y la guerra amenaza con sus horrores, ¿dejan así el mando de un pobre cacicazgo nuestros caudillos centroamericanos? Que nuestra Historia responda, y que nuestra juventud se inspire en el noble ejemplo de su compatriota ilustre, del Ministro de Iturbide.

Merece mencionarse especialmente un noble rasgo de la conducta de Valle, durante el tiempo que estuvo en las alturas del poder. Supo quiénes habían sido los intrigantes, los delatores que movieran al Gobierno para efectuar su prisión; tuvo, al alcance de la mano, a los causantes de su pasada desgracia; pudo haberse vengado; mas, haciéndose superior a todo resentimiento, a todo encono, renunció a la venganza. Sus ocultos enemigos, los que le hirieran por detrás, sólo pudieron arrancarle estas amargas palabras, verdaderas en todos los tiempos y lugares: «Los reptiles que entran arrastrándose en los palacios, para abusar después de la autoridad con orgullo: los delatores oscuros, los informantes ocultos, han sido siempre los que he visto con más horror......» Grande fue Valle por el olvido generoso de las ofensas que recibiera, y justo por el terrible anatema que lanzó sobre los hombres-reptiles que sorprenden al que manda para herir, alevosa y cobardemente, a las víctimas de su odio o de su envidia. La conducta y las palabras de Valle siempre serán una saludable lección.

Caído el Imperio, se restableció el Congreso que había sido disuelto en 30 de octubre de 1822; y en 31 de marzo de 23, constituyó un Poder Ejecutivo, compuesto de Bravo, Victoria, Negrete y Guerrero. Valle volvió a ocupar su puesto de Diputado, y el Congreso continuó dispensándole su confianza y haciéndole honores dignos de sus altos méritos. En 14 de mayo de 1823 fue nombrado individuo de la Comisión especial para fijar las bases de la Constitución, bases que explicó en un notable escrito, que fue impreso de orden del Congreso. Fue también nombrado Vocal de otras comisiones importantes, en las

---

[30] Con excepción de los Imperios de Rusia y de China, el Imperio mexicano era el más grande del mundo: comprendía desde Centro América hasta Tejas, las Californias y Nuevo México.

que trabajó empeñadamente, mereciendo siempre la aprobación y el aplauso de sus colegas.

El 12 de abril hizo una extensa representación al Congreso, evidenciando la nulidad del Acta de anexión de Guatemala a México, y pidiendo la salida de las tropas de Filísola que operaban en territorio centroamericano. En primero de julio se trató en definitiva la gran cuestión sobre la independencia de Guatemala. Valle pronunció en aquella sesión memorable un extenso y luminoso discurso sobre los incontestables derechos de Centro América a su independencia y a su libertad, derechos tanto más innegables cuanto que estaban declarados insubsistentes el Plan de Iguala y los Tratados de Córdoba, sobre cuyas bases se había hecho, por un conciliábulo de imperialistas, precipitada y traidoramente, la anexión de Guatemala a México. La poderosa voz de la razón se hizo oír: Valle llevó a todos los ánimos el convencimiento. El Ministro del nuevo Gobierno manifestó al Congreso que Guatemala debía estar en libertad para constituirse como le pareciese, y que debían retirarse las tropas de Filísola. El Congreso, cediendo a la justicia, hidalga y brillantemente representada por Valle, dio un acuerdo confirmando los puntos indicados por el Ministerio. El acuerdo del Congreso resolvió por completo la cuestión, y dejó garantizada la independencia de Centro América[31].

---

[31] Sobre este interesante punto aún no se ha fijado la atención de los centroamericanos. La segunda Independencia de Centro América se debe a José del Valle. Es necesario hacerle esta justicia, pese a quien pese. Supóngase que Valle, merced a sus perseverantes y prestigiosos trabajos, no hubiese obtenido del Gobierno y del Congreso mexicanos, la declaración y garantía sobre la independencia de Centro América; supóngase que el Gobierno y el Congreso hubiesen querido, con firmeza, que Centro América, unida al Imperio, hubiese continuado unida a la República; dado este supuesto, no obstante la dejación que del mando hizo Filísola, no obstante la decisión de los independientes centroamericanos, la anexión a México habría continuado. Pudo efectuarse, aunque de hecho, la anexión al Imperio, pues con mayor razón pudo efectuarse la anexión a la República. Y si no, he aquí una prueba. La República mexicana quiso tomar nuestra provincia de Chiapas, y Chiapas le pertenece; quiso tomar

Tras largos meses de propaganda, por medio de la prensa, y de trabajos parlamentarios en favor de la emancipación de Guatemala, Valle vio colmados sus deseos, satisfechas sus aspiraciones, que eran los deseos y aspiraciones del patriotismo centroamericano. Alcanzando su honrosísimo triunfo, en 3 de septiembre dirigió un oficio al Congreso, manifestando que había sido electo Diputado a la Asamblea Nacional de Guatemala, y que él, lo mismo que sus compañeros guatemaltecos, habían recibido orden de su Gobierno para regresar a su país. El Congreso mexicano dio por retirados a los Diputados centroamericanos, y Valle dejó de asistir a las sesiones.

Resuelta para Valle toda cuestión política en orden a su patria, tan sólo se ocupó en preparar su regreso, y en enriquecer su inteligencia con nuevos conocimientos sobre los elementos materiales y morales de México. «Una nación —decía— es un libro muy grande, de instrucción muy vasta y profunda». Volvió a leer el Ensayo Político de Humboldt; estudió en los archivos los mismos impresos y manuscritos que tuvo en sus manos y que estudió aquel sabio viajero; visitó y observó los establecimientos públicos; dedicó atento examen a los minerales y a la Flora y la Fauna de México, y consiguió algunos instrumentos de observación para emplearlos en nuevos estudios, durante su regreso a Guatemala. El viaje de regreso de Valle fue el viaje de un sabio. Observaba las temperaturas y producciones de cada lugar, fijaba las distancias de los pueblos, estudiaba sus usos y costumbres, tomaba alturas barométricas y termométricas, coleccionaba y clasificaba minerales y vegetales, y hacía toda clase

nuestro territorio del Soconusco, y el Soconusco también le pertenece. Multiplíquese por cinco esta cantidad de fuerza, y tendremos el resultado de la multiplicación en favor de México. Sin los trabajos de Valle, y sin el respeto de México al derecho, hoy constituiríamos un grande Estado de la Federación Mexicana. ¿Unidos a aquella gran nación que hoy tiene verdaderas instituciones, seríamos más felices? Mi razón me dice que sí: mis sentimientos centroamericanos me dicen que no. Gracias, pues, sean dadas a Valle que sustentó la causa que ama nuestro corazón. En cuanto a lo demás, principios, ideas, libertad, justicia y civilización, el porvenir decidirá... ¡Yo creo en lo porvenir!

de observaciones que consignaba en un diario de su viaje. Quería regresar a Guatemala riquísimo en conocimientos para poner su ciencia al servicio de sus conciudadanos. Bajo impresiones tan halagüeñas, y con la más pura e indecible alegría de su alma, después de dos años de ausencia, a principios de 1824, Valle entró en la capital de Guatemala, acompañado de numerosos amigos que habían salido a su encuentro para darle pláceme de bienvenida. Inolvidable fue para Valle aquel día venturoso de su retorno. Más tarde decía con tierna emoción: «Si me hubiera sido posible estrechar en mis brazos a Guatemala, yo la hubiera apretado entre ellos, con más gozo que un amante al objeto de sus amores». En aquel día feliz el sabio callaba, hablaba tan sólo el hombre de corazón.

CAPÍTULO VI: LE ROBAN LA PRESIDENCIA

Lo que había sucedido en Centro América durante la ausencia de Valle. — Valle ejerce el Poder Ejecutivo Nacional de Centro América. — Constitución de 1824. — Valle da cuenta al primer Congreso Federal de los trabajos del Gobierno. — Elección de Valle para Presidente de la República de Centro América. — El Congreso anula su elección. — Retraimiento de Valle y su Manifiesto de 1825. — Valle funda el Redactor General. — Sus escritos como publicista. — Conducta de Valle durante la reacción de Arce y los conservadores de Guatemala. — Discursos de Valle en 1829. — Valle juzgado como orador.

ENTRE TANTO que Valle permanecía en México trabajando en favor de la independencia de su patria, grandes y ruidosos acontecimientos ocurrían en Centro América. La provincia de El Salvador había entrado en heroica lucha con Guatemala para defender los fueros de la independencia; los imperialistas guatemaltecos, sobradamente ineptos, habían sido incapaces para someter a los independientes salvadoreños; Gainza, el veleidoso Gainza, había sido llamado a México por ser conceptuado como sospechoso, o por lo menos, como inútil; el Brigadier don Vicente Filísola había llegado a Guatemala con seiscientos mexicanos, se había hecho cargo del poder como Capitán General de la provincia, y había marchado al teatro de la guerra; el sometimiento de los centroamericanos estaba para consumarse, y sufrían atentados y vejaciones de la soldadesca mexicana, cuando Filísola tuvo noticia del pronunciamiento de Casa Mata; Filísola, que gobernó con un buen sentido y con una moderación que honran su memoria, había convocado, en 29 de marzo de 1823, un Congreso que debería reunirse en Guatemala, conforme al acta de 15 de septiembre de 1821; a la sazón, Honduras estaba en conmoción, y grandes disturbios ocurrían en Nicaragua y Costa Rica; el 24 de junio se había instalado solemnemente la Asamblea Nacional Constituyente, compuesta de los hombres más notables de Centro América; la Asamblea, que había abierto sus sesiones el 29 del mismo mes, había tomado en consideración el acta de 5 de enero de 1822, y declarado, en el memorable decreto de 1.º de julio de 1823, que las provincias de que se componía el Reino de Guatemala eran libres e independientes de la antigua España, de México y de cualquiera otra potencia, así del antiguo como del nuevo mundo, y que no eran ni debían ser el patrimonio de persona ni familia alguna: que dichas provincias tuviesen la denominación de PROVINCIAS UNIDAS DEL CENTRO DE AMÉRICA; el Congreso se había ocupado en dictar otras medidas de alta importancia y de constituir un Poder Ejecutivo provisional, compuesto de tres individuos, de cuyo número fue José del Valle, por segunda elección de la Asamblea. Tales fueron los sucesos principales que se habían verificado; tal era la situación de Centro América, cuando Valle, electo Diputado e Individuo del Poder Ejecutivo, llegó de regreso de México, a Guatemala, a principios del año de 1824.

A instancias de la Asamblea Nacional, Valle, el 5 de febrero de 1824, tomó posesión de su cargo como individuo del Supremo Poder Ejecutivo. Valle era el pensamiento, era el nervio de aquel Gobierno provisional. No vivía para su familia ni atendía a sus intereses; tan sólo vivía para la patria, y tan sólo atendía a los públicos intereses. No se limitaba a hacer lo que era de su estricta obligación. Trabajaba como individuo del Poder Ejecutivo, trabajaba como Secretario, dictando algunas notas para auxiliar al Ministerio, trabajaba, en fin, como redactor de «La Gaceta del Gobierno Supremo de Guatemala», periódico que siempre deberá consultarse, pues es fuente de grandes y provechosas enseñanzas políticas y administrativas.

El asunto más serio, de más vital interés que embargaba la atención del Poder Ejecutivo, fue la pacificación de Nicaragua. Esta provincia, por el año de 24, estaba destrozada por el monstruo de la anarquía: su vida era una vida de horrores: formaba lo que después formó Honduras bajo el desgobierno del General José María Medina y demás caudillos que precedieron al Gobierno del señor don Marco A. Soto, el escándalo de la América Central. En orden a la pacificación de Nicaragua, divergentes eran los pareceres de los jefes del Ejecutivo, Valle y Arce: Valle retardaba la pacificación porque quería el empleo de medios prudentes que evitasen la intervención armada de El Salvador, en la que estaba interesado Arce como salvadoreño, llevando, entre otras miras, la de ensanchar sus prestigios en Nicaragua. Valle obró mal comprometiendo, por espíritu de rivalidad, los más caros intereses de toda una provincia, necesitada, ante todo, de paz y de regularidad. Pero su responsabilidad se atenúa si se considera que la provincia de El Salvador, de acuerdo con Arce, quiso obrar por su propia cuenta, sin contar con el Gobierno general, en la pacificación de Nicaragua. Valle debió poner obstáculos a tales procedimientos, pues, como hombre de principios y de vista perspicaz, comprendía la dañosa trascendencia que tendría la indisciplina, la insubordinación del Gobierno de una provincia. Sin embargo, Valle, para hacerse superior a odiosas rivalidades y cumplir en todo con su deber, debió poner a raya las extralimitaciones de la autoridad salvadoreña y, a la vez, emplear prontamente medios eficaces para el logro de la completa pacificación de Nicaragua. Esto habría hecho honor a sus prendas de particular y de gobernante, y habría evitado que su competidor Arce obtuviese más tarde, en 1825, el triunfo de pacificar a Nicaragua y de dar alguna regularidad a su modo de ser político.

Los desacuerdos de que he hablado, y el carácter altivo y, por lo común, intransigente de Valle, hicieron que Arce se separase del Gobierno. Arce era, a su vez, orgulloso, había prestado grandes servicios a la causa de la independencia, tenía muchos prestigios entre los liberales, poseía la conciencia de su alto valer, y no toleraba el predominio que ejerciera Valle por su carácter imponente y su talento incontestable. Sucedió a Arce en el Poder Ejecutivo, don José Manuel de la Cerda, sujeto que siempre supo distinguirse por su moderación, por sus desinteresados servicios, y por su amor acendrado a la independencia y a las instituciones republicanas. Más tarde el triunfo definitivo de Arce sobre su competidor Valle debía ser fecundo en males para Centro América.

A la sazón que Valle y sus colegas ejercían el Poder Ejecutivo de las provincias de Centro América, la Asamblea Nacional Constituyente se ocupaba en la formación de la Ley Fundamental que había de darse a la República. La Asamblea estaba dividida en dos grandes partidos, el federalista y el centralista: el primero estaba formado de los liberales que querían dar a Centro América una

Constitución Federal, análoga a la de los Estados Unidos del Norte; el segundo estaba formado de los conservadores que querían hacer de Centro América una República unitaria y constituirla bajo el régimen de un Gobierno Central. La situación de las provincias, que supieron preparar para su objeto los liberales; el desprestigio en que estaban las ideas de los conservadores, que acababan de ser imperialistas; y el seductor ejemplo de las instituciones norteamericanas, todas estas causas, unidas a una grande inexperiencia, dieron en la Asamblea el triunfo a la idea de los federalistas.

Adoptado el principio del federalismo, la Asamblea, después de ímprobos y honrosos trabajos, y de ruidosísimos debates parlamentarios, en 22 de noviembre de 1824, emitió la Constitución de la República Federal de Centro América. Valle, aunque electo Diputado, no figuró en la Asamblea Constituyente, por estar encargado del Ejecutivo. Su nombre y los de sus colegas, don José Manuel de la Cerda y don Tomás O. Horán, aparecen autorizando el "Ejecútese" de la primera Constitución de la República.

Valle, en algunos de sus escritos, ya fuese por altos motivos de patriotismo, ya fuese por íntimo convencimiento, se mostró muy satisfecho de la nueva Constitución Federal de Centro América. Sin embargo, infundada era su satisfacción. Error fundamental fue, a mi juicio, la aceptación de un régimen federal para las provincias del antiguo Reino de Guatemala. El federalismo rompió nuestra unidad histórica; creó para un pueblo, sin ninguna educación política, el sistema de gobierno más difícil de practicarse; estableció un complicado y antieconómico organismo gubernativo para un pueblo falto de comunicaciones y de recursos; constituyó un poder nacional destituido de suficientes y vigorosas atribuciones; sembró, en fin, en el suelo de un pueblo inquieto, apasionado, de raza meridional, irreflexiva, la simiente de una constante guerra civil[32].

La derrota de los conservadores, que tenían razón, y el triunfo de los liberales, que sólo tenían buenos deseos, nos han costado muy caro, y muy caro costarán también a las venideras generaciones. El

---

[32] El autor de esta obra hace un juicio crítico, amplio y fundado en antecedentes y hechos concretos, de la Constitución federal de 1824, en la Biografía inédita del Benemérito General don Francisco Morazán.

error de los federalistas del año de 24 trajo, antes del 29, la anarquía que produjeron los golpes de Estado del Presidente Arce; hizo que escollasen los esfuerzos del genio fecundo de Francisco Morazán; hizo que el año 39 quedase despedazada, hecha girones, la patria centroamericana. Hoy mismo aquel funesto error produce la ruinosa y excepcional situación de las pequeñas repúblicas de Centro América. Hoy mismo aquel error, por siempre lamentable, hace que en toda la América española sólo los centroamericanos tengamos la más pavorosa de las cuestiones, la cuestión de buscar los medios de existir políticamente. México, la Confederación Argentina, Colombia, Chile, Venezuela, el Perú y demás repúblicas del Sur, han tenido el buen sentido de conservar, bajo una u otra forma, la entidad nacional, fuerte y respetable, que constituyeran históricamente. Algunas de dichas repúblicas han hecho grandes conquistas en el terreno de la verdadera democracia y de la verdadera civilización, y no podrán ya retroceder; las menos felices tienen cuestiones dificilísimas que resolver en lo social y en lo político; pero no tienen que resolver la cuestión de existencia, la cuestión de ser verdaderas naciones. Aunque el Perú fuese desmembrado por su enemiga Chile, el Perú siempre tendrá elementos para ser una nación: toda su cuestión se reducirá al modo de gobernarse con honradez y cordura. Pero entre nosotros, a causa de que el buen sentido práctico sólo ha brillado por su ausencia, existe, lo repito, como tristísima excepción en la América Española, el más pavoroso y terrible de los problemas, el problema de existir. La cuestión para nosotros no es de atender al modo de gobernarse cada una de nuestras infinitesimales repúblicas: la cuestión capital es unirnos para formar una verdadera nación.

Divididos los pueblos centroamericanos, pueden hacerse todos los benéficos arreglos imaginables, pueden emitirse todas las constituciones más perfectas en teoría, pueden alcanzarse algunos relativos progresos, y armarse grandes algazaras en pro de la civilización y de la libertad. Pero todo esto es precario, es vano: el vicio esencial de la desunión corroe nuestro raquítico organismo, nos mata. La desunión mantiene la debilidad de nuestros pueblos, y fomenta su inmoralidad, elementos que serán siempre propicios para que imperen en Centro América la anarquía o el despotismo, que hacen imposible un régimen de garantías, de verdaderas instituciones republicanas, único que puede presentarnos ante el extranjero como miembros de una nación digna y respetable. ¡A qué precio se paga un error fundamental en política! Después de más de medio siglo de luchas fratricidas, el error de los federalistas del 24 nos ha legado esta cuestión aterradora: BUSQUEMOS LOS MEDIOS DE EXISTIR; ¡SÁLVEMONOS! ¿Cuándo la resolveremos? ¿Cuándo habremos de salvarnos en la tabla que nos ofrecen, aunque de lejos, el buen sentido, la libertad y la civilización? ¡Quién sabe! ¡Ojalá que las generaciones venideras sean más felices que la nuestra! Entre tanto, trabajemos en pro de las ideas.

Después de emitida, en 22 de noviembre de 1824, la Constitución de Centro América, conforme a sus prescripciones, se instaló el 25 de febrero del año siguiente de 1825 el primer Congreso Federal. Al abrirse sus sesiones, Valle, en un discurso digno de un verdadero estadista, informó a los Representantes del pueblo centroamericano de los trabajos llevados a cabo por el Gobierno provisional. Valle dijo: «Dirección prudente de la opinión; orden interior; instrucción pública; hacienda; fuerza; riqueza; relaciones exteriores; constitución, son los objetos que han ocupado al Gobierno y a los cuales ha llamado la atención de todos los funcionarios». Enumeró las labores administrativas realizadas con relación a cada uno de tan importantes ramos de gobierno, y terminó su discurso con estas bellas y consoladoras palabras: «El Gobierno presenta a la nación sin revolución ni movimientos destructores: la presenta avanzando en su carrera. Un labrador laborioso recuerda con gozo sus trabajos y ve con placer sus cosechas. Un gobierno celoso, volviendo los ojos a los suyos, se penetra de iguales sentimientos. Trabajé —dice— en el año que ha pasado, trabajaré más en el año que comienza. Los pueblos me han confiado sus destinos: yo seré todo para los pueblos. Una lágrima menos; una espiga más; un retoño de la planta que no se había cultivado, será el maximum de mi felicidad».

Conforme a la convocatoria de 5 de mayo del año de 24, los pueblos eligieron las autoridades federales. Los partidos liberal y conservador entraron en una verdadera campaña electoral. Los liberales trabajaron por la candidatura del General don Manuel José Arce, sujeto que había contraído grandes méritos para con la República, a quien creían muy afiliado al partido liberal, y muy accesible para seguir el rumbo de las ideas y pretensiones de los liberales. Los conservadores, con notable mala fe, y sólo por no encontrar otro candidato prestigioso para enfrentarlo al caudillo de los liberales, trabajaron por la candidatura de Valle. Uno y otro partido, contrariando sus deberes, empezaron por inocular el virus de la corrupción electoral: trataron de dividir los sufragios de los pueblos para que no resultase elección popular, y correspondiese al Congreso el nombramiento de las Supremas Autoridades.

No obstante tan reprobados manejos, tan viciosos ensayos de la República, triunfó, para honra de Centro América y de sus instituciones, el buen sentido de los pueblos. Hubo elección popular, y resultó electo Presidente de la Federación, José del Valle. Ochenta y dos era el número total de sufragios: se reunieron en la Asamblea setenta y nueve: de estos obtuvo Valle cuarenta y un votos, y Arce treinta y cuatro. Valle, pues, fue electo popularmente Presidente de Centro América.

Mas tal resultado desconcertaba los planes y ambiciones de los liberales: defraudaba sus más acariciadas esperanzas: aspiraban a dominar en el ánimo del gobernante, y Valle no era para ser dominado. Entonces apelaron al expediente de falsear el cómputo de la elección, tomando en cuenta, para fijar la mayoría, la base de ochenta y dos sufragios y no la base de setenta y nueve, como era debido. A esto se agrega que dos de los sufragios que no entraron en el escrutinio, por fútiles pretextos, no se quisieron tomar en consideración, por temor de que fuesen favorables a Valle, y quedar, en tal supuesto, sin ningún expediente para anular la elección de los pueblos. Para lograr su intento, los liberales necesitaban del concurso de los conservadores que no eran leales a su candidato. Ambos partidos entraron en arreglos, formaron una coalición que dio en tierra con la votación popular, y eligieron en el Congreso, por mayoría de votos, al General Arce, Presidente de Centro América, nombrando a Valle Vicepresidente. Así se consumó, cuando la República empezaba a ensayarse, cuando debió haber más moralidad política, la primera y criminal suplantación del voto de los pueblos; así se cometió, por liberales y conservadores, uno de los errores más trascendentales y dignos de lamentarse.

La elección de Valle, ante la Historia, honra tanto a los pueblos de Centro América como deshonra a los partidos que la anularon. ¡Felices tiempos aquellos en que los pueblos no estaban corrompidos por el caudillaje! ¡Felices tiempos aquellos en que el falso brillo del funesto militarismo no había hecho perder a los pueblos su buen sentido práctico! Los pueblos sabían que Valle era un hombre honrado, que Valle era un hombre amigo de la legalidad, que Valle era un hombre incorruptible, que Valle era un sabio estadista, apreciado por su ciencia, dentro y fuera de Centro América. Los pueblos atendieron a su verdadera conveniencia, hicieron justicia al mérito, y eligieron Presidente a Valle, a despecho de los trabajos inmorales de liberales y conservadores. Nuestra Historia, a vuelta de muchas y muchas páginas, en que sólo puede verse la ignominia, tiene también algunas páginas honrosas. La elección de Valle, para consuelo del patriotismo, formará siempre una página honrosísima en la Historia del pueblo centroamericano.

¡Qué vanos fueron los temores que movieron a los liberales a arrebatar la presidencia a Valle! Temían el carácter severo y altivo de Valle; temían que fuese intransigente con sus pretensiones; temían que degenerase en absolutismo el predominio de su alta inteligencia. ¡Ay! En aquella época en que empezaban a fermentar las pasiones y los odios de los partidos, debió comprenderse que los inconvenientes que se encontraban en Valle eran ventajas; que los defectos que se le atribuían eran eminentes cualidades para el mando. Valle, tan severo, tan capaz, tan instruido, no se habría dejado manejar ni por los unos ni por los otros, y esto, justamente, debía haber constituido la prenda segura del orden, de la legalidad y del progreso de las instituciones: la falta de parcialidad habría puesto a raya a las pasiones; la capacidad administrativa habría anulado bastardas ambiciones. Valle se habría ocupado muy poco en la política de partido, y se habría ocupado mucho en la administración.

Valle habría dado un gran sentido económico, de inmensa trascendencia, a los trabajos del Gobierno; Valle habría promovido eficazmente la educación política e intelectual de los pueblos; Valle, como gran estadista, no habría tenido los desbarajustes y caídas de Arce; y, enérgico, prudente y sabio, habría asentado los fundamentos indestructibles del engrandecimiento material y moral de Centro

América. Valle, justamente, por la virtud de los defectos que se le atribuían, habría salvado a la República. Pero los liberales no quisieron formar un partido sensato y respetuoso de la ley: quisieron formar una pandilla apasionada y vengativa, a guisa de nuestras pandillas de Honduras. No quisieron tener un magistrado íntegro y superior a los intereses y resentimientos de partido: quisieron tener en Arce un dócil instrumento de sus ideas y ambiciones. ¡Ay! Nada queda impune. Tan criminal extravío tuvo bien pronto una horrible expiación. El instrumento se escapó de las manos de los liberales, y cayó en manos de los conservadores. Arce dio golpes de Estado, despedazó las instituciones, creó el caudillaje, provocó sangrientas y fratricidas luchas, desacreditó a la República, entregó el poder a los enemigos de los que fueran sus amigos, y él mismo acabó por ser innoble víctima de los implacables conservadores[33]. No; el gobernante no debe ser el instrumento de un partido ambicioso y vengativo; debe ser el representante de la ciencia política y de la estricta justicia.

¡Desgraciados liberales! Quisieron un instrumento, y el instrumento los hirió de muerte. Quisieron el triunfo de las pasiones, y las pasiones de sus contrarios los ahogaron en mares de sangre y de lágrimas. Si Valle hubiera sido Presidente, años después el gran Barrundia, huyendo de los furores del salvajismo de Carrera, no habría muerto en extranjera playa, martirizada su alma por inmenso duelo por la patria muerta! ¡Qué terribles, pero qué saludables, son a veces las enseñanzas de la inflexible Historia!

---

[33] En vano el General don José Manuel Arce, cediendo a sentimientos de pundonor y de patriotismo que le honran, quiso justificar su conducta en sus Memorias que publicó en México en 18 de julio de 1830. Las Memorias de Arce revelan al hombre de alguna instrucción y de propósitos muchas veces bien intencionados; pero de ninguna manera al Gobernante irresponsable ante la Historia. Por más que los errores y los crímenes traten de velarse con hábil hipocresía y seductores sofismas, llega un día en que la Historia les rasga el velo, y en que aparecen en toda su horrible desnudez. Si hay algo que los tiranos, por absolutos que sean, no pueden adulterar o pervertir, es el certero instinto de la posteridad, instinto que, para bien de la especie humana, inspira los juicios imparciales de la Historia de los pueblos y gobiernos.

Al expresar las reflexiones anteriores no he tratado de fantasear sobre hechos que no existieron ni pudieron existir. He tratado de exponer lógicas conclusiones, fundadas en análisis exactos sobre el organismo moral de las sociedades y de los partidos. Un hecho de observación de nuestros tiempos da fuerza irrecusable a mis reflexiones. El señor Soto, como gobernante, en un pequeño teatro, ha hecho y está haciendo lo que Valle hubiera hecho en el gran teatro de Centro América. Los mal llamados partidos de Honduras jamás se han elevado a la idea de lo impersonal. Nuestros partidos no han comprendido que fuese posible otra política que la de la parcialidad, política servida por un caudillo, y caudillo sujeto a ser el órgano, o mejor dicho, el brazo armado de los resentimientos y ambiciones de sus partidarios. He aquí por qué el Gobierno en este país, más bien que un organismo político encargado de realizar el derecho, ha sido una facción armada, descuidada de la administración, y provocadora siempre de disensiones y guerras civiles. He aquí por qué el pueblo hondureño ha sido el pueblo más desgraciado de Centro América. Bajo auspicios tan tristes, y cuando el país estaba ya disuelto por la anarquía, el señor Soto, hombre civil, con su firmeza de carácter, con sus elevadas miras, y con su gran saber en lo administrativo, vino a enfrenar desatentadas pasiones; vino a impedir el choque de enemigas pretensiones. No se ha dejado manejar ni por liberales ni conservadores: no ha cedido a injustas exigencias: no ha sido el vengador de pasados agravios: no ha sido el instrumento de rojos ni de cachurecos. El señor Soto sólo ha mirado el bien del país, y ha gobernado consultando a su propia cabeza y a su propio corazón. El resultado de esta salvadora política ha sido la paz de Honduras, el progreso de sus instituciones, el acrecentamiento de su riqueza, y la recuperación de su crédito. ¿Gusta esta política a liberales y conservadores exaltados de Honduras? De ninguna manera. El señor Soto es incómodo, muy incómodo para sus exclusivismos disociadores.

En lo íntimo de su alma deben dolerse, como se dolían los partidos de Guatemala respecto a Valle, de ver a un hombre que, con su superioridad de carácter y de inteligencia, anula los esfuerzos de las medianías anarquistas; de ver a un hombre que, con sus hábiles trabajos administrativos, en lo militar, en lo civil, en lo económico, ha puesto redes en que se enredan los políticos de tendencias vengativas y de hechos de insultante exclusivismo; redes en que han caído los sectarios de la vieja política, quedando impotentes para levantarse erguidos, para ejercer el triste ministerio del odio y la venganza, el ministerio de un partido triunfante sobre las ruinas de la Patria, sobre la tumba de la República. La política de Valle no habría gustado a exaltados liberales y a exaltados conservadores, como no gusta la política del señor Soto a los extremistas de Honduras. Pero esto, ¿qué importa? Satisfágase a la razón y a la justicia, hágase el bien positivo de los pueblos, que, por lo demás, no hay que cuidarse de los sordos murmullos de las pasiones domeñadas: esos murmullos serán ahogados por la potente voz de la verdad, de la verdad que es inmortal!

Como queda expuesto, Valle fue nombrado Vicepresidente de la República. Renunció este cargo y no le fue admitida la renuncia: volvió a renunciar, y, conocida por el Congreso su absoluta negación, tuvo que admitirle la renuncia, sustituyéndolo, primero, con don José Francisco Barrundia, y después, por dimisión de este célebre centroamericano, con don Mariano Beltranena. Se atribuyó, por muchos, tan sólo al resentimiento, al despecho, la renuncia de Valle. Es indudable que Valle quedó profundamente resentido por habérsele arrebatado la Presidencia que tenía derecho a ejercer en virtud de la elección de los pueblos; y su resentimiento fue natural y justificable. Mas no sólo el resentimiento determinó a Valle a renunciar la Vicepresidencia, lo determinó también su deber. Valle, como todas las personas imparciales, juzgó nula la elección de Presidente, hecha por el Congreso, y del mismo vicio de nulidad adoleció la elección de Vicepresidente. Si Valle hubiera aceptado la Vicepresidencia, habría reconocido implícitamente como válidos procedimientos que juzgaba nulos. Valle no debió incurrir en semejante inconsecuencia, que habría echado un feo borrón sobre su nombre, y que habría legitimado el éxito de un atentado contra las instituciones. Valle fue digno y supo cumplir con su deber. No hay que transigir con el absurdo.

El 29 de abril de 1825, Arce tomó posesión de la Presidencia de Centro América. Valle, aunque resentido por el triunfo de su rival, y aunque poseedor de grandes medios de acción, no quiso convertirse en opositor sistemático y vengativo, y mucho menos en opositor faccioso. Optó por una política de retraimiento, y se entregó a sus atenciones domésticas y a sus estudios, tanto tiempo interrumpidos. Valiéndome de sus propias palabras diré que su «alma buscaba ciencias que la distrajesen, lecturas que la alegrasen. Vagaba por las plantas, estudiaba esqueletos, medía triángulos, o se entretenía en fósiles». Como sus enemigos tratasen en aquella época de presentar su conducta como dudosa, para desprestigiarlo ante los pueblos, escribió, en 20 de mayo del mismo año de 25, un extenso y sentido «Manifiesto» dirigido a la Nación. En ese notable documento en que brillan una amable sencillez y un alto espíritu de patriotismo, Valle hizo una enumeración de los servicios que había prestado a la patria, y en medio de calmosas reflexiones, recordó, no por vanidad, sino por deber, todos los títulos que tenía para que no se le juzgase mal, y para que los pueblos continuasen dispensándole su aprecio y su confianza. Nobilísimo proceder el de Valle. No apeló a las vías de hecho para vengarse de su rival afortunado y de sus injustos enemigos; y para justificarse, no empleó el insulto, la diatriba: se limitó a usar del lenguaje de la verdad y de la razón. ¡Ojalá que todos los políticos caídos fuesen tan moderados, tan respetuosos y tan inofensivos como lo fue José del Valle, el estadista vencido por la híbrida coalición de liberales y conservadores!

Por aquel tiempo empezaron a aparecer publicaciones periódicas, y con ellas calurosas contiendas en el terreno de la prensa. Se fundó «El Indicador», órgano de las ideas de los conservadores; «El Liberal», órgano de las ideas de los liberales; y el «Don Melitón», periódico crítico-jocoso, atribuido con justicia a don Antonio Rivera Cabezas, el escritor humorístico que mejor ha sabido manejar la sátira burlesca: los conservadores eran las víctimas de su chispeante ingenio. Rivera Cabezas creía, como los franceses, que el ridículo da la muerte. Valle, para cultivar el género de los escritos serios y provechosos, fundó el «Redactor General», que don Alejandro Marure, el historiador de más grandes dotes que ha tenido Centro América, calificó en estos términos: «Sobrepujó a todos los escritos de su tiempo. Era obra de Valle, y esto es bastante para recomendar su mérito literario».

De grande importancia fueron los escritos que Valle publicó en el «Redactor General»: aun hoy su interés puede considerarse como de actualidad. Citaré, entre los muchos escritos que brotaron de su pluma en la época a que me refiero, los siguientes:

1°-La descripción geográfica de la República y Estados de que se compone:

2°-Los derechos que tiene para ser independiente de todas las naciones del mundo:

3°-El extracto de la Constitución Política que ha jurado:

4°-La necesidad de la libertad justa de imprenta como una de las primeras garantías del sistema constitucional:

5°-Los puntos de vista a que debe volverse la de los Jefes de los Estados que quieran reunir y comunicar los datos necesarios para ir formando nuestra Estadística:

6°-Los progresos que puede hacer nuestra agricultura, y utilidad de que los labradores escriban los pensamientos u observaciones que les haya dado la experiencia:

7°-La instrucción sobre el cultivo o beneficio de la grana, que empieza a ser uno de los ramos importantes de nuestra industria:

8°-El proyecto interesante de hacer navegable el Ulúa, poblar los campos que fecunda, y traer al Estado de Honduras la riqueza que el comercio lleva a La Habana[34].

---

[34] ¡Qué exactas previsiones y qué acertados consejos los del verdadero estadista! Entiéndase bien: gobernar es saber y es prever. Hoy estamos haciendo, como una gran cosa, como una radical revolución económica, lo que el sabio Valle indicaba en 1825: atraer el comercio a nuestras costas del norte, hacer navegables nuestros ríos que desaguan en el Atlántico, y formar centros de agricultura y de comercio en aquellas feraces, privilegiadas tierras, que son las tierras de promisión para la América Central. En nuestras costas del norte, allí está el porvenir económico; será fácil y natural arraigar grandes y legítimos intereses políticos. Más de $300.000 recoge Honduras cada año, de su exportación de frutas de la costa norte, y esto con imperfectísimo cultivo y malas vías de comunicación. Está para echarse al agua el primer vapor que ha de surcar las aguas de nuestros caudalosos ríos que desembocan en el Atlántico. ¡Cuánto ganará la agricultura, cuánto ganará el comercio, cuánto ganará el orden público en aquellas regiones en que sólo imperaban los bandidajes de los Medina y los Cuéllar! Cuando en las aguas del Ulúa se oiga el

9°.-El decreto de la Asamblea Nacional y artículos de la Constitución en que se ofrecen a los extranjeros los derechos de ciudadanos, asilo y protección.

10.-El arancel equitativo de nuestras aduanas, y discurso en que se demuestran los principios liberales que le sirven de base:

11.-El cuadro de Suchitepéquez, uno de los partidos más fecundos del Estado de Guatemala:

12.-El Tratado memorable de Unión, Liga y Amistad, celebrado a 12 de abril del presente año, entre esta República y la de Colombia; y el Proyecto de Confederación Americana publicado en Guatemala desde 1822:

13.-El Estado y progresos hechos por nuestra Nación hasta el 25 de febrero último, y los de las otras de América hasta fines del año anterior o principios del presente:

14.-El aviso de diversas obras publicadas en Europa, y suscripción abierta en esta oficina de otras que conviene publicar:

---

primer silbido del primer buque de vapor, al bendecir al Gobierno de Soto, que ha hecho revolución económica tan grandiosa, recordaremos al Colón de nuestros estadistas, a Valle; y, al recordarlo, con entrañable amor, gritaremos los hondureños: ¡Tierra! ¡Tierra! Habremos encontrado un nuevo mundo para nuestra agricultura, para nuestra industria, para nuestro comercio. Que se desengañen los ignorantes, estúpidos y dictatoriales mandones militares: a puntapiés y a bofetadas sólo pueden hacer males como gobernantes. Sólo la inteligencia ilustrada puede labrar el bien de estos nacientes y desventurados países. El militarismo brutal sólo podrá hacer la cesión de Belice, con Carrera; y los empréstitos de Honduras y Costa Rica, los escandalosos latrocinios, con Medina y Guardia. José del Valle: tú eras pensador, tú eras honrado y sabio estadista; y por esto tus ideas son las de lo porvenir. Cuanto bueno y honroso se haga en el sentido de tus previsiones políticas y económicas, llevará siempre el sello de tu nombre: la honra de nuestros trabajos es la honra de tu nombre. El premio es tardío, pero es magnífico. ¿Qué más galardón? Vives y vivirás glorificado en la Historia de nuestros progresos nacionales. No todo acaba cuando muere el hombre: le sobreviven sus inmortales ideas. Hombre de fe en las ideas: consolaos...!

15.-Los principios del derecho de gentes que deben respetar las Repúblicas de América, para ser felices y no entorpecer su marcha política:

16.-Los elementos que tienen las naciones del Nuevo Mundo para estrechar más que las del Antiguo, los vínculos de alianza y amistad:

17.-El Estado político de Europa, y plan de alianza que se llama Santa; y,

18.-Los recursos de América para sostener su independencia en el caso de agresión».

Valle, en los escritos citados, como en los demás que publicó en su periódico, estuvo a la altura de un verdadero publicista. Valle lo era en el genuino sentido de la palabra, y no en el impropio y lisonjero sentido con que en Centro América se ha dado en llamar publicista a cualquiera que, sin poseer la ciencia social, escribe, en pésimo español, numerosos artículos para los periódicos. Valle conocía y analizaba científicamente las cuestiones sociales: para ello le servían su excepcional talento y sus variados y sólidos conocimientos. Filosofía, Historia, Geografía, Legislación, Economía Política, Estadística, Derecho Constitucional, Derecho de Gentes, Ciencias Exactas, Historia Natural, en sus diversos ramos, Literatura antigua y moderna, y las más importantes lenguas vivas; todo, todo lo sabía, todo esto lo había estudiado, y lo había estudiado con perfección. Tan múltiples y sólidos conocimientos le hacían tener el criterio de un publicista experimentado, de un estadista práctico. Los más importantes ramos del saber humano concurren a la formación del publicista merecedor de este nombre. Valle no era del número que forman la mayor parte de nuestros pretensos publicistas, sabedores, cuando más, de la escolástica, de las Leyes de Partidas y de las recopiladas, aunque muy sabedores de las intriguillas de palacio, y muy conocedores de las emboscadas de inmortales partidos que asaltan el poder. ¡Cuánto hemos retrogradado! No sólo hemos retrogradado en moralidad política, sí que también en las ciencias y en las letras. Pese a quien pese, he dicho la verdad y continuaré diciéndola.

Lo que hemos ganado en extensión lo hemos perdido en solidez. Centro América tiene muchos publicistas, muchísimos, pero son muy contados los que siquiera conocen, científicamente, el organismo del

Estado: tiene muchos escritores, pero son rarísimos los que escriben siquiera gramaticalmente: tiene muchos poetas, pero, en su mayor parte, insufribles, detestables, y los mejores, salvo honrosas excepciones, apenas si merecen ser lacayos de las musas. Aunque pese a nuestro orgullo, diré que la decadencia intelectual de Centro América es horrible, que corre parejas con su decadencia moral y política. No tenemos un sabio como José del Valle, un publicista como Mariano Gálvez, un historiador como Alejandro Marure, un filólogo como Antonio José de Irisarri, un crítico como Antonio Rivera Cabezas, un folletista como José Francisco Barrundia, un poeta como José Batres Montúfar. Parece que los salvajismos de nuestras demagogias y las brutalidades de nuestras dictaduras han secado las fuentes de las ciencias y de las letras: parece que, muertos de sed de verdad, de justicia y de inspiración, han desaparecido los genios de la ciencia creadora y de la divina poesía. ¡Que sólo la libertad fecunda da vida y aliento a la inteligencia que enseña, y al corazón que conmueve con el puro sentimiento y las más sublimes armonías!

A pesar del retraimiento de Valle, los pueblos no lo olvidaron. Los de la capital de Guatemala, de Chiquimula y de Santa Bárbara lo eligieron, al mismo tiempo, Diputado al Congreso Federal, correspondiente al año de 1826. Sintiendo su salud ya quebrantada, y a la vez deseoso de continuar alejado de la vida política, rehusó concurrir al Congreso; mas fue apremiado, con mucha instancia, para que ocupase su puesto, y el 28 de marzo tomó posesión de su cargo. El mismo día pronunció su notable discurso sobre la necesidad de que se publicasen las discusiones y acuerdos del Congreso, presentando, al efecto, un proyecto de ley que tuvo mayoría en la Cámara, pero que, por fútiles motivos, no tuvo la sanción del Senado. En las posteriores sesiones del Congreso de 26, Valle pronunció otros discursos sobre asuntos de grande interés político y administrativo, discursos que, por la elevación de las ideas, por sus tendencias prácticas, y por las correctas formas de su expresión, honrarán siempre nuestros anales parlamentarios. Por aquel tiempo Valle empuñaba el cetro de la elocuencia en el Parlamento de Centro América.

El 30 de junio del año de 26 cerró sus sesiones el Congreso Federal, y a fines del mismo año, Arce, inquietado por los liberales y engañado por los conservadores, tuvo el criminal desacierto de provocar una de las revoluciones más dilatadas y sangrientas que ha tenido Centro América. Arce destituyó ilegalmente y redujo a prisión a don Juan Barrundia, Jefe del Estado de Guatemala: anuló los poderes legislativos constitucionales: entró en guerra con el Estado de El Salvador, que patrocinaba la causa de las instituciones: ordenó la invasión inicua a Honduras, que produjo la caída del Jefe de Estado, don Dionisio de Herrera, y el incendio de Comayagua, la capital. Arce, aconsejado por los conservadores, trató de anonadar los derechos de los Estados, para que no hubiese más ley que su voluntad, mal dirigida por los tradicionales enemigos de la independencia y de la patria.

Los Estados, por su parte, lucharon heroicamente en defensa de las instituciones, holladas por la bota de un militar desatentado. Por todas partes la discordia, por todas partes la guerra. Arce convirtió a Centro América en un horrible caos en que sólo se dejaba ver, a veces, el siniestro resplandor de los incendios, y en que sólo se oían el choque de los sables, el disparo de los fusiles, el estruendo de los cañones, y los sollozos y las quejas y los lamentos de infelices víctimas. Tal fue el cuadro digno de ser reproducido por el genio sombrío del Dante, tal fue el cuadro de infernales horrores que presentó Centro América durante los años de 1827, 1828 y parte del 29, cuadro que llegó a borrarse, a desaparecer, al brillar el hermoso sol de la libertad que iluminó la última y definitiva victoria que alcanzó en la plaza de Guatemala, el 13 de abril de 29, el ilustre Francisco Morazán, el guerrero de la democracia, el defensor de las instituciones, el glorioso restaurador de los desplazados fueros de la República centroamericana.

Valle, durante tan cruda y sangrienta lucha, permaneció en su hogar, doliéndose de las desventuras patrias, y haciendo votos por el triunfo de la verdad y la justicia. Victorioso Morazán, que representaba la causa de los Estados, como era lógico, se restablecieron los poderes constitucionales. El Congreso Federal, que había sido disuelto dictatorialmente, se restableció en 24 de junio de 1829, y Valle volvió a ocupar su sillón de Diputado, y a hacer oír su elocuente palabra que puso al servicio de los legítimos intereses y de la reorganización de la República. Por aquel tiempo, en uno de sus escritos, expuso el siguiente juicio, sobre la pasada revolución: «Desaparecieron los poderes constitucionales: quedó solamente el despotismo incendiario de pueblos, destructor de hombres, devorador de capitales: los Estados del Salvador, Honduras y Guatemala se alzaron contra él en uso de sus derechos; y la justicia triunfó al fin, como era de esperarse».

La Sociedad Económica había sido disuelta en 1825, a causa de la revolución provocada por Arce. Triunfante el partido liberal y restablecidos los poderes constitucionales, el Congreso, el 30 de septiembre de 29, decretó el restablecimiento de la Sociedad. Al reaparecer aquella corporación benéfica, el 29 de noviembre del mismo año, Valle pronunció un luminoso discurso, tal vez el más elevado y el más bello de sus discursos. Tomó por tema la influencia de la ilustración, considerándola especialmente en sus resultados económicos. Al mencionar tan brillante discurso, séame dado exponer el juicio que Valle me merece como orador. La elocuencia de Valle no era una elocuencia tribunicia, era, más que todo, una elocuencia parlamentaria, o una elocuencia académica: en sus discursos predominaba la idea que convence, y no la vehemencia y las llamaradas de la pasión que seduce y arrebata: su lenguaje era cortado, lleno de expresiones hijas de la reflexión, pero a veces salpicado de pintorescas imágenes: no usaba los grandes períodos, tan propios de la índole de nuestro idioma: no producía esas grandes espirales de palabras, artísticamente combinadas, tan propias para exaltar la majestad de la idea, y para remontar hasta el cielo los vuelos de la imaginación: Valle, con su oratoria, enseñaba, convencía, y a veces deleitaba; pero no arrebataba, no enardecía, no fascinaba, no enloquecía los ánimos, a fuerza de golpes de sentimiento y de pasión: su voz era robusta, sonora, y por decirlo así, cortante; pero no era la voz flexible, que ora se convierte en dulce canto, en una tierna plegaria o en una suave y amorosísima querella, ora se convierte en el estruendo del torrente, en el estallido del volcán, en el rugir del océano, o en el trueno de las tempestades. La elocuencia de Valle no era la elocuencia de la plaza pública ni de las revoluciones: era la elocuencia del parlamento y de la academia: no era la elocuencia de las luchas ardientes, impetuosas; era la elocuencia de la razón que impera, sin grandes arrebatos, sin grandes arranques de entusiasmo, que impera en fuerza del convencimiento. La elocuencia de Valle era la elocuencia de Mr. Guizot, con quien tenía grandes afinidades como orador.

Como Guizot, gustaba de dar por alma a sus discursos trascendentales, síntesis científicas que desarrollaba con incontestable lógica y vigoroso estilo; como Guizot, enseñaba y convencía, más bien que peroraba y fantaseaba; como Guizot, era grave en su carácter, severo en su apostura, y, de ordinario, sobrio en el decir; como de Guizot, podía decirse de él, valiéndose de la expresión del Vizconde de Cormenin, «que era un pedagogo en su cátedra, que dejaba ver siempre por debajo de su ropa la punta de su palmeta»: que era «un calvinista que cuando predicaba enseñaba más bien el temor, que el amor de Dios». Ninguna analogía más perfecta que la analogía de la elocuencia de Valle con la elocuencia de Guizot, elocuencia que tenía mucho de la escuela, mucho del profesorado, mucho de las ciencias; elocuencia que alcanzaba grande éxito, porque enseñaba, porque convencía, aunque no era la elocuencia del entusiasmo, la elocuencia de las grandes pasiones, la fascinadora elocuencia del corazón. Tal era, a mi juicio, como orador José del Valle, el primer orador parlamentario de Centro América: tal era la elocuencia de aquel hombre extraordinario que fue dominador de la tribuna en los parlamentos de México y Guatemala: tal era aquel sabio orador centroamericano de quien el famoso escritor Barrundia, dijo: «Su cabeza fue una luz, su boca fue el órgano de la elocuencia».

¡Qué exactas previsiones y qué acertados consejos los del

CAPÍTULO VII: GANA LA PRESIDENCIA... ¡Y MUERE!

Situación de Centro América. – Valle hace competencia al General Morazán en la elección de Presidente de la República. – Valle es nombrado Ministro Plenipotenciario de la República ante el Gobierno de Francia. Situación de la República desde 1832 a 1834. – Los pueblos eligen a Valle Presidente de la República. – Valle juzgado como literato. – Enfermedad y muerte de Valle, ocurrida el 2 de marzo de 1834.

LA SERIE NO interrumpida de magníficos triunfos alcanzados por el Benemérito General don Francisco Morazán, desde la memorable batalla de La Trinidad, librada el 11 de noviembre de 27, hasta la batalla de Las Charcas, y su entrada en la plaza de Guatemala el 13 de abril de 29, tan gloriosos hechos de armas, cambiaron, contra la previsión de los conservadores, de una manera radical, la situación política de Centro América. Los Poderes constitucionales que había destruido el Presidente Arce fueron restaurados: los conservadores que habían sucumbido, aun los más criminales, fueron indultados, y la justicia de la revolución tan sólo quitóles el poder de dañar, imponiendo a los más peligrosos la pena de destierro: Arce y sus principales amigos fueron expatriados: las comunidades religiosas, adversas siempre a todo régimen de libertad y de progreso, fueron disueltas y expulsadas: el esclarecido ciudadano don José Francisco Barrundia, en concepto de Senador, se hizo, a su pesar, de la Presidencia de la República, y gobernó bajo un régimen de garantías y justicia: el General Morazán, en vez de tomar por asalto el poder, empeñóse en nuevas y duras empresas. Destruyó las últimas resistencias de los conservadores, venciendo en Olancho y Opoteca, ya con la diplomacia, ya con las armas, y restableciendo el orden en el perturbadísimo Estado de Nicaragua: el General Morazán, soldado de ley, mientras el gran Barrundia mandaba, como verdadero liberal, con la fe en la conciencia y con la Constitución en las manos, aseguró con el prestigio de su glorioso nombre y con la fuerza de su valor heroico, la completa paz de la República centroamericana.

¡Qué tiempos! ¡Qué hombres! Tiempos en que había fe en el derecho y entrañable apego a las instituciones; hombres extraordinarios que, adoradores del ideal querido de la República, supieron hacer milagros de abnegación y patriotismo. Los generosos y perseverantes trabajos de Morazán y de Barrundia hicieron que en 1830, tras las victorias legendarias del 29, hubiese una situación no sólo de plena paz, sino también de legalidad, de grandes planes de progreso y de perspectivas y esperanzas las más consoladoras y lisonjeras para la República. Había concluido el período del Presidente Arce y de las demás autoridades federales, y era necesaria su renovación por el voto de los pueblos. Se procedió a elecciones en los primeros meses del año de 30, y basta decir que José Francisco Barrundia gobernaba, para asegurar, como verdad inconcusa, el hecho de que las elecciones fueron completamente libres. Barrundia estaba en el poder; pero no quería el poder y jamás lo quiso: tan sólo quiso siempre la dignidad y las libertades del pueblo centroamericano. Barrundia era amigo íntimo del General Morazán; pero jamás quiso que su amigo fuese un gobernador impuesto, y mucho menos, un dictador que hollase brutalmente los fueros de la República: quiso que su amigo predilecto fuese, como lo fue, el soldado de la democracia, el héroe generoso en los combates, y en el Gobierno, el digno y culto Presidente de un pueblo libre.

La atención de los centroamericanos estaba fija, y con justicia, en la persona del General Morazán. Todo se esperaba del vencedor de La Trinidad, de Gualcho, de San Antonio, de San Miguelito y de Las Charcas; todo se esperaba del genio militar y político que acababa de ganar nuevos laureles en Olancho y Opoteca, y de pacificar, con habilidad admirable, el revuelto Estado de Nicaragua. «Su aureola —dice, en oportunísimos términos, el Doctor don Lorenzo Montúfar [35]— en la pequeñez de nuestro suelo, era la que rodeaba en grande

---

[35] Muchos de los datos que sirven de base a este capítulo están tomados de la Reseña Histórica de Centro América, escrita por el erudito publicista Doctor don Lorenzo Montúfar. Véase esta obra interesante que contiene noticias, tradicionales y documentos preciosísimos que, a no haber sido la laboriosidad, a toda prueba, del Doctor Montúfar, estarían casi perdidos

escala a Bonaparte al volver de Egipto». Y no obstante los esplendores de tanta gloria, y a pesar de ser Morazán el restaurador de la paz y de las instituciones, hubo un hombre que, sin tener más prestigio que el de las ideas, y sin poner por obra trabajo alguno, desde su gabinete de estudio, hizo una gran competencia al General Morazán en las elecciones de Presidente de la República. Tal hombre, que opuso las páginas científicas del libro a la foja de servicios de un

---

para la Historia de Centro América. Sólo quien conoce prácticamente el ímprobo trabajo que es necesario, siquiera sea para poner en orden los documentos de nuestros incompletos archivos; sólo quien sabe lo que cuentan entre nosotros los estudios históricos, puede apreciar, como es debido, la importancia de la obra del Doctor Montúfar. Lorenzo Montúfar ha prestado un servicio eminente a la política y a las letras centroamericanas: la política debe recibir las enseñanzas del pasado: las letras, para tener carácter nacional, deben recibir la inspiración de los sucesos históricos y tradiciones que nos presentan, como en un cuadro, reproduciendo de atractiva manera la vida social, política y literaria de nuestros antepasados. Siendo que la parte crítica de la valiosa obra del Doctor Montúfar no me merece, en lo general, idéntico juicio. El Doctor Montúfar, juzgando, siente más que reflexiona; y la pasión nunca puede ser acertado criterio histórico. Para el Doctor Montúfar, en sus juicios, no hay más que dos extremos: cielo e infierno: el cielo, con sus inefables venturas, para los liberales; y el infierno, con sus horribles suplicios, para los conservadores. Yo no tengo ese criterio: yo creo que ha habido y hay liberales que merecen condenarse, y conservadores que merecen salvarse. Además, debe haber un purgatorio para liberales y conservadores; y hasta admito la existencia del limbo para muchos niños políticos que mueren sin bautismo. Que por estos conceptos, sentidos y expresados de buena fe, no me guarde resentimiento el Doctor Montúfar, a quien estimo por su talento y por su ilustración, y de quien, de antiguo, he recibido las más benévolas y amistosas consideraciones que aprecio en alto grado. El Doctor Montúfar no debe olvidar que en estas montañas de Honduras aún no se ha perdido la costumbre de pensar y de decir, con libertad, lo que se piensa y se siente. Continuando la franca exposición de mis ideas, diré que deseo que el publicista Montúfar prosiga sus importantísimos trabajos históricos; pero deseo que no sea tan apasionado, que no sea implacable; deseo que a sus juicios no presida el espíritu de partido; deseo que los inspire la imparcial filosofía de la Historia. El ilustrado Doctor Montúfar, ¿dejará que, en lo porvenir, por ceder a los ímpetus de las iras liberales, lo excomulgue la Historia que ha de escribirse sobre las revoluciones, las ideas, las obras, los errores y los crímenes de nuestra época?

militar heroico, abrumado por el peso de sus laureles, fue el ilustre José del Valle.

Las elecciones se efectuaron en paz y en justicia: los votos de los ciudadanos se dividieron, en su mayor parte, entre Morazán y Valle; pero hechos el escrutinio y la regulación por el Congreso, resultó la mayoría de sufragios en favor del General Morazán. La regulación de votos se hizo de los sufragios recibidos, y no de los que debían recibirse, en conformidad con las ideas expuestas por Valle en los escritos que publicó en el año de 25 protestando contra la nulidad de la elección del General don Manuel José Arce. Valle, el año de 30, vio con gusto el triunfo de su rival afortunado. Ni una palabra de oposición salió de sus labios. Valle no era el hombre de la ruin ambición. Valle era el hombre de la legalidad. Si protestó en el año de 25 contra la elección de Arce, no fue por su derrota electoral: fue porque tal elección violaba la ley. Si aceptó satisfecho, en el año de 30, la elección del General Morazán, no fue porque fuese un cortesano del poder glorioso y dispensador de favores, sino porque la elección se había hecho bajo los auspicios de una estricta legalidad. Tan sólo pensando y obrando como Valle se fundan instituciones; tan sólo respetando la ley puede existir la República. Esta verdad elemental, tan olvidada de los centroamericanos, es la verdad que da vida y aliento a las instituciones del pueblo-rey de América, a las instituciones de los Estados Unidos. Allí hay grandes, inmensas agitaciones de opinión que parecen presagiar pavorosos cataclismos sociales; pero todo se resuelve en el seno de la paz y de la armonía. ¿Por qué? Porque desde el momento en que la ley habla, todo el mundo calla. Hay religioso respeto a la ley; y de aquí proviene que, en aquel país afortunado, no pueden imponerse ni los motines de las turbas ni las dictaduras de los tiranos.

La competencia electoral formada por Valle en el año de 30 no puede menos de inspirar grandes y consoladoras reflexiones que honran al pueblo centroamericano y a los hombres eminentes de aquella época. El estado social de entonces era propicio al establecimiento y al desarrollo de las instituciones libres: los pueblos tenían fe en el derecho y apego a las ideas; y los hombres de la revolución del 29 no trataron de corromper a los pueblos, ni unciéndolos al carro de una fuerza brutal, ni seduciéndolos con las promesas de una falsa democracia, ni anonadándolos a fuerza de terror. Así se explica cómo los pueblos de Centro América, que antes habían electo a Valle Presidente, y que sabían que era un sabio estadista, enfrentaron su candidatura a la candidatura del General victorioso que casi cegaba los ojos con los relampagueos de su triunfadora espada: así se explica cómo la pluma del escritor hizo la oposición al sable del soldado: así se explica cómo el bufete del publicista se puso frente a frente del cuartel del vencedor. ¡Ay! no conocen la Historia los que no tienen fe en las aptitudes de nuestros pueblos de raza latina, en su capacidad para ser los pueblos de las instituciones y de la República.

Cierto es que hemos llegado a épocas tristísimas de miseria, de abyección, en que es hasta justificable la duda de si hemos nacido o no como seres adscritos a la coyunda vil del despotismo: cierto es que, en lo general, al imperio de las ideas ha sucedido, de todo en todo, el imperio de la fuerza bruta: cierto es que las miasmas de la corrupción social y política han envenenado nuestra atmósfera. Cuando yo he visto en las serranías o en los picos de nuestras montañas, a un guerrillero cruel y bárbaro, y cuando ha cometido los crímenes que causan más horror, y me he dicho, con tristeza infinita: el guerrillero hará carrera, atraerá la opinión, será el Presidente de la República; y esta es la verdad, la terrible verdad. Sotero y Rafael Carrera valieron más en Guatemala que José Francisco Barrundia y Mariano Gálvez, y, como la comparación no revela vanidad, el indio Vásquez, Corta-cabezas, pudo valer más en Honduras que el autor de estas líneas.

¿Pero qué es todo esto ante la crítica filosófica de la Historia? ¿Revela que la raza de los centroamericanos es una raza abyecta, incapaz para la libertad? De ninguna manera. Lo que revela es que nuestros pueblos, en mala hora, han sido corrompidos, y que es necesario rehabilitarlos: los centroamericanos no tenemos un vicio orgánico que nos haga vivir entre los furores de la anarquía o entre los atentados del despotismo: los centroamericanos, lo que tenemos es un vicio en nuestra educación, pero no falta de buenos instintos y de naturales aptitudes: eduquémonos por la virtud de las ideas, y por la virtud misma de nuestros acerbos dolores, y entonces probaremos al mundo que somos dignos de llevar el nombre de republicanos.

No es inepto para la libertad el pueblo centroamericano que consumó, sin odio y sin venganza, la independencia de España; el pueblo que en el año de 24 eligió Presidente a José del Valle, hombre civil y de gobierno, a despecho de Arce, hombre de prestigios militares; el pueblo que en los años de 27, 28 y 29 luchó heroicamente por restaurar las instituciones de la República; el pueblo que, en el año de 30, no se dejó fascinar por las glorias militares del General Morazán y volvió a dar sus votos al gran Valle, al hombre de la ciencia y de la legalidad. Nuestros pueblos, más que corrompidos, están aturdidos por los golpes redoblados de la anarquía o de la dictadura. Que los hombres de ideas les apliquen remedios que los hagan salir de su estupor, de su aturdimiento, y veremos volver a la vida pueblos enérgicos, con vocación para la democracia, con vocación para la verdadera libertad. No desconfiemos del carácter y de los destinos de nuestros pueblos; no pensemos, como Aristóteles pensaba de los bárbaros, que su destino es la esclavitud. Hagamos pensar a los pueblos, hagámosles sentir las bellezas del orden y de la libertad, y a la vez los horrores de la anarquía y de la dictadura; hagámosles leer las páginas gloriosas de su historia; por todos los medios posibles, démosles otra educación social y política; levantemos su espíritu, démosles dignidad y nobleza, y veremos cómo las ideas triunfan sobre las ruinas de los despotismos de abajo y de los despotismos de arriba. Luchamos, no contra un vicio orgánico, no contra un vicio de raza, sí, contra un vicio de educación. Eduquémonos social y políticamente: esta es la solución de nuestro problema.

Los hijos de Chile, de nuestra raza y de nuestros antecedentes históricos, hoy se glorían, por la virtud de sus instituciones, diciendo: somos chilenos; los hijos de la República del caudaloso Plata, de nuestra raza y de nuestros antecedentes históricos, hoy se glorían diciendo: somos argentinos; los hijos de la pensadora Colombia, de nuestra raza y de nuestros antecedentes históricos, hoy se glorían diciendo: somos colombianos; y nosotros, cruel es decirlo, casi, casi nos avergonzamos al decir: somos hondureños o guatemaltecos. Pero eduquémonos; demos la espalda a las turbas demagógicas y a los mandones todopoderosos; acojamos con fe y con amor los principios, las instituciones, y así llegará un día en que tal vez ¡ay! no nosotros, pero sí nuestros hijos, digan, con noble y legítimo orgullo: somos centroamericanos.

El General Morazán, el 16 de septiembre de 1830, tomó posesión de la Presidencia de Centro América. Desde entonces aceptó la responsabilidad de conciliar el orden con la libertad, problema irresoluble bajo la Constitución federal del año 24, opuesta a las condiciones sociales de los centroamericanos. En el extranjero excitaba vivo interés la República de Centro América: creíase que la extinguida revolución sólo había sido pasajero accidente, y que el pueblo centroamericano podría constituirse, bajo un régimen de sólida paz, propicia a la industria y al comercio, y de libres instituciones, propicias a los intereses de las naciones cultas y de liberales tendencias. Abrigando tales creencias, el Gobierno de Francia, presidido por Luis Felipe, el rey ciudadano, reconociendo la independencia de Centro América, en 1831, excitó a su Gobierno para que acreditase un Ministro ante el Gobierno francés.

El Doctor don Mariano Gálvez, ciudadano eminente por su talento y por sus luces, rehusó con evasivas la aceptación de tan alto cargo. Valle, para el desempeño del mismo cargo diplomático, fue nombrado por el Presidente Morazán, pero también negó su aceptación, y por recomendación suya fue nombrado Ministro don Próspero de Herrera, que por aquel tiempo se hallaba en Europa. Sensible es que Valle no aceptase el encargo que le confiara el General Morazán. Aunque se hubiesen malogrado sus trabajos como diplomático, no se habrían malogrado los conocimientos que de Europa habría traído para participarlos a sus conciudadanos. ¡Qué vasto teatro la culta Europa para el sabio Valle! El hombre a quien eran familiares los cálculos de Newton, los descubrimientos de Cuvier, las enseñanzas de Smith y Say, y las concepciones políticas y jurídicas de Filangieri y de Bentham; el hombre que abarcaba en su privilegiado cerebro todos los ramos del saber humano, habría hecho honor a Centro América colocado en París, en el cerebro del mundo civilizado, y tal honor, reflejado en la patria, por ser el honor de un sabio, habría sido fecundo en científicas luces que aún hoy día podrían alumbrarnos en el escabroso camino que emprendemos, como pobres peregrinos, en pos del progreso, de la ciencia, de la libertad y de la civilización.

Dificilísima, por decir rara y extraordinaria, fue la situación del General Morazán, durante el primer período de su Gobierno. Toda acción, por ley histórica, que es ley natural, tiene su reacción. La revolución vigorosa y triunfante del 29, desde el 31 tuvo su reacción, y en 32 convirtióse en una verdadera contrarrevolución. Conspiraciones y rebeliones en El Salvador; invasión de los conservadores españolistas por la costa atlántica de Honduras; invasión de Arce y sus adeptos por la frontera de Guatemala, por el lado del Soconusco; por todas partes agitaciones y desconfianza que, a maravilla, explotaban el clero lastimado en sus privilegios, y los pretensos nobles contrariados en su orgullo y en sus granjerías. Tal fue la situación que tocó dominar al General Morazán, Presidente de la República, Presidente que no tenía ni un palmo de tierra, como distrito federal, para crear un centro de poder y de acción que pudiese atraer las fuerzas de la legitimidad, para hacerlas sentir después en toda la extensión de la República, en beneficio de los capitales intereses del orden y de las instituciones. Y, sin embargo, el valor inquebrantable y el genio político de Morazán supieron sobreponerse a todo. El genio de Morazán, en las famosas jornadas de Jocoro, de San Salvador, de Escuintla, de Soconusco, de Tercales, de la Ofrecedera, de Jaitique, de Trujillo, de El Espino, de Opoteca y de Omoa, supo hacer valer lo que importa la causa de los hombres libres, lo que importa la causa de las instituciones. Morazán, en el año 32, venciendo a Cornejo, a Arce y a Domínguez, restableció la paz de Centro América. Pero esta paz, tan ardientemente querida, y a costa de tantos sacrificios conquistada, no podía menos de perturbarse. Morazán podía vencer ejércitos, pero no podía vencer el vicio orgánico de las instituciones federales que habían jurado sostener. Hombre de honor y de lealtad, sosteniendo desacordadas instituciones, labraba su propia ruina. Las instituciones federales crearon un poder nulo, y abrieron vasto campo a las desapoderadas ambiciones del caudillaje. Tal fue el escollo del General Morazán. No el genio extraordinario del más grande de nuestros guerreros y de nuestros políticos fue bastante a subsanar el error capital de los legisladores federalistas del 24.

Aunque restablecida la paz por los triunfos del 32, continuaron grandes disidencias y agitaciones revolucionarias, ya en El Salvador, ya en Nicaragua, ya en Guatemala. Así pasó la mayor parte del 33, hasta que en sus últimos meses, vencida la reacción de Nicaragua, volvió a pacificarse la República. Si hubiera habido un Gobierno central, Morazán no habría malgastado los esfuerzos de su genio; Morazán, por su heroico valor, por su alta inteligencia y por su habilidad política, habría sido inconmovible en el poder, habría afirmado una perdurable paz, habría fundado un sólido régimen de instituciones libres, y habría asegurado para siempre la unidad gloriosa de la Patria Centroamericana. Cuán grande y cuán desgraciado fue el General Morazán! Da lástima contemplar los esfuerzos de su genio, y verlo purgar, con sus sacrificios, ajenos errores y ajenos crímenes. Parece que en el drama de la Historia dominan, a veces, fatalidades invencibles!...

No obstante las agitaciones políticas, Centro América progresaba: la instrucción pública, las obras de fomento y los arreglos, en lo rentístico, recibían considerable y benéfico impulso. Entre revoluciones sofocadas o vencidas, y progresos iniciados o ensanchados, llegó el año de 1834, en que por la ley debían renovarse las autoridades federales, y se procedió a elecciones. Morazán, siempre victorioso, y siempre consecuente con la causa de las instituciones, era el hombre de los prestigios militares, y contaba con los más sinceros y decididos amigos en todo Centro América, amigos como José Francisco Barrundia, como Pedro Molina, como Dionisio de Herrera, como Diego Vijil, como Trinidad Cabañas, como Mariano Prado. No obstante, Morazán confió al libre voto público la renovación de los poderes constitucionales. No quiso, a guisa de dictador, imponer a sablazos su voluntad a los pueblos. Los pueblos eligieron libremente, y eligieron Presidente de la República al estadista de su predilección, a José Cecilio del Valle. Esta persistencia de los centroamericanos en elegir a Valle fue la persistencia de la honradez y del buen sentido.

La segunda elección de Valle forma la página más bella de nuestra Historia, página en que aparecen tres hombres inmortales: el nombre del pueblo sensato que eligió a un hombre civil por ser el hombre de la ciencia y de la ley; el nombre del General Morazán, que pudiendo, como vulgarísimo ambicioso, sofocar la voluntad de los pueblos, dejó libre su elección; y el nombre de José Cecilio del Valle que, por sus virtudes y por su saber, tuvo siempre el aprecio y los votos de sus conciudadanos. ¿Tiene nuestra historia contemporánea una página tan gloriosa? No la tiene ni siquiera parecida. Han podido y pueden existir entre nosotros, y hablo en hipótesis, estadistas como Gladstone y Thiers, sabios como Littré y Darwin, publicistas como Laboulaye y Pelletan, economistas como Stuart Mill y Minguetti, escritores y oradores como Gambetta y Castelar; por vía de magia o de encantamiento han podido vivir entre nosotros tales hombres; pero a pesar de la magia, tratándose de elecciones, los pueblos, de rodillas, temblando de terror, habrían dado sus votos al primer caudillejo militar que oliendo a cien leguas a taberna, les impusiese el credo absoluto de una fuerza indiscutible, de una fuerza brutal, de un militarismo feroz, y de una venganza implacable[36]. ¡Ay! ¿Por qué se han ido aquellos tiempos en que habían un Morazán libertador, un pueblo digno y libre, y un José Cecilio del Valle merecedor de sus votos?

Antes de ver el resultado de la elección que obtuvo Valle en 1834, debo juzgarlo, aunque a grandes rasgos, como sabio y como literato, ya que repetidas veces, en el curso de esta obra, he dicho que José del Valle era hombre eminente en las ciencias y en las letras. Según el Diccionario de la lengua y el común sentir de las gentes, se aplica el nombre de sabio al individuo que se ha distinguido por sus profundos conocimientos morales y científicos. La sabiduría, pues, la constituye el conocimiento de las leyes de la vida moral de los hombres y de las sociedades, y el conocimiento de las ciencias que contribuyen a labrar la felicidad de la especie humana. Extensión en el saber, profundidad en los conocimientos, y utilidad práctica de la ciencia adquirida, todo esto viene a formar el verdadero sabio. ¿Reunía Valle estas condiciones para serlo? ¿Hablaban impropiamente los centroamericanos que, al referirse a Valle, decían siempre "el sabio Valle"?

---

[36] Estos juicios se refieren, con honrosas excepciones, a las épocas posteriores a la ruptura definitiva del pacto federal. Debo ser justo. Aun en las épocas aludidas mis juicios no pueden tener una aplicación absoluta en Centro América.

Valle reunía indudablemente las condiciones necesarias para ser sabio: los centroamericanos hablaban con toda propiedad al llamarlo sabio. Valle conocía en toda su extensión y profundamente lo que hoy llamamos Sociología. Conocía las leyes morales que rigen a los hombres, la historia que ha marcado en cada época sus desarrollos, sus vicisitudes y progresos, y las leyes positivas que, en las relaciones internacionales o en las relaciones internas de las sociedades, forman el sistema de legislación y dan una idea completa de los vínculos jurídicos de los pueblos, de su unidad fundamental y de su admirable variedad de sus formas de Gobierno, de sus usos y costumbres, de las relaciones y administrativas de las comunidades sociales, de los civiles derechos de sus individuos y de las disposiciones penales que sancionan el cumplimiento de la ley para salvaguardia del orden, y para respeto de las relaciones jurídicas.

Valle no sólo conocía profundamente estos ramos de las ciencias morales y políticas: conocía además, y con perfección, las ciencias naturales y las ciencias físico-matemáticas, necesarias para formar el criterio del sabio que, ante todo, debe ser el práctico y útil conocedor de la naturaleza física, orgánica e inorgánica, que por todas partes nos rodea rehusándonos sus secretos que sólo confía al estudioso y reflexivo sabio. Valle conocía la historia natural. Por la anatomía tenía ideas exactas sobre el organismo del hombre, y por la fisiología ideas sobre las funciones de la vida humana; por la zoología, los organismos variadísimos y las utilidades y ventajas del reino animal; por la mineralogía conocía los preciosos metales que encierran las entrañas de la tierra, que dan vida a las transacciones de comercio, y satisfacen las necesidades individuales y públicas; por la botánica conocía las bellezas seductoras del mundo amable de las plantas y sus usos utilísimos para recreo y conservación de los hombres. Valle, además de naturalista, era físico, químico y matemático. Conocía las propiedades generales y particulares de los cuerpos, y sus conocimientos dábanle juicios acertados sobre la tierra y la atmósfera en relación con la agricultura; sobre el movimiento y las fuerzas, en relación con las máquinas necesarias a la industria; sobre los fenómenos meteorológicos, en relación con la salud del hombre; y sobre los colores y sonidos, en relación con las bellas artes.

El arte de calcular, por medio de operaciones aritméticas, de algebraicas ecuaciones, o de medidas geométricas, proporcionaba a Valle las más preciosas aptitudes para apreciar con exactitud los más grandes elementos del mundo en lo moral y en lo físico. El cálculo le hacía comprender y formular la estadística, ciencia madre de las combinaciones y arreglos de la política y de la administración; el cálculo lo hacía vagar por los celestes espacios y apreciar las distintas magnitudes, volúmenes y movimientos de los mundos que nos revela la astronomía, revelándose ¡ay! que somos átomos perdidos en la inmensidad del espacio infinito; el cálculo le hacía comprender la extensión y límites de nuestras zonas y de nuestros climas, y las influencias físicas y químicas, morales y políticas, que se derivan de la diversidad del espacio que ocupamos, y de la atmósfera más o menos pesada que envuelve nuestro organismo; el cálculo le hacía comprender, en fin, la combinación y armonía de los compases en la música, la graduación de los colores en la pintura y el ritmo, la cadencia en los versos de la divina poesía. Hombre que tanto sabía, y que tanto sentía, mereció con justicia el calificativo honrosísimo de sabio. Las ciencias y las letras progresan y progresarán sin que sea posible asignar límites a sus adelantos; pero como casi todo es relativo, y Valle fue sabio para su época y lo sería para la nuestra, por mucho que progresen las ciencias y las letras, la posteridad ha de llamar siempre a José del Valle, "el sabio José Cecilio del Valle." No en vano se consume una vida entera en arrancar a la naturaleza sus secretos: tras ímprobos trabajos de estudio y de reflexión debe quedar al menos un hombre célebre, un hombre glorioso[37].

Valle no sólo fue un gran pensador, un experimentado publicista, un práctico economista, un persuasivo orador, un sabio eminente: fue, además, un buen literato. Valle, en la acepción concreta que tiene la palabra, fue verdadero literato, porque era versadísimo en las letras humanas. Conocía profundamente las obras de los clásicos griegos, latinos, franceses, italianos y españoles: había formado su gusto con selectas lecturas, y poseía el arte del bien decir.

---

[37] Los sólidos y vastos conocimientos de Valle y su reputación científica lo hicieron acreedor al nombramiento de Individuo de la Sociedad de Ciencias de París.

Pero no obstante los grandes conocimientos literarios de Valle, en mi concepto vale más como publicista, como economista, y como sabio que como literato. En la literatura, aunque fundada en el saber científico, debe predominar la idea del arte, y al predominar la idea del arte, deben sobresalir, ya en la prosa, ya en el verso, las formas de la belleza, las formas reveladoras, no tanto de la idea formada al calor de la reflexión profunda, cuanto del sentimiento estético, formado al calor de natural y espontánea inspiración.

Valle era literato porque conocía las letras humanas, y había cultivado su gusto; pero sus aptitudes naturales no eran eminentes y seductoras aptitudes literarias. En Valle predominaba la idea reflexiva, no el sentimiento artístico. Léanse sus numerosos y variados escritos, y su lectura, a no equivocarme, dará la confirmación de mi aserto. En los escritos de Valle puede verse la reflexión profunda del pensador, pero muy rara vez puede verse la espontaneidad del artista. Valle abunda en ideas, abunda en pensamientos; pero es pobre en imágenes seductoras, escaso en rasgos conmovedores, falto de las expresiones que forman el idioma estético del pensamiento, y que, impresionando el corazón, acaban por apoderarse de la cabeza. En los escritos de Valle hay tanto de reflexivo, tanto de meditado y calculado, tanto de matemático y hasta de geométrico, que impiden ver el aparente y bello desorden de la inspiración, que impiden sentir y gustar bellezas literarias que, aunque algunas veces están como escondidas en el concepto, no salen, como por recelo, a brillar con galanura y esplendor en las formas esencialísimas de la expresión, formas imprescindibles para el arte. El literato, a mi juicio, debe ser el artista de la palabra, y por ende, si la forma, que es el lenguaje, no atrae, no cautiva, no seduce, por medio de las imágenes, de los símiles y de las amplificaciones que expresan con brillantez la inspiración; si la forma no es eminentemente bella, eminentemente seductora, podrá haber una literatura instructiva y hasta correcta; pero no la literatura que reclama la estética, pero no la gran literatura del sentimiento y de la inspiración que hace palpitar la idea como fruto de amor en amantísimo seno, en el bello seno de las espontáneas, variadas y bellas formas del lenguaje, divino verbo, encarnación sublime del pensamiento del artista, del pensamiento del gran literato.

El lenguaje de Valle, que es tan propio de él, que podría decirse lenguaje de Valle, viene a confirmar mi concepto sobre sus aptitudes literarias. Valle tiene un lenguaje uniformemente cortado, un lenguaje monótono, abrumador por la grandeza del pensamiento, abrumador por la monotonía de la forma. Rara vez se encuentra en los escritos de Valle un párrafo de lenguaje periódico; rara vez se encuentra una bella amplificación; rara vez se encuentran imágenes expresivas de grandes arranques de sentimiento o de pasión. Los escritos de Valle, con violación flagrante de la gramática, contienen una serie prolongadísima de dos puntos escalonados en cada breve párrafo: entre cada dos puntos un gran pensamiento, y con frecuencia en una enumeración, dos puntos separan una palabra de otra. Valle, no por ignorancia, pisotea la gramática, pero enaltece el pensamiento. En sus escritos, de cortadísimo lenguaje, se ve, más que todo, al pensador que quiere marcar ideas y hacer hincapié, y llamar la atención sobre las ideas con sus eternos dos puntos, más bien que al hombre de letras, cuidado de las correctas formas y apegado a las bellezas del lenguaje. Valle, por otra parte, en obsequio de la idea, deja con frecuencia de ser castizo. Avezado a las lecturas de obras latinas, francesas, inglesas e italianas, abunda en latinismos, galicismos, inglesismos e italianismos; pero él, aunque conocedor del habla de Cervantes y de Baralt, expresa ideas y esto le basta. Descuida la forma por atender al fondo. Mi fe literaria es que ambas cosas deben conciliarse; debe haber fondo en las ideas y corrección y belleza en la forma. Esto constituye para mí la más grande, la más útil y bella literatura.

Resumiendo, debo decir que aunque Valle era literato porque tenía técnicos conocimientos literarios, se dejaba llevar por el predominio de la idea, y el predominio de la idea lo hacía ser monótono, por su uniformidad de lenguaje; mal hablista, por sus descuidos; y antiestético, por su hábito de bucear y rebuscar, no la expresión natural y bella del pensamiento, sino la expresión exacta, matemática de la idea. Si yo pudiese, poseyendo algún título, dar consejos a la juventud centroamericana, yo le diría: estudiad los escritos de Valle, que es el escritor más rico en ideas: cada una de sus frases encierra un gran pensamiento; pero le diría además: no toméis literariamente a Valle por modelo: Valle descuida la variedad y la belleza de la forma, y la variedad y la belleza de la forma son indispensables, esenciales en las bellas letras, si es que estas constituyen el arte por excelencia, el arte de expresar lo grande, lo bello y lo sublime, por medio de la palabra reveladora de la idea, de la inspiración y del sentimiento.

Valle, más bien que un literario escritor, que emplea una brillante pluma, es un excelente grabador que emplea el buril. Valle, más bien que escribe, esculpe; es un insigne grabador de pensamientos: búsquesele en el terreno de la reflexión y de la ciencia; pero no se le busque como modelo en la hermosa esfera de la bella literatura.

Antes de juzgar a Valle como sabio y como literato, juicio con que he acabado de presentar su noble personalidad, bajo todos sus aspectos, dije que había sido electo Presidente de Centro América, a principios de 1834. Pero llega el momento de agregar que tan acertada y honrosísima elección, para desventura de los pueblos centroamericanos, no pudo tener resultado. A la voluntad de un pueblo libre se opuso la fatalidad de la muerte implacable. Voy, pues, a historiar con profundo dolor y partiendo de datos fidedignos, los últimos días y la última hora del ilustre Valle[38].

Acostumbraba Valle hacer, con toda su familia, todos los años, una temporada en su hacienda llamada «La Concepción», distante diez y ocho leguas de Guatemala. Desde fines de diciembre de 1833, permanecía en «La Concepción», disfrutando de completa salud; pero desde el primero de febrero de 1834 empezó a experimentar distintos padecimientos físicos, aunque no de carácter alarmante. Así continuó por espacio de algunos días, hasta el 22 del mismo mes, en que, a las 5 de la tarde, fue repentinamente atacado de una fuerte fatiga con

---

[38] Los datos relativos a los detalles de la última enfermedad y muerte de Valle fueron proporcionados por don José Bernardo del Valle, en el mes de junio de 1878, en la capital de Guatemala, a mi excelente amigo don J. J. Palma, quien ha tenido la fineza de obsequiarme el manuscrito que contiene dichos datos, manuscrito que obra en mi poder. El señor Palma me ha prestado también su importante cooperación, haciendo, desde hace mucho tiempo, investigaciones sobre la vida y escritos de Valle, y comunicándome bondadosamente todos los datos y noticias que ha podido obtener. Que mi querido amigo y compañero en estudios literarios reciba en estas líneas la sincera expresión de mi reconocimiento por sus oportunos y valiosísimos servicios.

hervor de pecho, mal de que nunca había padecido y que era de gravísimo carácter, porque casi le impedía la respiración y podía producir una asfixia. En fuerza de los solícitos cuidados de la familia, Valle tuvo algún alivio, pero la enfermedad continuaba. El Presbítero don Mariano Borjas, Capellán de la familia, fue a Guatemala en busca del Dr. don Quirino Flores, médico de la casa. Flores llegó a «La Concepción» el día 25, y en el acto oyó del paciente la relación de sus padecimientos, y de la familia, las noticias relativas a los medicamentos que se le habían aplicado.

El Dr. Flores no dio a la enfermedad de Valle la importancia que tenía. Aplicóle algunos calmantes que no produjeron el resultado apetecido. A pesar de esto, y de los encarecidos ruegos, y de la consternación, y de las lágrimas de la angustiada familia, partió de la hacienda el día siguiente dirigiéndose a Sonsonate, en donde lo esperaban asuntos importantes del Senado, del cual era individuo. Por aquel tiempo las autoridades federales residían en el Estado de El Salvador.

La familia de Valle deseaba trasladarlo a Guatemala, y su deseo fue secundado por el voto del Dr. Flores. El día primero de marzo salió la familia de la hacienda, conduciendo al enfermo en una camilla arreglada de provisional manera. En la mañana del mismo día llegaron a la hacienda «El Jute», tres leguas distante de «La Concepción». El enfermo sintióse muy aliviado, y en la familia renacieron las más lisonjeras esperanzas. Mas en la noche, inesperadamente, se agravó el mal del enfermo, manifestándose, en particular, su gravedad por un prolongado delirio. El sabio delirante hablaba sin cesar de la Casa de Moneda y del Jardín Botánico de México; después tomó por tema su repugnancia para admitir la Presidencia de Centro América, altísimo cargo para el que había sido electo. En su delirio decía: «Reiteraré cuantas renuncias fueren necesarias: quiero que digan, Valle hubiera restituido la paz, y no, Valle no pudo conseguirla. En último caso me rodearé de sabios de Europa, amigos míos, a quienes haré venir para asegurar el bien de la patria, y sacarla del caos en que la han precipitado las revoluciones promovidas por el aspirantismo». Siempre el mismo hombre, siempre el patriota, siempre el sabio! Aun en su delirio, oscurecidos los ojos por las sombras de la muerte, sofocado el pecho por cruel fatiga, enardecido el cerebro por la fiebre, con el sepulcro entreabierto, Valle pensaba en el bien de la patria, y con noble orgullo pensaba en su nombre, porque la grandeza de su nombre debía servir para la grandeza de Centro América. ¡Ay! Valle en su pobre camilla, Valle moribundo, era, por su idea, el Valle del gabinete, el Valle de la prensa, el gran Valle de la tribuna!

Pasó el delirio y vino una ligera calma; pero después, en la madrugada, acometió al enfermo un nuevo ataque de fatiga: Valle se asfixiaba. La familia, con redoblados esfuerzos, logró calmarlo, y continuaron su marcha para la hacienda «Corral de Piedra», distante doce leguas de la capital de Guatemala. Pero a media jornada, y a eso de las 10 de la mañana del domingo 2 de marzo, en medio de una de las llanuras del camino, la camilla hizo alto: Valle se moría; la enfermedad le asestaba su último golpe. Tuvo tiempo de pedir los últimos auxilios del confesor, y dijo, entre otras cosas, a su Capellán: «Padre, conozco que estoy ya en el último período de mi existencia, y necesito de los auxilios espirituales, para devolver mi alma al Creador, que me la dio». La consternada familia rodeaba la camilla. Valle, ya para morir, faltóle el habla; pero aún quedábale un resto de vida en sus ojos que se apagaban. Vio junto a sí a su hijo, niño de diez años, le tomó convulsivamente la mano y la llevó a su pecho. En aquel instante, su corazón, como rendido por supremo esfuerzo, dejó de latir: Valle había muerto, y la familia, entre indecibles dolores, sollozos y lágrimas, tuvo que deshacer el grupo conmovedor que formaban el padre y el hijo: el padre muerto, que aún apretaba la mano de su querido niño, del hijo de su amor; el niño que lloraba aun sin comprender su inmensa desventura!... Aquel tristísimo cuadro de muerte y desolación era alumbrado por el espléndido sol de marzo que, indiferente, continuaba su majestuosa carrera. ¡Ay! el hombre, aunque sea un sabio, no es más que un átomo que brilla por instantes para perderse después y confundirse en los misteriosos senos de la naturaleza, de lo infinito. Tal es la relación tristísima de los últimos días y del postrer momento de José del Valle. Siempre será memorable el infausto 2 de marzo de 1834! En aquel aciago día extinguióse la llama de la extraordinaria inteligencia del que fuera gran Padre de la Patria: en aquel aciago día ¡ay! para eterna desgracia de nuestros pueblos, quedó huérfana la Patria Centroamericana!

CAPÍTULO VIII: DOLOR POR LA MUERTE DE UN HOMBRE EJEMPLAR

Sensación que produjo la muerte de Valle.—Consecuencias políticas que tuvo tan desgraciado suceso.—Reflexiones.—Olvido que, durante la reacción conservadora, se hizo del nombre de las obras de Valle.—El Gobierno de Honduras ha hecho justicia a aquel grande hombre, y honrado y enaltecido, como se debe, la memoria de su vida ejemplar.—Hoy más que nunca debe tomarse como modelo la conducta política de Valle, y buscarse en sus obras grandes enseñanzas.—Consideraciones finales.

HONDA, PROFUNDÍSIMA sensación causó la inesperada muerte de José Cecilio del Valle. Valle, por su dilatada vida pública, y más que todo por sus luces y por sus virtudes, era conocido en todo Centro América; y más que conocido, muy apreciado por todos los pueblos centroamericanos. El verdadero mérito, a despecho de la ruin envidia y de las necias rivalidades, tiene siempre un ascendiente irresistible. Valle ejercía en todos los ánimos ese ascendiente poderoso, avasallador, incontrastable. Por esto su muerte fue conceptuada como un suceso infausto para la patria, por esto fue sentida como se sienten las grandes desventuras públicas, como se siente un adverso, desgraciadísimo acontecimiento que llena de dolor, de inmenso duelo el alma de toda una nación. ¡Qué privilegio el de los verdaderos grandes hombres! En vida dan energía, movimiento y calor a los ánimos: son como la luz del sol que alienta y vivifica. Cuando mueren, llevan a todos los ánimos el desaliento, el pesar, la consternación: son como la luz ausente que deja tras sí pavorosa noche, sombras para los entristecidos ojos, y para el corazón un dolor infinito....

José Francisco Barrundia, uno de los republicanos más puros que ha tenido Centro América; José Francisco Barrundia, el publicista de corazón de oro y de palabra de fuego, parece que condensó en su alma tierna, en su alma sublime, todos los pensamientos y todos los dolores de la patria; y al morir Valle, escribió estas inolvidables palabras que justamente han pasado a la Historia:

«¡Ha muerto Valle! Este hombre era conocido en Europa.

»Su cabeza fue una luz, su boca fue el órgano de la elocuencia en la tribuna: sus escritos la honra de la patria y de las ciencias. Se hundió Bentham en la noche eterna, en Inglaterra; desapareció su amigo Valle[39] en Centro América.

»Ciudadano pacífico, cultivó con ardor la sabiduría; él estaba lleno de todos los principios elementales de Gobierno; él escribía por la gloria nacional y por el interés de la humanidad. Su concepción profunda y exacta aparecía en un lenguaje pausado, puro y majestuoso que presentaba los objetos por todas sus fases, y se desarrollaba en una argumentación clara y victoriosa. Su carácter firme y decidido tenía acaso los caprichos y singularidades del genio. Sin transacción para los transgresores de la libertad pública, él oponía siempre todo el rigor de los principios, él sostenía la rectitud de las leyes. Su mente concibiera la vasta Confederación Americana, núcleo inmenso de pueblos independientes contra la liga de reyes y tiranos.

»Si deseaba el mando en la República, si su corazón ardía de ilusiones, no se lisonjeaba con el honor de regularizar el gobierno y de aplicar la ciencia del gobernante. Pero esmerado en la educación de su hijo, tranquilo en la vida privada, orgulloso y libre en su retiro, jamás se humilló ni a la revolución, ni al poder. Su alma era el altar de Minerva: su placer era armonía de la civilización. En su gabinete estaba el asilo sagrado de la sabiduría, contra las tempestades civiles.

»Bajó ya a la tumba, cuando sus sentimientos por la nacionalidad, cuando los votos del pueblo lo ponían frente a la República agitada. ¡Honor de esta cara patria, descansa en paz! Recibe el tributo de los

---

[39] El eminente jurisconsulto Jeremías Bentham, representante de la escuela utilitarista, tuvo la más amistosa correspondencia con Valle. El nombre de este ilustre americano figura entre los nombres de grandes sabios de Europa, en el testamento de Bentham, quien dejó a sus amigos predilectos anillos con su retrato y pelo de su cabeza, en prueba de su cariño y de su aprecio. Valle tuvo ese recuerdo de la amistad del publicista inglés: el precioso legado aún lo conserva la familia de Valle. Cuando ésta se extinga, o cuando sea dado, Honduras, para su Museo, debe tratar de adquirir aquella valiosísima reliquia.

sabios y el gemido de tus amigos. Únete a Bentham y a los otros sabios. ¡Pensador luminoso, el crepúsculo de tu ocaso brillará siempre en la nación! ¡Que el honor de los hombres ilustres corone tus sienes, y que enjuguen el llanto de tu familia la virtud inmortal y los acentos de la patria!»

El talento, y no el talento, el genio produce las más grandiosas condensaciones de ideas. ¡Qué magníficas, qué inimitables palabras de Barrundia! Son muy pocas; pero son admirables: son, en compendio, una sublime biografía de Valle. Declaro sin rubor que valen más, mucho más que las páginas de este libro que escribo en honra de mi ilustre compatriota. ¡Qué genio el de Barrundia, tan desgraciado en vida como glorioso después de su muerte! Su gloria ha brillado más a medida que han sido más tenebrosos los horizontes políticos de Centro América. ¡Desgraciadísimo y a la par glorioso Barrundia! Después de muertos Valle, Morazán, Herrera, Gutiérrez y Cabañas, si hubieras tenido más vida, ¿a quién hubieras podido consagrar palabras tan grandes y magníficas? ¿Qué alta, qué patriótica inspiración habría podido recibir tu republicano genio, en medio de las negras, de las profundas noches de nuestros despotismos? ¡Desgraciadísimo y glorioso Barrundia! Más vale que hayas muerto; pues te has libertado de inmensos dolores, de horribles desengaños, y a la vez, los más repugnantes y odiosos contrastes hacen que, de día en día, sea más respetable y veneranda tu gloriosa vida, y más simpático y querido tu nombre inmortal!

No sólo José Barrundia, el más ilustre representante de la prensa centroamericana, formó el eco del duelo nacional motivado por la muerte de Valle: también los Poderes públicos hicieron justas manifestaciones de dolor por el fallecimiento del grande hombre, del Estadista electo Presidente de la República de Centro América. El Canónigo Doctor José María de Castilla, hombre de tan noble estirpe como de elevada inteligencia, tan entendido en ciencias y letras, como culto y simpático por sus grandes dotes sociales[40], presentó a la Asamblea de Guatemala la siguiente proposición:

---

[40] Recuerdo que en Guatemala personas contemporáneas del Canónigo Castillo me decían que hombre tan distinguido, era el encanto de los salones. Competía en gracia y en felices ocurrencias con su amiga la

«La voz de un simple ciudadano se atreve a llamar vuestra atención, interrumpiendo, quizás, serios trabajos legislativos y discusiones útiles; pero el asunto que me ocupa y la súplica que os dirijo, estoy cierto de que no os desagradan. El derecho de petición me autoriza para llamar vuestras miradas hacia una pérdida que llora toda la República. La existencia del Ciudadano Valle era cara para nosotros; su sepulcro y su memoria deben ser acompañados de los testimonios más marcados de la gratitud pública. "La muerte de un sabio ciudadano, que a su literatura reúne su virtud (decía un hombre de espíritu) es una calamidad pública, y su nombre debe quedar escrito en los anales de la virtud y de la Patria". El Ciudadano Valle, bien lo sabéis, reunía a su profundo saber una vida inculpable: títulos harto respetables en todos los pueblos, y particularmente en las Repúblicas. Entre los dignos individuos que componen este Alto Cuerpo, hay muchos amigos de Valle, y todos son conocedores de su mérito: por eso me abstengo de manifestar los servicios que este digno Ciudadano ha prestado a la Patria, y me contento con recordaros que se vio al frente de los negocios públicos; que hasta en el Gobierno español fue respetado y se hizo justicia a sus raros talentos. El voto público lo iba a colocar en el solio de la República. Él se ocupaba incesantemente, en el silencio de su gabinete, en meditar todo aquello que pudiera perfeccionar nuestras instituciones. La muerte le sorprendió escribiendo a favor de su patria; entorpeció su mano, y derribó su pluma. Unos días que fueron ocupados por las virtudes y el saber; una vida cuyos últimos instantes se dirigieron a la Patria, exigen las bendiciones públicas, dirigidas por los Representantes del pueblo. Mirabeau interrumpió una importante disertación en la Asamblea Constituyente de Francia, para pedir un día de luto por la muerte de Franklin, que falleció en los Estados Unidos. Se accedió a la súplica; y fue aplaudida su moción. Poco ha el Ciudadano Valle pidió lo mismo en favor del sabio señor Bentham al Congreso Federal, sin ser individuo de él. Yo lo hago ahora, no por un sabio extranjero, sino por un digno compatriota, por uno de los mejores ornamentos de la República, cuyos escritos extendieron su

_____

espiritual poetisa Pepa García Granados, hermana de mi inolvidable amigo, el Gran Républico, General Miguel García Granados.

nombre por Europa, y lo asociaron a los Cuerpos literarios de más fama de los pueblos cultos.

»No sólo la amistad que me unió con Valle, por tantos años, es el motivo principal que me dirige a este Alto Cuerpo; el honor de la misma República, la gratitud que es el sostén de los hombres y de los pueblos, me dan confianza y me inspiran en este momento para que rendidamente os suplique decretéis una demostración pública que marque la memoria de mi amigo Valle, y del respetable ciudadano que por tantos títulos merece nuestra consideración.—Guatemala, marzo 11 de 1834. José María de Castilla.»

Idéntica proposición hicieron a la Asamblea los Representantes Machado, Rendón, Rodríguez y Rivera Paz. La Asamblea, después de considerar las proposiciones presentadas, emitió el acuerdo que sigue:

«La Asamblea de Guatemala, teniendo presente que la muerte del Licenciado José del Valle es un suceso infausto para el Estado: que, por serlo, debe manifestarse el sentimiento público, y procurar se consagre de algún modo la grata memoria de aquel ilustre Ciudadano, se sirvió acordar:

1°.—Que todos los empleados y funcionarios existentes en esta Corte (3) vistan luto durante tres días, que señalará el Ejecutivo, y que en los mismos se doble en todas las iglesias de la Capital, a las nueve, doce de la mañana, y oraciones de la noche:

2°.—Que, a expensas de los miembros del Cuerpo Legislativo, se haga copiar el retrato del ciudadano José del Valle[41], el cual se colocará en la sala de sesiones:

---

[41] Lorenzo Montúfar hace respecto al uso de esta palabra, en la página 97 del tomo 2° de su Reseña Histórica, la siguiente juiciosísima crítica: «En todos los documentos posteriores a la Independencia, se da a Guatemala la denominación de Corte. Este nombre fue conservado como una de tantas antiguallas monárquicas que no han desaparecido, y a las cuales se refiere el centroamericano que dijo habíamos formado una República con los andrajos de una monarquía. Corte es la ciudad, villa o población donde reside el Rey o Príncipe soberano de un país; donde radican su asiento sus principales consejos, sus más antiguos tribunales. Corte es el conjunto de todas las personas que componen la familia y comitiva del Rey. Tiene

3°.—Que, por la Secretaría de la Asamblea, y en su nombre, se excite a los otros Estados, a fin de que se sirvan acordar las demostraciones que tengan a bien en honor del mismo ciudadano.

»Y de orden del Cuerpo Legislativo lo decimos a Ud. para inteligencia del mismo Consejo y efectos que se expresan.—D. U. L. Guatemala, marzo 13 de 1834.—Eusebio Murga.—

»Sala del Consejo Representativo del Estado de Guatemala, en la Corte, a 20 de marzo de 1834.—Al Jefe de Estado.—Simón Vasconcelos, Presidente. José María Cobar, Secretario accidental.

»Palacio del Gobierno del Estado.—Guatemala, marzo veintiuno de mil ochocientos treinta y cuatro.—Por tanto: Ejecútese; señalándose al efecto los días tres, cuatro y cinco del inmediato abril.—Mariano Gálvez.—Al Secretario General del Despacho.»

Y por disposición del Poder Ejecutivo se inserta en el «Boletín Oficial» para los efectos consiguientes.

D. U. L. Guatemala, marzo 21 de 1834.-P. J. Valenzuela.

En el Estado del Salvador se emitió el siguiente decreto:
«Ministerio General del Gobierno del Estado del Salvador.

Al ciudadano Jefe Político del departamento de...

El Vice-Jefe del Estado, en ejercicio del Poder Ejecutivo, se ha servido dirigirme el decreto siguiente:
El Vice-Jefe, en quien reside el S. P. E. del Estado del Salvador.—Por cuanto: la A. O. L. del mismo, se ha servido decretar y el Consejo sancionar el siguiente decreto:

---

otras acepciones esa palabra; pero ninguna puede aplicarse con propiedad a la capital de una República democrática. Los guatemaltecos, animados por el vehemente deseo de elevar la primera ciudad de su país, se empeñaron en darle el nombre con que estaban acostumbrados a designar la coronada villa de Madrid. El estudio filológico de la palabra corte, se hizo cuando la capital de la República se trasladó a San Salvador, y aun después de este importante acontecimiento, continuó dándose a Guatemala la denominación de Corte, como expresa la orden preinserta de la Asamblea Legislativa».

La Asamblea Legislativa del Estado del Salvador, queriendo honrar los profundos conocimientos científicos del finado C. José del Valle, y manifestar cuánto aprecio merecen la sabiduría y la virtud a los pueblos del Estado, ha tenido a bien decretar y DECRETA:

1°—Se harán honores fúnebres en esta capital al finado C. José del Valle.

2°—Una Comisión de la Asamblea, el Gobierno, una Comisión del Consejo, la Corte Superior de Justicia y todas las demás autoridades y empleados existentes en esta ciudad, concurrirán a este acto que será presidido por el Presidente de la Comisión del Cuerpo Legislativo.

3°—El día de las honras se reunirán todos los funcionarios de que habla el artículo anterior, en el Salón de la Asamblea, de donde marchará la comitiva al templo.

4°—Todos los empleados del Estado vestirán luto durante tres días, contados desde la víspera de las exequias, a las dos de la tarde.

5°—El retrato del ciudadano José del Valle se colocará en el Salón de sesiones de la Asamblea.

6°—El Poder Ejecutivo queda encargado de la ejecución del presente decreto.

Pase al Consejo.—Dado en San Salvador, a 9 de abril de 1834.— J. Miguel Alegría, Diputado Presidente.—J. Ildefonso Castillo, Diputado Secretario.—J. Enríquez Nuila, Diputado Secretario.

Sala del Consejo Representativo del Estado del Salvador, abril 18 de 1834.—Pase al Jefe del Estado.—Manuel A. Cordón, Consejero Presidente.—Mariano Palomo, Secretario.

Por tanto: Ejecútese.—Lo tendrá entendido el Jefe de Sección encargado de la Secretaría General del Despacho, y dispondrá se imprima, publique y circule.—San Salvador, abril 18 de 1834.— Lorenzo González.—Al ciudadano J. María Cisneros.

Y, de orden del Supremo Poder Ejecutivo, lo comunico a Ud. para su inteligencia y efectos que se expresan, acompañándole competente número de ejemplares de que me acusará recibo.

D. U. L.—San Salvador, abril 18 de 1834.—J. M. Cisneros».

Manifestaciones de público sentimiento se hicieron también en los demás Estados de Honduras, Nicaragua y Costa Rica. Valle era el grande hombre de Centro América, y al desaparecer, en críticos momentos para la patria, los Estados centroamericanos no pudieron menos de lanzar, a una, un grito de supremo dolor.

El más juicioso, el más filósofo de nuestros historiadores, Alejandro Marure, haciendo justicia al mérito, e interpretando el sentimiento nacional, algún tiempo después de muerto Valle, le dedicó en sus Efemérides las siguientes notables palabras.

«Perdió Centro América, con el fallecimiento del Licenciado José del Valle, uno de sus más distinguidos hijos. Conocido ya desde el tiempo del Gobierno español por sus grandes talentos y extraordinario saber; luego que se proclamó la Independencia, fue elevado a los primeros destinos de la naciente República: fue individuo de la Junta Gubernativa que se estableció en Guatemala en 1821: el siguiente año concurrió a las Cortes de México, en donde sostuvo victoriosamente los derechos de su patria y sobresalió por su elocuencia y laboriosidad. Víctima de sus opiniones contra el Imperio, y preso por ellas de orden de Iturbide, fue poco después nombrado primer Ministro por el mismo Iturbide, pasando así de la prisión a la primera silla del gabinete imperial, y debiendo únicamente tan imprevista elevación a su reconocido mérito. Después de la caída del héroe de Iguala, Valle regresó a su patria a desempeñar las altas funciones de individuo del Supremo Poder Ejecutivo de la Nación; y en seguida obtuvo la mayoría de votos populares para primer Presidente de la República. Valle mereció de sus compatriotas el sobrenombre de Sabio, y sus escritos justifican este dictado: Bentham y otros ilustres escritores de Europa lo honraron con su amistad, y la Academia de Ciencias de París lo inscribió en el catálogo de sus miembros. La memoria de este distinguido centroamericano fue justamente honrada por sus compatriotas: la Asamblea de Guatemala acordó, en 13 de marzo del mismo año de 34, que su retrato fuese colocado en el Salón de Sesiones y que, en demostración de sentimiento por su muerte, todos los funcionarios públicos vistiesen luto por tres días. En 9 de abril siguiente, la Asamblea del Salvador decretó también los mismos honores fúnebres a la memoria de Valle».

Trascendentales fueron las consecuencias políticas que produjo la muerte de José del Valle. La República estaba agitada: bullía ya, de tiempo atrás, el pensamiento de reformar el sistema federal: la idea de reforma servía de pretexto a algunos conservadores que abrigaban en su alma el intento criminal de separar los Estados, de fraccionar nuestros pueblos, de repartirse los pedazos de una gran Nación: el General Morazán ya no tenía todos los grandes prestigios del 29: era el mismo hombre, liberal, generoso, intrépido, heroico; era el mismo hombre de ideas y de principios; pero representaba el Poder en época dificilísima; y el hombre de Gobierno no puede tener el mismo ascendiente del hombre que consuma una revolución gloriosa. Es casi un axioma en Historia que los hombres que hacen las más benéficas y grandiosas revoluciones, cuando les toca llevarlas a cabo, en sus resultados, son los primeros que caen bajo el peso de su propia obra. De esta verdad forma un grande ejemplo la vida del Benemérito General Morazán.

La presidencia de Valle estaba llamada, a juicio de los hombres sensatos, a dar tranquilidad a los ánimos, a reanimar la confianza pública, a operar benéficas evoluciones políticas, y a evidenciar en el seno de la paz, el triunfo de las instituciones, necesitadas más que nunca, para vivir, de los consejos de la prudencia y del saber, antes que del ascendiente de las pasiones de partido y de los prestigios militares.

Pero burladas quedaron, por una fatalidad que será siempre digna de deplorarse, las legítimas aspiraciones del patriotismo. Parece que el destino tuvo empeño en que Valle jamás fuese Presidente de Centro América. El severo e ilustrado, cuanto popular y respetabilísimo Repúblico, exhaló su último aliento antes de que se abriesen los pliegos en que constaba su elección de Presidente. Con motivo de este infausto suceso, y de sus consecuencias políticas, el "Boletín Oficial", número 56, correspondiente al 31 de marzo de 1834, dijo lo que sigue: «Las Juntas preparatorias del Congreso han comenzado en la Villa de Sonsonate. Casi no había más Diputados que los de Guatemala, pero el Gobierno del Salvador había dictado medidas muy activas para que concurrieran los de aquel Estado; no puede dudarse de que las dictarán también los de Nicaragua, Honduras y Costa Rica.

Es demasiado grande el interés que está vinculado a la reunión del Congreso. Su presencia no sólo es necesaria para decidir grandes cuestiones y para decretar reformas, "sin las cuales no hay que esperar la estabilidad de la administración nacional", sino también porque los que dignamente la ejercen al presente deben ser renovados, y su misión, entre pronto, podría ser contestada. Con respecto a la elección de Presidente, va a ocurrir una cuestión interesante. El Ciudadano José del Valle, sin duda, tenía la mayor votación para este destino, y ha muerto el 2 del corriente.

¿Se declararán perdidos estos votos y se entrará a elegir, o se devolverá al pueblo la elección? Nosotros estaremos siempre por aquellas medidas que establezcan la mayor popularidad. Supóngase que hubieran muerto dos candidatos que reuniesen generalmente todos los votos, sin tener mayoría ninguno de ellos, y que quedasen otros seis individuos, cada uno con dos o tres votos; sería sin duda devolver la elección al pueblo. Nada previene la Constitución para el caso presente: la ley debe arreglarlo, y no hay que vacilar en que el arreglo sea lo más popular posible. Vuelvan a votar las Juntas populares, porque la elección es del pueblo».

En aquellos tiempos se vivía bajo la atmósfera de la democracia; en aquellos tiempos aún había grandes virtudes republicanas. Si el General Morazán hubiese sido un mandón vulgarísimo, un dictador supeditado por la ambición, habría aprovechado la muerte de Valle para hacer que el Congreso efectuase la elección, y sin exponerse a correr ninguna eventualidad, habría sido electo, sin duda alguna, Presidente de la República. Pero Morazán quiso siempre atender al voto de los pueblos, quiso respetar la legalidad, quiso el estricto cumplimiento de las instituciones. Por esto, muerto Valle, aunque Morazán tenía muchos sufragios para la Presidencia, como era debido, la elección fue devuelta al pueblo, único que, en la verdadera República, debe decidir sobre la dirección de sus destinos.

Bajo la influencia de tales ideas y de tales propósitos, se emitió el decreto de 2 de junio de 1834, convocando a nuevas elecciones para Presidente de la República. Faltaba a Morazán su único, digno competidor; competidor a quien había respetado y apreciado altamente. Otro militar que no hubiese sido el General Morazán, otro militar inspirado en la fuerza y extraviado por los instintos de un cesarismo brutal, habría hecho a Valle víctima de infundidos celos, lo habría ultrajado y humillado, lo habría puesto, en nombre de una venganza salvaje, en el más ignominioso calvario, para arrancarle la vida, la influencia y el poder, en medio de los más afrentosos suplicios. ¡Qué época gloriosa aquella en que un verdadero soldado, en que un héroe prestigiadísimo, respetaba y apreciaba a su rival, a un hombre civil, que no tenía más fuerza que la de su idea! ¡Qué época gloriosa aquella en que un hombre de letras podía enfrentarse, sin temor de ser pisoteada su dignidad, a un hombre de espada, y a un hombre de espada que tenía la gloria de verdaderas batallas, y no el palmoteo ridículo de farsantes que ensalzan escaramuzas afortunadas que, ¡ay!, para providenciales castigos, fundan las más insoportables e infames dictaduras!

El General Morazán que, muerto Valle, no podía tener ya competencia política en Centro América, fue electo, por segunda vez, en el año de 34, Presidente de la República. ¡Qué reflexiones las que ocurren con motivo de tales sucesos! Morazán reelecto debía traer, sin culpa suya, la ruina de la República centroamericana: Valle Presidente habría probablemente salvado a la República. Morazán tenía todos los prestigios de la revolución liberal; pero en el Gobierno debió tener las intransigencias de la revolución, y en su contra debió tener todos los enconados odios de la oposición. Valle en el poder, aunque partícipe de las ideas de Morazán, habría entrado a ejercerlo sin compromisos revolucionarios; no habría tenido las intransigencias de sectario victorioso; habría llevado la tranquilidad a los ánimos, desarmado en mucha parte a las oposiciones, y tenido ocasión y libertad para hacer oportunas, benéficas y duraderas reformas al sistema de gobierno, que habrían salvado la unidad de la Patria, asegurado la paz de sus hijos, afianzado sus instituciones, y afirmado la honra de su nombre. Morazán, hombre de la revolución, no pudo ser el hombre de la consolidación de las instituciones: su origen y su carácter revolucionarios, a pesar de sus grandes dotes políticas y militares, lo hicieron inepto para tan grande empresa. Valle, gobernante, habría podido acometerla con feliz éxito; Valle, a virtud de oportunas evoluciones inspiradas por su genio, y sancionadas por sus prestigios, habría hecho la reforma, en racionales términos, anulando la demagogia de los liberales, y los embozados trabajos de los conservadores separatistas y liberticidas.

En tal situación, Morazán habría sido el brazo armado; Valle la cabeza pensadora y directora: la idea y la fuerza unidas habrían realizado el triunfo definitivo y espléndido de la República; y hoy los centroamericanos tendríamos una nación poderosa, libre y feliz; y hoy, en vez de sentirnos humillados, con la frente levantada, podríamos decir al mundo: TENEMOS PATRIA.

Pero las leyes providenciales, que presiden a la historia de los pueblos, no permitieron que hubiese para los centroamericanos tan dichosos resultados. Murió Valle, y con su vida, desapareció la fundada esperanza de que hubiese paz y arreglos durables en pro de las instituciones. Posteriormente, Morazán fue vencido, y por último sacrificado por la traición en el cadalso, y con su vida, desaparecieron los más abnegados esfuerzos que propendieron, en la América del Centro, a salvar la unidad de la patria y la estabilidad y el prestigio de sus instituciones. ¡Desgracia inmensa la nuestra! Parece que la Providencia se complace en someter a ciertos pueblos a las más rudas y crueles pruebas: uno de esos pueblos es Centro América. Pero aceptemos nuestro destino con valor y resignación, y con la conciencia de que somos libres para pensar y obrar en el sentido de mejorar nuestra suerte. Pensemos y obremos bajo los auspicios de nuestro derecho, de nuestra dignidad y de nuestra libertad; y al fin lograremos el anhelado objeto de ser ciudadanos libres dentro de una gran República. Trabajemos esforzada y noblemente: perderemos hoy, perderemos mañana, sucumbiremos una y cien veces; pero al fin ganaremos una definitiva batalla, y tendremos patria e instituciones. No somos turcos que debemos obedecer a un fatalismo invencible; la vida asiática no debe ser nuestra vida: somos americanos que vinimos al mundo de la política trayendo los gérmenes preciosos de la libertad y del progreso, inspirados en la fe, en la República y en sus instituciones. La fe religiosa, aunque ciega, ha dado el triunfo a las religiones: nuestra fe política, que es científica, dará entre nosotros el triunfo a la República. Trabajemos, confiemos y esperemos....

Las reacciones que se operan contra las buenas causas, cuando triunfan definitivamente, su triunfo trae consigo el menosprecio y el olvido de los hombres de principios. El General Morazán no pudo contrarrestar la reacción que se llevó a cabo contra las ideas e instituciones liberales. En el año de 38 Morazán terminó su segundo período, entre grandes agitaciones y luchas, entre grandes dolores para la afligida patria. El año de 39, no obstante la resistencia heroica de Morazán y de los suyos, fue roto el pacto federal. El aventurero y bravío indígena Rafael Carrera, en Guatemala, y el valiente, cruel y talentoso mulato Francisco Ferrera, en Honduras, fueron los poderosos instrumentos de la reacción liberticida y separatista. El General Morazán hizo sus últimos esfuerzos en Guatemala, en el año de 40, en favor de los fueros de la civilización y de las instituciones; pero sus esfuerzos fueron inutilizados por la alianza irresistible del salvajismo indiano, del supersticioso clero, y de la estúpida nobleza.

El General Morazán, en obsequio de la paz, tuvo que dejar al bizarro pueblo del Salvador que le servía de apoyo, y se encaminó a la América del Sur: regresó con elementos para operar una contrarrevolución: anonadó el despotismo de Carrillo en Costa Rica, y se hizo cargo del Poder de aquel Estado, como base de sus operaciones. Pero el egoísmo lugareño y la traición de hombres sin conciencia y sin pudor, llevaron al patíbulo al Gran Repúblico, a la triste luz crepuscular de la tarde del 15 de septiembre de 1842.

Los acontecimientos referidos dieron un triunfo completo a la reacción. Ferrera y los sectarios de sus ideas dominaron en Honduras; Carrera, el clero y la nobleza, dominaron por muchos años en Guatemala: una verdadera noche polar extendió sus espesas sombras sobre la área hermosa de Centro América: los pueblos durmieron el largo y pesado sueño que produce el despotismo enervante; despertaban a veces solo para oír el ruido de cadenas, y en medio del aturdimiento, de la abyección y de la miseria, llegaron a perder el recuerdo de sus grandes hombres. Así se explica cómo, durante más de 30 años, la fría y pesada losa de olvido ha gravitado sobre la memoria del ilustre José del Valle. Hoy, hasta los niños de nuestras escuelas primarias pronunciaron con respeto el nombre de Valle, y, en los primeros años de mi juventud, yo nunca supe siquiera que hubiese existido hombre que tanto enalteció el nombre de mi patria. ¡Qué épocas! ¡Qué contrastes![42]

El Gobierno de Honduras, hoy presidido por un hombre de altas y generosas ideas, ha venido a borrar las injusticias del pasado: ha honrado y enaltecido, como se debe, la memoria de Valle.

He aquí el decreto del Gobierno del señor Soto, en que se ordena levantar un monumento que inmortalice el recuerdo del sabio hondureño:

MARCO AURELIO SOTO, PRESIDENTE ONSTITUCIONAL DE LA REPÚBLICA DE HONDURAS

Considerando: Que el Sabio JOSÉ CECILIO DEL VALLE fue un ciudadano eminente, cuyas obras honran a las letras centroamericanas; y que por su ciencia, por sus virtudes, y por los servicios que prestó a la Patria, es acreedor a la gratitud nacional; por tanto:

DECRETA:

Artículo 1°—Eríjase, en la plaza de San Francisco, de esta capital, una estatua de pie de mármol de Carrara, del sabio hondureño Don José Cecilio del Valle.

Artículo 2°—La estatua se colocará sobre un pedestal de piedra y mármol, que llevará inscripciones que hagan imperecedera la

---

[42] ¡Fatalidad de nuestras revoluciones, casi siempre oscurantistas! Se echaron en olvido nada menos que el nombre y las obras del sabio que supo captarse la estimación cariñosísima de sabios de Europa y América. Valle recibió altas pruebas de amistad del célebre Barón de Humboldt, uno de los más ilustres viajeros que han visitado a América; del distinguido escritor y literato Don Álvaro Flores Estrada, uno de los más notables economistas españoles; del Conde de Sack, distinguido naturalista; Don Vicente Cervantes, profesor de Botánica; de Don Andrés de Río, profesor de Mineralogía; de Don Mariano Logarce, botánico eminente; de Jeremías Bentham, publicista de reputación universal; y de otros muchos personajes ventajosamente conocidos en la república de las letras, y que prolijo sería enumerar sus nombres. Los sabios extranjeros honraron a Valle: Centro América olvidó su nombre y sus obras. ¡Qué amargo el fruto de las revoluciones sin principios y sin ideas!

memoria del hombre que puso su genio y su ciencia al servicio de la Nación Centroamericana.

Dado en Tegucigalpa, en la Casa de Gobierno, a los 27 días del mes de agosto de 1882.

MARCO A. SOTO

El Secretario de Estado en el Despacho de Instrucción Pública,
RAMÓN ROSA.

Como precedente del anterior decreto, en 29 de julio del año recién pasado, se estipuló con el artista, señor Francisco Durini, lo que sigue:

«Art. 14.—Durini se obliga a hacer construir en Italia, y colocar, en la plaza de San Francisco, de esta capital, una estatua de pie, y de mármol de Carrara, (1.ª clase) de dos varas y cuatro pulgadas de altura, del sabio José Cecilio del Valle.

Art. 15.—La estatua tendrá un pedestal construido de cal y canto al interior, y de piedra del país, picada en forma de granito, al exterior: tendrá la forma de un octágono irregular, y se compondrá de una gradería de dos escalones, de un contrazócalo, de un zócalo, de una base, de un fuste, de un capitel y de un plinto de la estatua.

Art. 16.—En el fuste irán cuatro lápidas de mármol de Carrara (1.ª clase). La lápida de la fachada llevará en letras de relieve doradas, esta inscripción:

A JOSÉ CECILIO DEL VALLE
LA PATRIA

La lápida posterior llevará en letras grabadas y doradas estas inscripciones:

Al sabio que se anticipó a su época, y reveló los grandes destinos de Centro América.

Al insigne estadista, autor del Acta de nuestra independencia; al hombre de principios que hizo del saber un elemento de Gobierno, y cuyas obras honran a la América Central.

El estudio más digno de un americano es América.

VALLE.

La lápida de una de las partes laterales llevará, en letras grabadas y doradas, el decreto en virtud del cual se erige el monumento del sabio Valle; y la lápida de la otra parte lateral tendrá esta inscripción:

JOSÉ CECILIO DEL VALLE,
Nació en Choluteca el 22 de noviembre de 1780. Murió en Guatemala el 2 de marzo de 1834.

Art. 17.—En las lápidas del fuste, sobre las inscripciones se formarán, grabados, adornos alegóricos de las ciencias y las letras, y el friso del capitel se adornará de una manera artística.

Art. 18.—El monumento de Valle tendrá alrededor una hermosa verja de hierro fundido de 26 a 28 varas, y en los ángulos de la verja se colocarán cuatro elegantes faroles de una luz».

Lo convenido con el señor Durini se ha llevado a debido efecto. La estatua de Valle, que es una verdadera obra de arte, está ya en el país, y construido está en la Plaza de San Francisco el suntuoso pedestal en que ha de colocarse. El día 15 de septiembre próximo, LXII aniversario de nuestra independencia, se inaugurará solemnemente la estatua del sabio. ¡Gran día va a ser el día de la inauguración, en que el pueblo y Gobierno hondureños, tras dilatados años de olvido, van a hacer justicia a la memoria de su más ilustre Estadista; van a dar un público testimonio de aprecio y simpatía a los altos merecimientos de un hombre honrado, de elevadas ideas; van a reconocer y a enaltecer la más legítima y esplendorosa de las glorias: la gloria de la inteligencia que enseña, que ilumina y moraliza!

Hoy más que nunca debe tomarse como modelo la conducta política de Valle, y buscarse en sus obras grandes enseñanzas. La situación de Centro América así lo reclama. Los pueblos centroamericanos, si bien, más que todo, por la acción del tiempo, han ganado en materiales elementos y recursos, en cambio, por la acción de maléficas, de corruptoras escuelas políticas, han perdido mucho, muchísimo, en materia de instituciones, de moralidad y de honradez. Jamás Centro América ha atravesado, en lo moral, momentos tan críticos como los que atraviesa el presente. Jamás ha habido una situación más ilógica, más falsa en el fondo, y más hipócrita en la forma, más ocasionada a trascendentales conflictos, y más adversa a los más grandes y caros intereses de la República.

No hay que hacerse ilusiones. No hay que ver tan solo la superficie de las cosas; es necesario, absolutamente necesario, ver el fondo. La inmoralidad política, llevada a los más repugnantes extremos, es un horrible cáncer que destruye, muy de prisa, el organismo de los pueblos centroamericanos; es una cruel enfermedad que les impide vivir para las instituciones, para la libertad, para la República.[43]

En el año de 21, en que se consumó la independencia, había buena fe y franqueza en los partidos que, con diferencias de intentos, abrigaban, por lo común, nobilísimas aspiraciones: en el año de 29, en que se trató de afianzar las instituciones libres, había grandes virtudes republicanas y los más bellos ideales: en el año de 48, en que se reaccionó contra la autocracia de Carrera y del clero, había desinterés, abnegación y honrosísimos propósitos; y en el año de 71,

---

[43] Declaro que mis afirmaciones críticas no tienen ni pueden tener aplicación general a los hombres públicos de Centro América: declaro, además, que mis juicios no aluden a determinadas personas, a determinados círculos políticos. Condeno, en abstracto, ciertos sistemas de erróneas ideas que por desgracia prevalecen en las Repúblicas centroamericanas; pero no hago ni trato de hacer alusiones personales. Empero, si antojadizamente se quiere recogerlas, que se recojan. Debo además prevenir una objeción que comúnmente se muestra a los descontentos de un sistema político. La objeción se formula diciendo que no merecen fe las críticas y las censuras de los descontentos, porque no tienen poder, y que si lo tuvieran, aplaudirían lo mismo que censuran: que no es lo mismo estar en la oposición que en el poder. Yo estoy a salvo de semejante objeción. Mis palabras merecen fe, porque no soy apasionado opositor a ningún gobierno; porque no soy político caído y menesteroso que vocea para buscar empleos y beneficios; porque he tenido y aun tengo una alta posición política que, para su sostenimiento, no requiere falsas censuras ni exaltadas declamaciones; y en fin, porque hasta mi posición y mi porvenir político en Centro América sé que los comprometo seriamente, y los comprometo con gusto, diciendo la verdad a pueblos y gobiernos, a despecho de resentimientos, de odios y de rencores. Si algún derecho tengo, como escritor, es el derecho de que se crea en la sinceridad de mis ideas y en la franqueza de mis escritos.

en que se operó la última revolución liberal, aún había virtudes cívicas y patrióticas inspiraciones. Hoy casi puede decirse que ha desaparecido todo elemento honroso, todo elemento de moralidad, todo elemento de republicanismo. Nadie entiende a nadie; las filas de los partidos se han confundido; no hay luz que las guíe, no hay conciencia que las inspire. ¡Estamos a medianoche! No predomina en Centro América la idea, la rectitud y la justa previsión: los principios de la República casi han caído en desuso. En cambio, predominan las escuelas políticas más corruptoras, más adversas a la República. Liberales y conservadores componen hoy una masa informe que despide miasmas deletéreos; liberales y conservadores tienen cátedras abiertas en que proclaman libertad y derechos, y practican el despotismo y la inquisición; en que proclaman desinterés y patriotismo, y practican el más impudente y vergonzoso mercantilismo político. ¿Es así como debemos civilizarnos y ennoblecernos? ¿Es así como debemos preparar el reinado de la verdadera República?

Es necesario tener el valor de decir la verdad, toda la verdad. Con Morazán, Barrundia, Herrera, Cabañas y Gerardo Barrios, sabía cualquiera a qué atenerse: eran hombres de principios, y eran consecuentes con sus ideas. Con Carrera, Ferrera, Aycinena, Batres, Pavón y Dueñas, también sabía cualquiera a qué atenerse: eran hombres de sistema, y supieron ser lógicos. Uno y otro partido contendientes, respetaban sus ideas, y tenían, bueno o malo, un ideal político, impersonal; ideal servido con perseverancia y alentado por previsiones lógicas: uno y otro partido contendientes, salvo las horas de borrasca revolucionaria, tenían, en más o menos, respetos sociales, respetos a la dignidad humana, consideraciones al derecho, consideraciones al decoro público. Hoy el egoísmo y la ambición sin límites han venido a crear en Centro América situaciones puramente personales, personalísimas, situaciones que sólo pueden sostenerse, ora apelando al terror que mata, ora a la seducción que envilece. O rastros humanos, o mercados políticos: he aquí las enseñanzas prácticas que las escuelas dominantes en Centro América dan a nuestros infortunados pueblos.

Es necesario protestar, no tan sólo en nombre de la República, sino también en nombre de la Humanidad, contra las enseñanzas de tan funestas escuelas; escuelas que falsifican torpemente las ideas, y que, por lo mismo, comprometen el porvenir de las ideas. Criminales son los monederos falsos, porque crean engañosos valores y alteran la confianza pública; mas su crimen es de pasajeros resultados. Pero ¡ay! los falsificadores de ideas, de principios, son los más grandes criminales, que deben arrojarse al infierno de la Historia, porque comprometen hasta el porvenir de la inocencia, hasta el porvenir de las generaciones que están por nacer. Lo repito; es necesario protestar contra las enseñanzas de los falsificadores de ideas. Este pequeño libro, que recuerda la vida ejemplar y las obras meritorias del honrado e ilustre Valle, forma una gran protesta. Yo la hago franca y lealmente.

Al exponer los juicios anteriores no he querido presentarme como no he sido ni soy; no pretendo engañar pidiendo para Centro América un bello ideal en arreglos políticos, en materia de instituciones. Yo conozco las malas condiciones sociales de nuestros pueblos (8): yo sé que de improviso, en todo y por todo, no pueden pasar a la vida de la verdadera República. Quiero ser completamente franco: en ciertas situaciones excepcionales, en que han estado comprometidos todos los intereses particulares y públicos, yo he aconsejado el uso de la fuerza, y además he hecho uso de la fuerza. Pero pasar de la excepción, y de la justificada excepción, a convertir la fuerza en absoluto sistema, en paz o en guerra, día por día, hora por hora, momento por momento, con provocación o sin ella; pero decantar libertad y derechos, y mantener un régimen de terror inquisitorial bajo el que las sociedades viven temblando de espanto, arrodilladas; pero decantar desinterés y patriotismo, y convertir la administración en un mercado político, para la ruina de muchos, en beneficio de unos pocos; todo esto me parece condenable, porque es un horrible atentado al derecho, porque es una monstruosidad. Debe apelarse a la fuerza, cuando hay facultades discrecionales, para salvar a todo un pueblo de los horrores de la anarquía; pero cuando hay paz y existe una Constitución, cuando la sociedad sigue su marcha regular, liberales o conservadores, deben respetar la dignidad de los hombres, deben mantener la más estricta legalidad, deben procurar el arraigo y el ensanche de las instituciones libres, deben ser humanos, civilizados y generosos. Sólo a este precio puede hablarse, con decencia, de libertad y de derechos. Sólo así se puede vivir en el seno de la democracia: sólo así se puede ir en pos de la verdadera República. Si se quiere el terror por sistema, y los medros del mercantilismo político por recompensa, que al menos haya franqueza: los terroristas utilitarios ganarán más siendo francos. ¡Que no se profanen por más tiempo los sagrados nombres de libertad y patriotismo!

La vida de Valle significa trabajo, estudio, conocimientos, ciencia, virtudes privadas, virtudes cívicas, honradez, abnegación, patriotismo. Este libro resume, en compendio, la expresión de tan grandes méritos[44]. Cuanto en él se dice tal vez por hoy sea un eco perdido, un eco que no llegue a los oídos de la viciada cuanto infeliz generación presente; pero estoy seguro de que el eco de las palabras que consagro a Valle llegará a los oídos de la juventud que se levanta; y la juventud siempre buena, desinteresada y generosa, se inspirará en la vida y en las obras del sabio hondureño; y a la inmortalidad opondrá la honradez, y a la ruina opondrá la ciencia, y a la injusticia opondrá la rectitud, y a la mentira opondrá la verdad, y a la venalidad opondrá la probidad, y a la fuerza opondrá la ley, y, al terror, opondrá la siempre respetable y querida libertad.

La juventud centroamericana no debe olvidar que posee una de las más bellas e importantes regiones del mundo, y que tal posesión le da derecho a que esta porción privilegiada del globo sea un centro feliz de civilización. La juventud centroamericana, imitando las virtudes del sabio Valle, y siguiendo sus nobilísimas aspiraciones, debe desmentir el terrible aserto que nos lanzó a la cara Napoleón III. Napoleón decía: «Constantinopla y Centro América son las más interesantes y bellas porciones del globo; pero da lástima que estén en las peores manos, en las de los turcos y de los centroamericanos».

---

[44] La segunda edición de este libro, que haré en los Estados Unidos, saldrá muy aumentada. Haré en ella mérito de la correspondencia de Valle y de muchas de sus obras inéditas que no he tenido a la vista, y que hasta hace pocos días ha obtenido, por compra, el Gobierno de este país. También se corregirán muchos defectos de redacción y errores tipográficos, que ni siquiera he tenido tiempo de enmendar. Aunque he meditado detenidamente sobre el fondo de este libro, en cambio sus capítulos han ido a la imprenta en borradores, si se quiere, improvisados: y muchas veces, debido a mis diarias y múltiples ocupaciones, no he podido ni corregir las pruebas. Que la crítica tenga en cuenta esta legítima excusa.

¡Ay! Protestemos, abriendo campo a las ideas y siendo virtuosos y civilizados, contra aserto tan ignominioso. Sacudamos la especie de fatalismo asiático que nos abruma: somos americanos y nuestro destino es la consecución del derecho y del progreso. Demos vuelco a las tiranías de los hombres, y a las tiranías de nuestros tradicionales errores; modelemos nuestra vida por el gran modelo de nuestro ilustre sabio; trabajemos con fe y con amor en pro de las ideas; y así reivindicaremos nuestra honra, asegurando, en esta tierra querida, en esta tierra de nuestros recuerdos y de nuestras esperanzas, los sagrados fueros de la civilización y de la República.

VIDA Y OBRA DEL PADRE REYES

Transcurría el año de 1854. En una pequeña casa, situada al costado de la extinguida Iglesia de Nuestra Señora de la Concepción, comunicada con el templo por medio de la sacristía, se deslizaban risueños los días de mi infancia.

Los sábados me causaban grande alegría porque se celebraba en la vecina iglesia la misa de la Virgen. Al despuntar el alba, despertaba casi asustado por los bulliciosos repiques que convidaban a los fieles. En ese estado indeciso, intermedio de la vigilia y el sueño, recordaba que tenía un amigo cariñoso en la sacristía, y me encaminaba a verle, sin ocuparme en perseguir, como otras veces, a los gorriones que revoloteaban en torno de las flores de un hojoso limonero que ornaba el estrecho patio de mi humilde hogar. Todo lo dejaba, sin sentimiento, por encaminarme ligero y alegre a la sacristía, que una mano amiga me dejaba entreabierta.

En el umbral situaba mi observatorio, y, ansioso, a cada momento asomaba la cabeza, para ver a mi amigo. De ordinario, le veía arrodillado, inmóvil, ante la dulce imagen de la Virgen, que iluminada por la incierta luz de la mañana y por dos velas de amarillenta cera, se destacaba sobre una peana cubierta de rosas, de dalias, de nardos y de jazmines.

Largo rato permanecía en aquella actitud, con la vista enclavada en el suelo y absorto en fervorosa y purísima oración. Por fin, volvía los ojos, los fijaba con amor infinito en el rostro divino de la Virgen, y de allí, dirigía una mirada suplicante al azulado cielo, que se dejaba ver a través de una pequeña ventana, cuya madera envejecida mostraba la carcoma del tiempo.

Concluida la oración, aquel hombre piadoso se levantaba con profundo respeto. Entonces, yo asomaba nuevamente la cabeza y hacía ruido en la puerta, para que advirtiera mi presencia. Conocedor de mis pueriles ardides, volteaba a ver, y a mi sonrisa de niño correspondía con tierna sonrisa paternal.

Me llamaba con un ligero movimiento de mano, que a mí me parecía, aunque no formulaba la idea, cariñoso aleteo del ave que llama a su polluelo. Yo acudía, saltando, y él me apretaba la cabeza entre sus manos, y me hacía caricias, que me agradaban mucho más, cuando, al despedirme, me daba golpecitos en la cara y me regalaba nardos y claveles, que me decía eran "flores de la Virgen", y por añadidura, algunos centavos para mis juguetes.

Días serenos de mi infancia: ¿por qué se fueron tan presto? Amigo de mis primeros años: ¿por qué no existe, para que el hombre, abrumado por desengaños y pesares, te muestre el afecto que te mostraba el inocente niño?

Jamás olvidaré la imagen de aquel hombre venerable. A través de las espesas brumas del tiempo, yo la conservo grabada en mi alma. Era un sacerdote de mediana estatura: su cuerpo robusto y la morbidez y suaves contornos de sus formas revelaban, a la simple vista, la virginidad de su organismo y de su alma: su cabeza, casi siempre inclinada, tal vez por el peso agobiador de las ideas, era grande, bien formada, cabeza escultural: su frente no era espaciosa, pero sus marcadas protuberancias decían, al hombre de ciencia, que era la frente de un pensador: sus cejas eran pobladísimas y, debido a una perenne contracción nerviosa del entrecejo, aparecían como una prolongada línea negra, interrumpida por pequeñísimos copos de esa nieve del invierno de la vida que se llama las canas: sus ojos eran algo saltones, como si quisieran estar listos para recoger mucha luz; carecían de belleza, en la forma, pero su dulce mirada hacía transparente el fondo de la infinita ternura que encerraba su alma: su nariz era irregular, modelada por el tipo de la raza mestiza: sus labios eran gruesos y salientes, particularmente el labio inferior; de una a otra comisura, se notaban, en raro contraste, las líneas de la boca de Voltaire, el filósofo demoledor, con las líneas de la boca de Juan, el piadoso evangelista; ora jugueteaba en sus labios la picante sonrisa del epigrama, ora la dulce sonrisa expresiva de la mansedumbre, de la benevolencia cristiana para todos sus hermanos los hombres. Tales facciones resaltaban en el fondo de su color trigueño, palidecido por las vigilias del estudio y por las meditaciones y los éxtasis de la oración.

El hombre que he procurado describir, evocando lejanas y caras memorias de mi corazón; el hombre a quien oía llamar siempre, por los niños y por los pobres, "Padre mío", y a quien yo daba el nombre de amigo o de padre, porque creía, y con razón, que era el verdadero amigo o padre de todas las buenas gentes; el hombre que llegó a ejercer grande y benéfica influencia en la familia, en la sociedad, en el Estado, —¿qué nombre tuvo? ¿cuál fue su historia?—. Su nombre, JOSÉ TRINIDAD REYES. Su historia —la de su vida, su genio y sus obras —, aunque a grandes rasgos, voy a contárselas.

El día 11 de junio de 1797, nació en esta ciudad José Trinidad Reyes(*), hijo de Felipe Santiago Reyes, honrado profesor de música, y de María Francisca Sevilla, instruida y talentosa Señora, de quien dicen sus contemporáneos que no se podía discernir si valía más por sus muchas virtudes, o por la solidez y brillo de su grande inteligencia.

(*). He aquí su partida de bautismo: "En la Iglesia Parroquial del Señor San Miguel de Tegucigalpa, el día 14 de junio de mil setecientos noventa y siete, el reverendo padre fray Nicolás Hermosilla, previa licencia mía, bautizó solemnemente a un niño que nació el día 11 del mismo, a quien puso por nombre José Trinidad, hijo legítimo y de legítimo matrimonio de Felipe Santiago Reyes y de María Francisca Sevilla. Fue su madrina doña María Josefa Arau Renechea, quien quedó advertida de su obligación y espiritual parentesco, y firmé: —Juan Francisco Márquez".

Reyes no vino al mundo en brazos de la fortuna. Estaba destinado a sobrellevar el peso de contratiempos, de pobrezas y aun de miserias, pues los autores de sus días carecían de un nombre ilustre y de un rico patrimonio. Pero la naturaleza providente, que nada olvida, le dio, en compensación, las aptitudes musicales de su padre y la bondad y los talentos de su virtuosa madre. ¿Qué más patrimonio?

Poseía, al nacer, valiosos bienes que no arrebatan las malas voluntades de los hombres ni los caprichos de la voluble suerte: bienes que van a donde va nuestro espíritu, y que desaparecen hasta que se pierden cerca de los lindes del sepulcro, cuando también se pierde el último aliento de la vida.

Los primeros años de Reyes corrieron en humilde y apartado hogar, como pasa la infancia de los hijos de los pobres. Para él no había la solicitud cariñosa ni las exquisitas atenciones de la sociedad, que prodiga elogios, obsequios y mimos al hijo del poderoso; para él no había bonitos y variados vestidos, ni numerosos y lindos juguetes; pero se indemnizaba, de todo esto, con las caricias constantes de sus padres, que son los presentes que los pobres ofrecen a sus hijos, como para compensarles, a fuerza de ternura, los halagos que les niega la esquiva fortuna.

Cuando hubo llegado a la edad de recibir la instrucción rudimental, primer alimento del alma, sus padres atendieron con empeño a este objeto. Tomaron, para sí, el cargo de instruirle en la moral y en el arte de la música, y, a la vez, les confiaron a las señoritas Gómez, —por antonomasia llamadas "las maestras"—, quienes le enseñaron la lectura y la doctrina cristiana. Tal era la enseñanza primaria de la época.

Felices fueron los ensayos del niño, en orden a su instrucción primaria. Dócil, aplicado, inteligentísimo, aprendió, en breve, todo lo que había que aprender en la pequeña esfera de la escuela de aquellos tiempos. Desde temprano, el pobre niño hizo la revelación de que en su alma estaba encerrado, como el polen fecundante en el botón de la flor, el germen de un gran porvenir.

Instruido en la modesta escuela de las maestras Gómez, Reyes divisó, aunque en vaga lontananza, nuevos y dilatados horizontes. Aspiraba a una instrucción superior, al comercio de la inteligencia con los productores y propagadores de las luces del saber. Por desgracia, imperaban, a la sazón, en Honduras, las viejas instituciones coloniales con sus desigualdades y privilegios, sostenidos por la autoridad de monarcas absolutos que lo eran por derecho divino.

Reyes, el niño desvalido, quería, con afán, aprender la sabia lengua latina; y, sin embargo, ¡no le era dado poseer la lengua del Lacio! ¿Por falta de recursos? No. ¿Por falta de maestros? Menos. ¿Por falta de aptitudes? Mucho menos. ¿Por qué, entonces? Porque lo prohibían las leyes y las costumbres de aquellos tiempos; porque Reyes no se había mecido en cuna dorada; porque Reyes carecía de viejos pergaminos; en una palabra, ¡porque Reyes no era noble! Sólo a los hijos de los nobles era permitido instruirse en ciencias y letras, en el Colegio Tridentino de la ciudad de Comayagua, asiento de la Gobernación de la Provincia. ¡Funesta influencia la de aquellas instituciones, que, con su manto de tinieblas envolvían el espíritu de los hijos del pueblo, para que no brillase la luz de sus ingenios! La justiciera historia se ha encargado ya de condenar tamaño crimen.

Está reservado siempre al carácter y al genio vencer las resistencias, por formidables que se les opongan. Reyes tenía ambas dotes; perseveró en su propósito, con aquella fe suya, candorosa y jamás entibiada, que había de asegurarle el éxito en las rudas batallas de la vida; y hubo la feliz circunstancia de que, por aquel tiempo, 1812, permaneciese en el convento de Nuestra Señora de las Mercedes el Reverendo Padre Fray Juan Altamirano, quien, cediendo a sus generosos sentimientos, y a despecho de las preocupaciones reinantes, enseñó a Reyes el idioma latino. Más tarde, el discípulo pagó a su maestro la deuda de gratitud que había contraído, dedicando a su memoria sentidos versos, ¡flores y lágrimas del poeta agradecido, flores y lágrimas regadas sobre la tumba de su bienhechor inolvidable!

En parte, estaban satisfechas las aspiraciones del joven Reyes. Conocía el idioma latino y el arte de la música, y conocía, además, el arte del dibujo, que aprendiera bajo la dirección de don Rafael U. Martínez, pintor guatemalteco que vino a Tegucigalpa a ejecutar algunas obras. Pero nuevos tropiezos encontraron en su penosa carrera.

En su país no podía dedicarse a estudios profesionales; y contaba ya diez y ocho años, edad en que se aspira noblemente a alcanzar un puesto honroso en el mundo; edad, también, en que se atesoran las más grandes esperanzas y las más caras ilusiones.

Para abrirse paso en el camino de las letras, y en lucha con mil dificultades que le ofrecía la pobreza, convino con sus padres en dirigirse a la Provincia de Nicaragua, a fin de hacer sus estudios superiores en la Universidad de León; que por entonces florecía. El 20 de enero de 1815, Reyes, bajo la guarda de un buen labrador del barrio de La Plazuela, llamado Miguel Álvarez, y acompañado de los devotos que iban en romería al pueblo de El Viejo, se encaminó a la vecina provincia nicaragüense. Reyes era el pobre peregrino, que iba, a otro suelo, a ofrecer sus votos en el santuario de la ciencia: sus acompañantes eran peregrinos, también, que iban a ofrecer a la Virgen del Viejo, los votos de su fe religiosa. Impulsaba a Reyes la idea; a sus compañeros el místico sentimiento. Así viaja la humanidad, por los mismos caminos, pero con fines distintos. ¡Más dichosos, siempre, aquellos que peregrinan, en la vida, llevando muchos ideales en la mente, o mucho amor en el corazón!

A los pocos días, el joven estudiante, aquejado, más que por el cansancio, por los dolores de la ausencia del hogar paterno y de la tierra nativa, llegó a la populosa ciudad de León. Se hospedó en casa de don José María Guerrero, padre del virtuoso presbítero e instruido doctor del mismo nombre, donde fue recibido como uno de la familia.

La austeridad de su vida, la dulzura de su carácter, la distinción de sus modales, su versación en las artes y su aptitud para las ciencias, le abrieron, de pronto, las puertas de la hospitalaria sociedad leonesa, y le captaron el aprecio sincero de las personas más distinguidas, entre las que figuraba fray Nicolás García y Jerez, a la sazón Obispo de Nicaragua.

La actividad y la atención de Reyes estaban dedicadas al estudio. Perfeccionaba sus conocimientos en el castellano y el latín, cursaba filosofía, después cánones y teología, y al mismo tiempo estudiaba matemáticas, para lo cual iba, diariamente, al Cuartel de Artillería, a recibir lecciones de don Manuel Dávila, acreditado artillero que, más tarde, trajo al país el general Morazán, y quien, con su valor y pericia, contribuyó al buen éxito de la famosa batalla de La Trinidad, librada en 1827.

Las pocas horas que podía robar al estudio, las empleaba en ayudar, en la Catedral y otras iglesias, al señor guerrero, en sus oficios de maestro de capilla. Así cultivaba, cada vez más, el arte musical, y hallaba un recurso para satisfacer sus necesidades, y para auxiliar, en lo posible, a sus padres, necesitados de los recuerdos y del apoyo del hijo ausente.

En la Catedral de León —en aquel templo católico de sólida y deforme fábrica, de sombrías y espaciosas naves, de elevada y anchurosa cúpula, de cuadradas y ennegrecidas torres y de severo aspecto— ahí el joven Reyes, contemplando las nubes de oloroso incienso, que se elevaban y se desvanecían y se perdían en el azulado cielo; viendo los amarillentos cirios de que partían múltiples rayos de luz, que se descomponían en los vidrios de las altas ventanas o se quebraban en las columnas de las arqueadas naves, yendo a morir, con sus últimos reflejos, en las pupilas de los ángeles, al parecer animados y sonrientes sobre sus pedestales de perfumadas flores; oyendo las notas del órgano que, ya graves y solemnes, ya tiernas y dulcísimas, semejan voces, ayes del misticismo, lamentos y quejas de una religión que pide a lo alto luz para la tenebrosa conciencia, y paz y consuelo para el triste y lacerado corazón; ahí Reyes, con la sed de lo infinito, con las visiones extraordinarias de lo sublime, arrebatada su mente por el ideal divino, inflamado su corazón por el amor inmenso, envuelta toda su alma en mística atmósfera..., ahí apartó los ojos de las miserias de la tierra, los volvió al cielo; se olvidó de las inestables glorias de la vida, y se abismó tan sólo en la eternidad de Dios; y quiso ser el ungido del Señor, quiso ser Sacerdote.

Reyes tenía resuelta su vocación. Después de obtener brillantemente, con las calificaciones más honrosas, los títulos de Bachiller en Filosofía, Teología y Derecho Canónico, pensó en poner los medios de seguir y terminar su carrera eclesiástica. Iba a ordenarse, a ver cumplidos los mandatos de su vocación. Pidió sus letras al prelado de esta Diócesis, que lo era, en calidad de Vicario y Provisor, el señor deán don Juan Miguel Fiallos. El noble deán rehusó al humilde Reyes sus letras, por el motivo, entonces muy poderoso, de que pertenecía a la clase de los plebeyos. ¡Qué decepción tan amarga para el pobre pretendiente! Era a manera del viajero fatigado que, después de atravesar un desierto de encendidas arenas, rinde al fin la jornada, con los pies manando sangre y los labios abrasados por la sed, y que, como el Nazareno, no encuentra ni en donde reclinar la desmayada cabeza. No obstante, Reyes no exhaló una sola queja. Resignado, dobló la cerviz ante la adversidad, y, grande en su desgracia, se limitó a escribir a sus afligidos padres, diciéndoles: "Si Dios me llama al sacerdocio, no habrá quien se lo impida". Confió y esperó.

En trance tan difícil, en situación tan dolorosa, fray Ramón Rojas, guardián del Convento de Recoletos, de quien se dice que murió en olor de santidad, vino en ayuda de Reyes, que, aunque resignado, estaba profundamente entristecido por la negativa del deán Fiallos. Rojas aceptó al pretendiente, como novicio, en el Convento, quien logró ordenarse de menores el año de 1819, de Subdiácono el de 21, y, hecha profesión religiosa, diácono y presbítero el de 22, recibiendo las sagradas órdenes de manos del obispo García Jerez. Nicaragua reparó la falta de Honduras. Reyes satisfizo sus aspiraciones supremas; pero al hacerlo, fue con dejación del siglo y de su Patria, necesitada ésta de sus luces, de su genio emprendedor y de sus edificantes virtudes.

La destructora y horrible anarquía que se desencadenó en el Estado de Nicaragua en el año de 1824, a la que puso término en 1825 el general don Manuel José Arce, Presidente de Centroamérica, obligó a Reyes y a sus compañeros, los religiosos, a emigrar a Guatemala, para incorporarse a la Comunidad de su Orden, en el Convento magnífico de Recoletos de aquella hermosa y querida capital, donde, en el citado año de 25, fueron recibidos con la benevolencia propia del hogar hospitalario y de la fraternidad cristiana. En el Convento de sus hermanos, Reyes, después de cumplir, con escrupulosidad ejemplar, sus deberes monásticos, dedicaba todo su tiempo sobrante al cultivo de las ciencias y de las artes.

En la Biblioteca de los Recoletos leía y releía las obras de los teólogos y canonistas, de los historiadores y oradores sagrados, de los filósofos, de los físicos, de los astrónomos y de los humanistas latinos, franceses y españoles; y, si daba esparcimientos a su ánimo paseándose por los amplios corredores de los claustros o por las ricas y umbrosas huertas del Convento, lo hacía, casi siempre, observando fenómenos celestes, como astrónomo, fenómenos meteorológicos, como físico y fenómenos de la vegetación y de la florescencia, como naturalista. Además, depuraba su gusto en el arte musical y en el pictórico, tan propios del genio eminentemente artístico del pueblo de Guatemala.

En principios de 1828, pidió licencia al padre guardián para regresar a su país nativo, con el objeto de ver a su familia. Es fama que el guardián era severísimo, y aún adusto, y que inspiraba temor a los individuos de la comunidad; sin embargo, de buen grado y con muestras de cariño, concedió a Reyes una licencia de tres años. ¡Hora feliz para Tegucigalpa! ¡Días de bendición para Honduras! —dice, con justicia, el señor Jirón, en sus apuntamientos relativos a la vida de Reyes.[45]

Fray José Trinidad salió de Guatemala y tomó la vía de Chiquimula; se detuvo en Esquipulas para visitar al Señor de dicho pueblo, tan reverenciado por los creyentes, de dentro y fuera de Centroamérica, por sus estupendos milagros. Dice el Señor Jirón: que, habiendo salido Reyes a la puerta de su posada, para ver pasar una tropa que entró inusitadamente, quedó ciego en el acto, y exclamó: "¿Será posible, Señor, que aquí, donde tantos han venido a recobrar la vista, pierda yo la mía?"; que, para su recobro, el enfermo ofreció al Señor una misa en acción de gracia: que lo llevaron ciego al lecho, en donde las señoras de la casa le pusieron unos "parchos de vigo y un paño sahumado en alhucema"; y que, al otro día, al despertar, vio perfectamente y se dirigió gozoso a cumplir el voto de la misa ante el altar del Señor de Esquipulas.

Sin otro accidente digno de notarse, siguió el padre recoleto su largo camino; llegó a la ciudad de Gracias a Dios, antiguo asiento de la Audiencia de los Confines, en donde fue recibido y agasajado por el Presbítero don Francisco Pineda, quien le hizo acompañar hasta el punto de su destino.

Al fin, en la tarde del día 13 de Julio del citado año, llegó a la vecina Villa de Concepción o Comayagüela, y allí se detuvo, transitoriamente, hospedándose en la casa cural, debido a algunos disturbios locales; pero, conocida su llegada, que había efectuado como de incógnito, fueron a verle su familia y los vecinos de la ciudad. Ocurrió, entonces, un cuadro verdaderamente conmovedor: la

---

[45] Los apuntamientos citados, que están en mi poder, los hizo el virtuoso presbítero don Yanuario Jirón, excura de Tegucigalpa. Tuvo la bondad de obsequiármelos, y de ellos he tomado gran parte de los datos que contiene esta lectura. El Señor Jirón trató en la intimidad al señor Reyes, a su familia, a sus amigos y a sus adversarios: conoció los pormenores de su vida y fue su colaborador en la obra de fundar la Academia, después Universidad de Honduras. Reciba el buen amigo, el sacerdote instruido, que es honra y prez del clero hondureño, el testimonio de mi gratitud por su valioso trabajo; y tenga por recompensa, la única que puedo darle, aunque mucho merece, el asociar su dignísimo nombre al nombre esclarecido de su antiguo y venerado amigo, el doctor Reyes.

madre, olvidando por un momento la dignidad materna, sólo pensó en la santidad del sacerdote, y, derramando lágrimas de alegría, se arrodilló ante su hijo para pedirle su bendición; después le abrazó tiernamente, una y muchas veces.

Esto me recuerda la escena bíblica en que Jacob oprime entre sus brazos a José, después de muchos años de llorarlo muerto. ¡Qué bellas escenas, para ser trasladadas al lienzo por el pincel de un artista!

Pública ya la llegada de Reyes, los individuos de todas clases sociales acudieron alborozados a la casa cural, para darle la bienvenida. Su familia le buscó hospedaje en el Convento de Franciscanos; pero los frailes presentaron dificultades para recibir a tan distinguido huésped. El día 14, siguiente al de su llegada, después de celebrar misa en la Iglesia de Comayagüela, acompañado de sus parientes y amigos, y con la humildad del romero, entró a pie a esta ciudad, y fue a instalarse en el desocupado Convento de Nuestra Señora de las Mercedes, que había de ser, hasta su muerte, su habitual vivienda. Aquel recoleto, que hacía su entrada apoyada en su bordón de peregrino y sin más equipaje que un hábito de estameña y unas empolvadas sandalias, traía en su corazón un gran tesoro de virtudes, y en su inteligencia la viva luz que haría visibles, para los hondureños, nuevos y hermosos horizontes.

Los tiempos en que el Padre Reyes regresó a su Patria fueron verdaderamente borrascosos. Acababa de pasar la funesta invasión de Honduras efectuada el año de 27, y, entre conmociones y hechos de armas, se preparaba, como consecuencia, la gran revolución del año de 29, que cambió por completo la faz de Centroamérica. La falta de paz y de bonanza imposibilitó a Reyes para hacer, desde luego, a Honduras, los beneficios que más tarde le prodigó a manos llenas. El año del 31 debía expirar su licencia, y tendría, entonces, que regresar al Convento, para no volver jamás a su nativo pueblo. Mas la revolución del 29 echó por tierra los institutos monacales, y Reyes, en fuerza de nuevos decretos, quedó secularizado y en capacidad de servir toda su vida a su país. ¡Qué aspectos tan diversos y aun opuestos tienen los sucesos revolucionarios! Lo que fue una gran desgracia para las comunidades religiosas, fue una gran fortuna para Honduras. Valiéndome de las palabras expresivas del Evangelio, Reyes había estado bajo el celemin, oculto, pero salió a la luz del siglo, florecieron y fructificaron, al calor de la Patria, sus talentos y virtudes, e hizo inapreciables bienes a sus conciudadanos. En el resto del año de 28 y en los de 29, 30 y 31, dadas las circunstancias anormales del país, Reyes se concretó, casi únicamente, al servicio del culto, al que empezó a dar muchos atractivos con sus pláticas y sermones, que siguió pronunciando durante 24 años, y con sus villancicos, cuya música componía, y que eran oídos por numeroso concurso en las alegres fiestas de la pascua y en las de Natividad de María. En sus pláticas y sermones, más se ocupaba en dar enseñanzas morales, que en hacer panegíricos de santos y disertaciones sobre abstrusos temas teológicos. Como hombre ilustrado, no aterrorizaba al pueblo con las llamas del infierno; más bien le mostraba el cielo, y, para llegar a él, la escala mística que proporcionan la verdad conocida y la virtud sentida y practicada. Sus oraciones sagradas   —perdidas, casi por completo— me hacen recordar los buenos tiempos del padre Lacordaire y del padre Jacinto, no por la magnificencia de la oratoria, de que Reyes carecía, relativamente, sino por sus altas y trascendentales enseñanzas morales.

En el año de 1830, empezó a tomar alguna parte en asuntos políticos relacionados con los intereses de la Iglesia. El presbítero don Francisco Márquez era hombre de grande influencia política en el Estado, y amaba, con uno de esos amores ardientes y avasalladores que no reconocen obstáculos a Carmen Lozano, dama muy principal de esta ciudad. Quería unir, eternamente, su suerte a la suya, y, prevalido de su posición, de sus valiosas relaciones y de su carácter de diputado, el 27 de mayo del expresado año de 30, obtuvo del Congreso, que se reunía en la Casa de Moneda, un decreto autorizando el matrimonio de los eclesiásticos seculares: decreto rechazado por los clérigos diputados al Congreso y por la mayoría de la gente sensata. Reyes, por medio de su padre, don Felipe Santiago, que era diputado, opuso al decreto un razonado y convincente dictamen. Y sobrados motivos había para ello. El decreto tenía por origen el interés amoroso de un sacerdote, y no la opinión pública; además, fue, en todo sentido, una ley absurda. Se comprende que los clérigos se casen civilmente, cuando, separada la Iglesia del Estado, la ley los autoriza para ello y reconoce los efectos legales de su matrimonio. Pero, establecer el matrimonio de los clérigos in facie ecclesiae (En presencia de la congregación. Expresión latina que se usa hablando del santo sacramento del matrimonio católico cuando es público y con las ceremonias establecidas), conforme a los cánones, cuando éstos declaran nulo dicho acto matrimonial, es incurrir en un contra sentido en que sólo pueden caer legisladores desprovistos de las más elementales ideas sobre derecho público civil y eclesiástico.

No obstante, el decreto se llevó a efecto. fray Luis Vega, cura de esta parroquia, contrajo matrimonio con la señorita Eleuteria Espinosa, y el cura de Comayagüela, don Joaquín Molina, con la señorita Nicanor Cantón. Sólo el pobre amartelado padre Márquez no pudo casarse, porque la señora de sus tiernos pensamientos rehusó con obstinación las bodas, y, desesperado y suspenso, como sus compañeros, se retiró al pintoresco pueblo de Güinope, en donde vivió, lleno de infinita tristeza, y en donde sólo con la muerte pudo dar término a la cruel memoria de sus desgraciados amores[46].

Efectuado el matrimonio del cura Fray Luis Vega, el presbítero don Nicolás Irías, que como provisor y vicario general gobernaba esta Diócesis, nombró al padre Reyes Cura de Tegucigalpa, a pedimento de las señoras principales de la ciudad, representadas por la talentosa doña Josefa Cocaña y por doña Dolores y doña Petronila Midence. Mas Reyes, siempre humilde, renunció la cura de almas, e influyó para que recayese el nombramiento en el presbítero José Trinidad Estrada, que ejerció el cargo cerca de cincuenta años, y a quien acompañó, en calidad de coadjutor, haciendo los penosos oficios de confesor y los difíciles de orador en la cátedra sagrada[47].

---

[46] Por ser un dato interesante para la historia, reproduzco el decreto a que me refiero en este texto. "La Asamblea Legislativa del Estado de Honduras, teniendo en consideración que el matrimonio produce a la sociedad bienes de que no ha debido privársele por ningún motivo; consultando con las luces del día, y en uso de sus soberanas facultades, ha tenido a bien decretar y DECRETA: Artículo 1: —Los eclesiásticos, seculares del Estado, pueden contraer matrimonio, libremente, lo mismo que todo ciudadano. —Pase al Consejo. —Dado en Tegucigalpa, a 27 de mayo de 1830. —Francisco Márquez, D.P. —Trinidad Estrada, D.S. —Hipólito Flores, D.S. —Tomo 83, página 93 y 94. —Archivo Nacional.

[47] La conducta de Reyes, como coadjutor, me hace recordar las siguientes sentidas frases de un célebre escritor europeo: "¡Qué bellas funciones las de un Cura!... Él es un ministro de bondad... ¡Qué dichoso

Por doquiera se le veía, como ayudante del cura, alegre y festivo, ejerciendo su ministerio, tan solícito en interés de los ricos como de los pobres. Como hombre de arreglo, llevaba la cuenta de sus entradas y salidas. En sus muchos años de trabajo, hasta el 43, ingresó a la gaveta de su mesa la suma de $50.000; y, sin contar los ingresos de 12 años más y el valor de los muchos obsequios que recibía; a su muerte, sólo dejó sus modestos muebles a su familia, y a la iglesia de la Concepción, que había adquirido por una capellanía fundada por uno de sus mayores, la legó en beneficio público. No atesoraba; sostenía el culto a sus expensas, y los pobres formaban parte de su numerosa familia. Reyes era el tipo perfecto del sacerdote evangélico.

Reyes no sólo era el verdadero padre de los necesitados, sino, también, el prudente consejero de las familias, cuya paz restablecía o afirmaba. Además, como hombre ilustrado, se oponía, siempre, a las falsas ideas y preocupaciones del pueblo, hijas de la ignorancia y del fanatismo. No fanatizaba; moralizaba e ilustraba. De esta conducta dio pruebas, evidentes y repetidas, aun, en los momentos de pública tribulación. El 20 de enero de 1835, llamado vulgarmente el año del polvo, ocurrió que, de repente, se oscureciera el sol, se sintieran horribles sacudimientos de tierra, ya de oscilación, ya de trepidación, y se oyeran retumbos prolongados y pavorosos, que semejaban truenos ensordecedores de una tempestad deshecha.

La luz se extinguió, por completo, a causa de una abundante lluvia de polvo que caía sin cesar al grado de que, para verse las personas, de cerca, se acudía a hachones de ocote, o velas que pronto se apagaban. El pueblo, consternado, sintió los terrores del siglo X: creyó llegado el juicio final, y hombres y mujeres, ancianos, adultos y niños, a voz en cuello, hacían pública y general confesión de sus

---

fuera yo en un pobre curato, haciendo la dicha de mis parroquianos!... No los haría ricos; pero participaría de su pobreza, y le quitaría a ésta el deshonor y el desprecio que la acompañan... Les haría amar la concordia y la igualdad, con que se evita o se hace llevadera la miseria... En mis instrucciones, yo me atendría menos al espíritu dogmático que al espíritu del Evangelio, en donde la doctrina es simple y la moral sublime, y en donde se ven pocas prácticas religiosas y muchas obras de caridad. Antes de enseñarles lo que se debe hacer, yo me pondría a practicarlo, y verían que cuanto yo les digo yo lo pienso".

culpas. Así lo creían, también, los sacerdotes, que oían, en desorden, a sus aterrados penitentes. Pero Reyes, sacerdote que sabía física y geología, logró devolver al pueblo la calma, impidiendo las generales y públicas confesiones. A todos decía: "No os aflijáis, ni deis escándalos; no es el día del juicio; un volcán cercano ha hecho erupción; el peligro ha pasado, y el polvo dejará de caer dentro de poco tiempo". Reyes era un oráculo para su pueblo, y éste, creyéndole, dejó de creer en el juicio final y de decir a gritos sus pecados. A poco se confirmó, por los hechos, el dictamen del hombre de ciencia. El polvo fue disminuyendo, una pálida luz fue alumbrando, y a los tres días el sol apareció en todo su esplendor. Después se supo que había hecho erupción el volcán de Cosigüina, en la costa del Pacífico del Estado de Nicaragua, limítrofe del de Honduras. ¡Cuánto afligen la ignorancia y el fanatismo religioso! ¡Cuánta consuela y fortalece la ciencia!

Incansable en sus labores, ya en beneficio del culto, ya de la sociedad, en el citado año de 35 reedificó la capilla del templo de La Merced, y después las de los templos de San Francisco y de El Calvario. Ayudó eficazmente, al señor don Antonio Tranquilino de la Rosa, en la obra importante de reparar nuestra hermosa Iglesia Parroquial, que estaba en ruinas, a causa de los sacudimientos de tierra de 1809: prestó, asimismo, su ayuda, al señor Rosa, en la construcción que éste hizo, por su cuenta, del antiguo cementerio de esta ciudad: también edificó los pequeños templos de Las Casitas, de Soroguara y de Suyapa, famosa esta última, para los creyentes, por su diminuta y milagrosa Virgen; y, por fin, hizo esfuerzos, aunque malogrados, para construir el hospital de esta ciudad, cuyos cimientos quedaron hechos cerca de la Iglesia de El Calvario. Por doquiera hay, ciertamente, recuerdos del padre Reyes: en nombre de la fe, se le recuerda, por la exaltación que dio al culto; en nombre de la razón, por sus obras en pro del bien público, y de los derechos y fueros de la humanidad.

En febrero de 1837, hubo grandes fiestas en Tegucigalpa, con motivo de la restauración de la iglesia parroquial: Reyes, que era el alma de los regocijos públicos, estuvo a grande altura. Pronunció el sermón panegírico de la dedicación del templo, y, haciendo el encomio de la suntuosidad de la obra y de la munificencia de sus promotores, exclamaba elocuentemente: ¡Videte quales lápides, videte quales homines![48]

El orador sagrado, que era también filarmónico compositor, dio para su estreno, en la solemne festividad de dedicación, su afamada misa de "El Tancredo". Tanta alegría, como acontece en la vida, tuvo una compensación dolores y desventuras. El cólera asiático estaba en acecho, y, no obstante las medidas sanitarias tomadas por la municipalidad, en septiembre del mismo año hizo su invasión la terrible de epidemia. ¡Por todas partes consternación y duelo! Tegucigalpa perdió a sus hijos más benéficos, entre ellos, al señor don Antonio Tranquilino de la Rosa y a su hijo don León. También el padre Reyes fue atacado del cólera; pero logró salvarse, después de estar entre la vida y la muerte. ¡Dichosa salvación la del hombre ilustre que, años después, debía fundar el primer establecimiento literario de la República! La Archidiócesis de Guatemala había quedado sin Arzobispo en 1829, por el echamiento, de la tierra, de fray Ramón Casaus y Torres: en El Salvador, había corrido mal viento el obispado establecido revolucionariamente por el memorable padre Delgado, que se puso la mitra entre acerbas contestaciones canónicas y trascendentales disturbios públicos; y en Honduras, desde la muerte de fray Vicente Navas, o de don Manuel Julián Rodríguez (1810), según el cronista Juarros, hubo sede vacante.

Casi vencida la revolución liberal del general don Francisco Morazán, se atendió al restablecimiento o colocación de los príncipes de la Iglesia. Por medio del presbítero don Jorge Viteri y Ungo, que fue en misión a Roma, se hizo, en 1840, el arreglo, que sigue: Fueron nombrados: arzobispo auxiliar de Guatemala, el doctor don Francisco de Paula García Peláez; primer obispo del Salvador, el comisionado señor Viteri, y obispo de Honduras, el Padre Reyes.

"La noticia se comunicó a esta ciudad —dice el Señor Jirón, con esa sencillez y naturalidad propias del buen cronista— y causó extraordinario regocijo, y se celebró con repique general de campanas, y con alegre música que se llevó a casa del preconizado obispo, presidida la concurrencia por el señor cura Estrada, que, con mucha razón, se mostraba sumamente satisfecho. Mas, en medio de

---

[48] Mira qué piedras, mira qué hombres.

tan justa alegría, sólo el padre Reyes estaba triste, y temblaba, en presencia de la alta dignidad que se le anunciaba, y pedía a Dios lo librara de ella".

Para la efectividad del obispado, se necesitaba de la consagración, que ofrece, a veces, grandes dilatorias; e interpretando las ideas del señor Jirón, Dios, valiéndose del general Francisco Ferrera, presidente del Estado, que llevaba entre ojos a Reyes por sus ideas independientes, y de la camarilla que a aquel aconsejaba, hizo llegar al Vaticano la falsa noticia de que Reyes había muerto. El Papa Gregorio XVI, creyendo cierta la noticia, y en vista de la nueva terna que le remitió el Gobierno de Honduras en uso del derecho de patronato, nombró obispo de la diócesis al presbítero don Francisco de Paula Campoy y Pérez, quien fue consagrado en Guatemala el año de 1845 (*).

(*). "Tenía, entonces, 47 años, y era natural de Cartagena de Levante en España. Vino a América en calidad de familiar del señor García Xerez, obispo de Nicaragua. El año de 25, fue preciso hacer salir de Nicaragua, para tranquilizar el país, al obispo Xerez, y traerla a Guatemala. Xerez y Campoy se alojaron en el Convento de los frailes de Santo Domingo. Muerto el obispo de Nicaragua, Campoy se dirigió a Honduras y sirvió el curato de Los Llanos de Gracias. Era Vicario, en Sede Vacante, el célebre canónigo Irías. A la muerte de Irías, Campoy apareció como provisor y gobernador del obispado de Honduras. El título de Campoy era un nombramiento que en él hizo el expresado señor Irías.

No había cabildo en Comayagua, y Campoy tuvo que dirigirse al cabildo metropolitano, el cual aprobó su nombramiento. El Señor Campoy no se creía seguro aún, y solicitó la aprobación de fray Ramón Casaus y Torres, obispo de Rosén y Arzobispo de Guatemala, quien se hallaba en La Habana. El cabildo metropolitano y el arzobispo Casaus quedaron muy complacidos de la conducta del señor Campoy, lo que le valió muy buenas recomendaciones para el obispado de Honduras".

En ese año de 1945 regresó a Comayagua, en donde se hallaba Reyes en calidad de detenido por orden del general Ferrera. Este mulato de hierro, este sacristán sublime por su valor, que se había educado en casa de Reyes, no sólo le arrebató la mitra, como se ha visto, juzgándole enemigo de su política, sino que, además, le sometió a vejámenes y duras represiones. Y nada más injusto que tales procedimientos. Reyes, con su genial franqueza, reprobaba enérgicamente los malos actos del Gobierno, así como aplaudía los que le parecían buenos. Esta franqueza fue su crimen, y el origen de enemistades que le causaron grandes sinsabores, y de persecuciones que sufrió con la conformidad que inspira una conciencia recta y tranquila.

Tanto en 1845, en Comayagua, como en 1846, en esta ciudad, trató al señor Campoy con muestras de profundo respeto y de sincero cariño. No guardó rencor a sus enemigos, que inventaron la noticia de su muerte para privarle del obispado; y por tal beneficio del cielo, que así lo estimaba, cantó, en acción de gracias, una misa solemne en la iglesia de La Merced. Desde entonces, no volvió a hablar de incidente tan vergonzoso, que exhibe los ruines manejos de nuestra política; y se cuenta que sólo una vez, en el año 51, en que hizo una visita en León de Nicaragua al señor obispo Jorge Viteri, emigrado de El Salvador, recordó el suceso, con motivo de mostrarle Viteri el retrato de Gregorio XVI, diciéndole: "Conozca usted al Papa que le hizo Obispo de Honduras". La verdadera grandeza está en olvidar las ofensas. Elevarse sobre la envidia y miserias humanas es la mayor de las elevaciones.

Llega el momento de referirme a una de las labores más costosas y trascendentales de Reyes, cuyo solo mérito bastaría para inmortalizar su memoria. Poco tiempo después de su regreso de Guatemala, en las horas que le quedaban libres, y que bien hubieran podido ser de justo vagar, se dedicaba a instruir en ciencias y letras a los jóvenes que mostraban deseos de aprender. Fueron sus primeros discípulos don Yanuario Jirón, don Agapito Fiallos, don Máximo Soto, don Alejandro Flores, don Lorenzo Motiño y don Leandro Carías. Ya instruidos sus discípulos, como no había Universidad en Honduras para obtener títulos académicos o profesionales, se dirigieron en su mayor parte a la ciudad de León de Nicaragua, a fin de terminar sus respectivas carreras. Bien pronto alcanzaron con notable lucimiento sus primeros diplomas áulicos, debidos a la enseñanza que les había dado su generoso maestro. Pero he aquí que, en 1844, el general salvadoreño Francisco Malespín llevó una guerra a Nicaragua, desastrosa en sus muchos resultados. Todo era, en ese tiempo, desconcierto y destrucción. Los discípulos de Reyes, amedrentados, tuvieron que regresar con penalidades sin cuento a su nativo país, viendo frustrados sus esfuerzos y los sacrificios de sus pobres familias. Lo de siempre: cuando se toma el fusil, se dejan el libro y la pluma; cuando se abren los cuarteles, se cierran las universidades y academias.

Los golpes rudos del militarismo desatentado hieren o matan a los trabajadores que cultivan las ciencias y las letras, que proporcionan el alimento material y moral de las naciones. Ojalá que alguna vez, en Centro América, la fuerza militar deje de ser la destructora de las ideas y de los derechos, y se limite a ser, cualquiera que sea el partido que triunfe en las contiendas sociales y políticas, la salvaguardia de los individuos, de la producción que alcanza el trabajo, y de la acción de la ciencia y de las letras, ejercida desinteresadamente por los que más estudian y padecen, oscuros y perseguidos en vida, y, muchas veces, después de muertos, glorificados por la Historia y aun por sus mismos detractores.

Entre los jóvenes que regresaron de Nicaragua, se contaban Yanuario Jirón, Máximo Soto, Miguel Antonio Rovelo y Alejandro Flores. Viéndose sin ocupación provechosa y cortadas las alas de sus aspiraciones, ¡pobres aves que rastreaban!, les ocurrió buscar un ideal para su inteligencia, a la par que un noble objeto para sus actividades y energías. Convinieron en formar una Academia, en que pudiesen enseñar Latín y Filosofía, en sus diversos ramos, y obtener el dirección del Padre Reyes[49].

El Padre acogió la iniciativa, con entusiasmo, y aun el título de la Academia, dado por los proponentes: Sociedad del Genio emprendedor y del buen gusto; título que, a la verdad, era impropio y hasta pedantesco, aplicado a un establecimiento literario constituido para la enseñanza del latín y de la filosofía.

---

[49] El Doctor don Máximo Soto me refirió, hace 20 años, que, después de salir del baño de la ya aterrada poza de EL TABACAL, en el Río Grande, o sea Choluteca, que desagua en el Pacífico, ocurrió a él y a sus compañeros, fastidiados por la inacción, fundar la Academia de estudios y comunicar el pensamiento al doctor Reyes, para que le diese vida y prestigio con sus persuasiva palabra y autorizado nombre.

El 14 de diciembre de 1845, en la que hoy es Casa de Gobierno, se instaló solemnemente la Academia, bajo la presidencia del padre Reyes, y en presencia del vecindario notable, que manifestaba su grande y legítima satisfacción.

Reyes, en calidad de Rector, pronunció un breve pero elocuente discurso de inauguración, y, haciendo justicia a sus alumnos, convertidos en profesores, dijo de ellos, entre otras cosas: "Unos jóvenes que, uniendo a sus talentos una infatigable aplicación al estudio, han merecido los honrosos títulos literarios con que los condecoró la acreditada Universidad de León de Nicaragua, consagran hoy a la Patria sus tareas y vienen a pagarle las primicias de sus luces, haciéndole un servicio de clase superior a la de cuantos pueden prestarle sus más amantes hijos. Su misma ilustración les ha hecho conocer que las ciencias contribuyen, sobre manera, a hacer felices a los hombres y a los pueblos, y que, en los países donde por fortuna se han adoptado los principios democráticos, son de absoluta necesidad; y he aquí el don precioso que vienen a ofrecerle. Ven la falta de establecimientos de enseñanza; advierten, no sin dolor, que en Honduras las ciencias están todavía encerradas bajo los pergaminos y capilladas, y no pueden ser indiferentes al malogro y desperdicio de talentos privilegiados que se quedan sin cultivo, cuando debieran ser la honra de la Patria"[50].

La buena semilla siempre germina, para dar, a su tiempo, flores y frutos. La humilde Academia o Sociedad del Genio emprendedor y del buen gusto, bien pronto hizo notables progresos y se convirtió en Universidad de la República. Apreciando el buen éxito de los trabajos de la Academia, el padre Reyes propuso a la Municipalidad de Tegucigalpa que solicitase del Gobierno Supremo la autorización debida para elevar el Establecimiento, que tenía carácter privado, al puesto oficial de Universidad. Hubo oposiciones, como sucede, casi siempre, cuando se trata de operar adelantamientos sociales que

---

[50] Los primeros alumnos de la Academia fueron: don Valentín Durón, don Adolfo Zúñiga, don Salatiel Andino, don Crescencio Gómez, don Sinforiano Rovelo y don Miguel Bustillo, Z Padre Reyes enseñaba Física y Matemáticas, Máximo Soto, Filosofía, y Yanuario Jirón y Alejandro Flores, Gramática Latina. Miguel Antonio Rovelo cooperaba, eficazmente, a la enseñanza de dichos ramos.

chocan a los bien hallados con el atraso, quienes ven, en el movimiento y en la luz de una transformación, la pérdida de las ventajas que creen proporcionarles la quietud del estacionamiento y la oscuridad de la ignorancia. Mas triunfó la grande iniciativa de Reyes: la Municipalidad presentó su solicitud, y el hábil político, Jefe del Estado, doctor don Juan Lindo, que también fundó la Universidad de El Salvador, expidió el correspondiente decreto de autorización.

El memorable día 19 de setiembre de 1847, en la Iglesia de San Francisco de esta ciudad, se inauguró, con público regocijo, la Universidad de Honduras. Presidieron acto tan solemne el consabido Jefe del Estado, doctor don Juan Lindo, y el señor obispo don Francisco de Paula Campoy y Pérez: asistió todo el vecindario distinguido de la ciudad, y se pronunciaron oportunos discursos por el señor Lindo, el señor Campoy, el rector y algunos de los catedráticos.

Al siguiente día de la inauguración, se graduó de bachiller en Filosofía el joven Sinforiano Rovelo, obteniendo el primer título que extendió la naciente Universidad. Al Padre Reyes corresponde la alta honra de ser el fundador de la Universidad hondureña, pues a su iniciativa, afortunadamente hecha y dichosamente realizada, se debió su establecimiento. Fue también el autor de sus Estatutos que han regido, con algunas modificaciones, hasta la publicación del nuevo Código de Instrucción Pública. Si Reyes hubiera vivido largos años, habría recibido la más grata y cumplida recompensa, viendo los opimos frutos de su obra civilizadora. De la Universidad han salido, concluyendo o no sus estudios en ella, Máximo Soto, el primer médico legista de Centro América; Yanuario Jirón, aventajado teólogo; Samuel Escobar, brillante orador sagrado; Céleo Arias, Valentín Durón, Crescencio Gómez y Vicente Ariza Padilla, jurisconsultos de primer orden; Adolfo Zúñiga, publicista y escritor sobresaliente; Julio Contreras, filósofo elocuente y humanista; Rafael Alvarado Manzano, jurisconsulto y docto educador; Juan Ramón Reyes, poeta inspiradísimo; Álvaro Contreras, tribuno y periodista, el más fecundo de la América Central, y varios otros de distinguido mérito, que sería prolijo nombrar en esta ocasión.

Lástima grande que, debido a las ideas de la época y a los escasos elementos de la Universidad, no hayan salido de su seno geógrafos, historiadores, físicos, matemáticos, naturalistas, economistas y estadistas, de que tanto necesita Honduras para que alcance a comprender sus verdaderos intereses materiales y morales. Empero, la obra de Reyes fue grandiosa, y espléndidos sus resultados. ¡Que el sacerdote evangélico reciba las bendiciones de la posteridad agradecida, y que sea imperecedera la gloria del padre legítimo de las letras hondureñas!

Fundada la Universidad, dedicaba Reyes su tiempo a la enseñanza, al ejercicio de su ministerio, a sus esparcimientos poéticos y, siempre que le era dado, al cultivo de sus numerosas relaciones. Era una vida de trabajos y de afectos, que no daba lugar al vacío de la inteligencia ni al triste vacío del corazón. Del confesionario, pasaba a componer canciones, villancicos y pastorelas.

El Padre Reyes dio, impropiamente, creo que a sabiendas, pues era versado en latín, castellano, francés, inglés e italiano, el nombre de Pastorelas a sus dramas bucólicos. En rigor, deben llamarse Pastorales, del latin PASTORALIS, que es el nombre castizo que corresponde a las obras dramáticas, cuyos interlocutores son pastores y pastoras. Cierto es que existe la palabra pastorela, derivada de la Italiana PASTORELLA; pero tal vocablo significa tañido y canto sencillo y alegre, a modo del que usan los pastores, y de ninguna manera un drama corto en que son autores individuos del campo. Expuesta esta advertencia, y reconocida la impropiedad de la palabra pastorela, en el sentido en que la empleó el padre Reyes, continuaré usándola, tanto porque la aplicó a sus composiciones bucólicas el poeta tegucigalpense, como porque su uso está universalmente aceptado en Honduras y en las demás Repúblicas de Centroamérica. Que corra el vocablo, como corren otros muchos, todavía más impropios.

De la cátedra, a escribir su Compendio de Física, en que todos aprendimos los rudimentos de la ciencia, y buenos artículos, como el firmado Sofia Seyers, que publicaron los periódicos de la época; y del escritorio, a dar expansión a su genio comunicativo y jovial. Entretenía y deleitaba: a las damas, en las tertulias y bailes, con su amena conversación y felices ocurrencias: a los caballeros, jugando sin interés a las cartas o empeñando partidas de billar; y a todo el pueblo, con los alegres paseos a la Laguna, con las competencias y emulaciones de los gremios en las fiestas de Mercedes, con los nacimientos en Navidad, y con las encantadoras veladas en la plaza de El Calvario, durante el tiempo de la pascua de resurrección.

Disgustos, penas, y desengaños no le faltaron, aun siendo tan dulce y benéfico. Tuvo enemigos gratuitos que le prodigaron insultos, y algunos de sus familiares, que no tomaron buen camino, muchas veces llenaron su alma de indecible amargura; pero a todo hacía frente con su resignación y prudencia. Varón justo, se encastillaba en su conciencia y su saber, y, haciendo el bien, hallaba honesta distracción para su espíritu y consuelo para sus pesares.

También es digno de notarse que, comunicándose con todas las clases sociales y mucho con las damas, y viviendo en una pequeña ciudad, en que hay muchas lenguas que hablan y pocas cabezas que piensan, ni aun sus mayores enemigos pusieron en duda su desinterés, sus virtudes privadas y la severa moral de sus actos. Jamás, ni una sospecha empañó el espejo en que podía verse la imagen pura del sacerdote inmaculado. Sus ideas independientes, y hasta agresivas, en el terreno de los principios, le atrajeron enemistades, denuestos y aun persecuciones; pero su conducta, clara como la luz y limpia como el agua que sale del primer manantial, fue su sólido e impenetrable escudo. El odio y la calumnia no pudieron hincar en ella su diente envenenado, ni ensuciarle con la baba biliosa de sus impotentes iras. ¡Raro fenómeno, en una sociedad pequeña en que todo se adultera, en que domina la ruin envidia, en que los comentarios torticeros abundan, y en que tener talento, ciencia, disposición y nombre, es un gran crimen!

Si la Iglesia le nombró Sinodal del Clero, en cuyo cargo mostró sus grandes conocimientos en cánones y teología y en materias litúrgicas, y si todos los prelados le dieron licencias absolutas en prueba de completa confianza, los pueblos del Estado, en mérito de su patriotismo y de sus luces, también le dieron sus votos espontáneos para que fuese su representante, entonces que aún había alguna fe en asuntos de política. Siete veces fue diputado de la Nación, y figuró, en primera línea, en el célebre Congreso centroamericano reunido en Tegucigalpa el año de 1852.

¡Qué de recuerdos! Era el 15 de setiembre, aniversario de la Gran Patria. Se hallaban reunidos con el pueblo, en la Iglesia Parroquial, los representantes al Congreso, los primeros personajes de los fraccionados y mutilados pueblos de Centroamérica. El orador sagrado que iba a pronunciar el discurso político religioso en día tan fausto y solemne se excusó a última hora, por tener justificado inconveniente. Los diputados conocían a Reyes de nombre, pero no le habían visto sujeto a pruebas; pruebas que, por el hecho, y no por la vocinglería, dan la medida de la importancia real de un hombre. Todos se interesaron en que subiese al púlpito. Reyes, pálido y conmovido, sube a la cátedra sagrada, y, bajo las alas del Espíritu Santo, y bajo el pabellón celeste y albo de la Patria, improvisa, conmueve y arrebata. Con unción religiosa, como Jeremías llorando sobre las ruinas de Jerusalén, lloró sobre las ruinas de la Patria; y con ardiente nacionalismo, como Mazzini, fulminó anatemas sobre los destructores de la Unidad Nacional, y predijo con palabras de fe, de aliento y de esperanza, la reorganización de Centroamérica. ¡Magnífico espectáculo! El Recoleto estaba en el Sinaí; el patriota en la tribuna del publicista. José Francisco Barrundia, de alma espiritual y de imaginación de fuego, quería aplaudir en plena Iglesia; Gerardo Barrios, cojeando, quería levantarse, fulguraban sus ojos y casi echaba mano a la espada; Enrique Hoyos, bilioso y polemista, se estremecía y palidecía; Justo Rodas calculaba y se inquietaba; Pedro Zeledón meditaba y se entristecía; Buenaventura Selva, pensando en las leyes, fruncía el entrecejo; José Guerrero tocaba los frecuentes latidos de su pulso; Rafael Pino poetizaba en silencio y sonreía lleno de esperanza, y Pedro Francisco de La Rocha hacía esfuerzos para vencer su laboriosa digestión, y entreabría los ojos, en que empezaban a lucir rayos de entusiasmo; y en medio de escena tan grandiosa, de rodillas, el pueblo hondureño lloraba!

Al bajar Reyes del púlpito, todos los diputados le abrazaron con la más tierna efusión. Era el abrazo fraternal de los primeros personajes de Centroamérica, en ciencias, letras y política. Pero ¿qué importa? Luego debía de venir la guerra con todos sus horrores. El abrazo de hombres tan distinguidos no era el abrazo de los pueblos. ¡Pobres pueblos! Por cada cincuenta mil habitantes, hay un hombre ilustrado y patriota. Estadística cierta, pero tristísima. ¿Qué mucho, pues, que la gran masa, con la inmensa sombra que proyecta, no deje ver las pocas luces de la inteligencia, que, de tarde en tarde, disipan, por un momento, las tinieblas de nuestro estado social? Reyes tomó asiento en el Congreso, y fue muy apreciado de sus colegas, por saber y por su elocuencia, de que dio repetidas pruebas en las grandes discusiones que tuvo aquella Asamblea Constituyente, la que al fin, como fruto de sus trabajos, decretó, en 13 de Octubre de 1852, el Estatuto Provisorio de la República de Centroamérica.

La guerra debía de seguir, como una consecuencia fatal de aquel supremo y malogrado esfuerzo del patriotismo centroamericano. El padre Reyes, a más de ser el hombre benéfico y el propagador de las luces de su país, fue, al propio tiempo, su poeta nacional. Nos ha dejado himnos patrióticos, poesías amatorias, felicitaciones e invitaciones, cantos elegíacos, villancicos, epigramas, y, sobre todo, sus famosas pastorelas.

En sus cantos patrióticos tiene, a veces, magnífica entonación, conceptos elevados, y versos admirables; pero con frecuencia se oblitera el nervio de su inspiración, se apaga la llama de su entusiasmo, decae lastimosamente, y los destellos de su genio se amenguan, por las sombras de ideas vulgares y de versos duros y hasta prosaicos, de todo en todo insoportables. Refiriéndose al general José Trinidad Cabañas, cuerpo de pigmeo y alma de gigante, decía:

Su frente no domada, siempre airosa
laurel de vencedor lleva, ¡aun vencido!

He aquí unos versos dignos del Tirteo español, Manuel José Quintana. Después de la guerra franco-prusiana, hizo furor, como dicen los galiparlistas, el calificativo de glorioso vencido, que se dio en Francia al Mariscal del Imperio, MacMahon. Diecinueve años antes, refiriéndose a un soldado republicano, Reyes había expresado la misma idea, con más vigor, novedad y brillante. Pero vienen los decaimientos, y concluye la composición, dedicada a Cabañas, con estos pésimos pareados:

¡Manos puras, valor y humanidad,
honran en lo alto a Trinidad!

Por el concepto, honran mucho, tales versos, al Bayardo centroamericano, al caballero sin tacha y sin miedo; pero, por lo prosaicos, por lo pedestres, no honran al poeta que había dicho, de manera sobresaliente:

¡Laurel de vencedor lleva, aun vencido!

En sus poesías amatorias, hay ideas oportunas, delicadezas de sentimiento y versos dulcísimos; pero, en lo general, sus versos están vaciados en el molde de los poetas del tiempo de Meléndez Valdés. Abundan las juguetonas Galateas, las queridas Nices, las Filis adoradas, las Anardas bellas e ingratas, los Febos enamorados, los pechos encendidos, los Etnas en erupción: literatura convencional, artificiosa y, de fijo, pasajera; copia servil de lo clásico, con ribetes de campestre, que no revela la conciencia del profundo sentidor, que no expresa las naturales inspiraciones del alma, y que no conmueve diciendo, con ingenuidad, las incertidumbres, las tristezas, los duelos, las alegrías y las esperanzas que, en uno y otro día, embargan al propio corazón.

Y no hay que culpar a Reyes por sus ficciones de sentimiento lírico. Es un axioma, en el arte, que "sólo lo bien sentido puede ser bien expresado". Reyes tenía un ideal religioso y celeste, e ignoraba lo que son las amorosas pasiones de este mundo: sobre amor mundano escribía versos, a modo de muchos niños que dan sus lecciones de memoria sin comprenderlas. No hay que tener demasiadas exigencias. De haberlas, tanto valdría exigirle que, en Honduras, hubiese hablado sanscrito en vez de castellano. Se ve, en sus felicitaciones e invitaciones, que olvida el artificio. No imita; se inspira en los motivos y circunstancias la localidad que le hacen cantar. El poeta aparece natural, y sus versos rebosan de vida, y tienen oportunidad, soltura y bello y particular colorido. He aquí una muestra, en la invitación que, en 9 de febrero de 1848, hicieron los estudiantes para el paseo a la Laguna:

Al sexo amable y hermoso,
Y al público, se convida
Al paseo,

En que será delicioso,
Lleno de espíritu y vida,
El recreo.

Cuanto de más lisonjero
Hay, en la naturaleza,
Miraremos;
Un placer puro y entero,
Que destierre la tristeza,
Gozaremos.

Respiraréis, Ninfas bellas,
Si suspendéis las labores
Por un rato,
Bajo pabellón de estrellas,
El ambiente de las flores,
Que es tan grato.

Abre el teatro sus escenas,
A la faz plácida y viva
De la luna;
En sus márgenes amenas,
Nos verá, en danza festiva,
La laguna.

Os presentará la tierra,
En los paisajes más bellos,
Sus verdores,

Donde veréis la becerra
Paciendo y gozando, en ellos,
Sus amores.

Y, si entonan vuestras voces
Canciones tiernas, divinas
Y muy suaves,
Veréis acudir veloces,

A sentarse en las encinas,
A las aves.

Allí, libres estaremos
De la enfadosa y tirana
Etiqueta,
Y todos allí tendremos
Igualdad republicana,
Muy completa.

Allí no habrá Señorías,
Y nadie osará llamarse
Su Excelencia;
Nadie, en nuestras alegrías,
Pretenderá disputarse
Preeminencia.

Tregua a los negros pesares
Y los amargos cuidados
Justo es demos;
Y entre bailes y cantares,
Al placer sólo entregados,
Descansemos.

Versos tan deliciosos, que corren murmurando dulcemente como el libre arroyuelo, deben leerse, cual deseaba el literato venezolano Cecilio Acosta, que se leyesen los versos de Garcilaso, en medio de un jardín de tomillos que tenga nardos por cerca.

Sus cantos fúnebres tienen preciosas ideas sobre lo fugaz y vano de los días de la vida, y sobre las promesas consoladoras del cielo y de la inmortalidad. Empero, vuelve a aficionarse a imitaciones de mal gusto: entre algunos originales conceptos y bellos rasgos de poesía, figuran mucho las parcas, los agudos filos y las guadañas de la muerte.

Con motivo del fallecimiento del señor obispo don Jorge Viteri y Ungo, decía, en 10 de septiembre de 1853, en un canto elegíaco:

La muerte que no acata preeminencia,
Ni al valor ni a la ciencia,
Que al humilde pastor y al soberano
Hiere con igual mano,
Acaba de cortar, con duro filo,
De una vida preciosa el débil hilo.

Hay en esta elegía algunos versos buenos, como el primero, y algunos duros, como el último; pero lo malísimo es la imitación, ya muy manoseada, del pálida de Horacio. El poeta reaparece inspirado, espontáneo y atractivo, por el sentimiento y por la novedad de la expresión, en sus villancicos. La majestad de Dios, la pureza y los dolores de María y la inocencia y la dulzura de Jesús, fueron hermosas e inagotables fuentes en que bebió su inspiración el espíritu de Reyes, aquel espíritu místico, apegado, sobre todo, a los ideales del cielo. Lindísimos son sus villancicos, aunque tachables por algunos de sus versos. Oigamos quejarse a la tórtola:

Una tortolilla,
Sencilla y sin par,
Que puso su nido
Cerca del Portal,

Viendo a medianoche
Mucha claridad,
Creyó que era el día
Y empezó a cantar:
Sola estoy, decía,
Mas mi soledad
Se divierte un poco
¡Cantando ay, ay, ay!

Pero luego advierte
Que la claridad
No viene de Oriente
Sino de un pajar,
Donde una Alba hermosa

Daba de mamar,
Asido a su pecho,
A un Sol celestial.

Sola estoy, decía,
Mas mi soledad
Se divierte un poco
¡Cantando ay, ay, ay!

Deja los polluelos
Y al Portal se va,
Y junto al pesebre
Se sienta a cantar:

Hacia ella su mano
Extiende un zagal,
Y ella, mansa y tierna,
Se deja tocar.

Sola estoy, decía,
Mas mi soledad
Se divierte un poco
¡Cantando ay, ay, ay!

En este villancico, como en otros muchos, hay bellezas literarias.
La viudez de la tórtola es vulgar, así como es común que haya muchas
viudas que diviertan su pena; pero la tórtola equivocada (que también
las tórtolas se equivocan) por la claridad del pajar; pero ella, atraída
por la influencia de lo divino (que no ha de atraer sólo a los hombres);
pero ella, que deja a sus polluelos, y que, mansa y tierna, se deja tocar
y vuelve a su triste canto; todo esto tiene originalidad, tiene imágenes
que podrían trasladarse al lienzo, tiene unción religiosa, tiene el óleo
santo de la verdadera poesía.

Sus epigramas fueron, casi todos, improvisados, y, en su mayor
parte, son dignos de aprecio. Pudiera lastimar a personas que viven,
y esto me veda la reproducción de un ejemplar. Yo hubiera deseado
que el sacerdote evangélico, ni aun por pasatiempo, como lo hacía,

compusiese epigramas. Hay en el epigrama, por lo común, algo de burla de humanas flaquezas; y la burla y el sarcasmo no están bien en los labios de quienes, por su instituto y por sus votos, sólo deben pronunciar palabras de caridad, de amor y de consuelo. Hoy el epigrama que punza, y cuyo autor puede reconocerse, ha sido, más que nunca, reemplazado por el anónimo que infama entre las tinieblas de lo ignorado y bajo los auspicios de la irresponsabilidad. ¡Cuánta vileza en sus autores, y cuánta inmoralidad social!

En donde el padre Reyes se muestra como poeta de primer orden, me atrevo a decir inimitable, dadas las aptitudes y aficiones que privan hoy en día, es en sus pastorelas, que por cierto son sus obras más preciadas (*).

(*). Compuso ocho Pastorelas, intitulados: Ester, Neptalia, Zelfa Rubenia, Micol, Elisa, Albano y Olimpia. Todas están desfiguradas por los malos copistas, que dejan tan mal paradas las obras literarias, como maltrechos quedaban los cuerpos de los infelices que cayeron en manos de los familiares y verdugos del Santo Oficio. De un endecasílabo han formado dos y hasta tres versos, y de dos o tres eptasílabos han forjado versos de catorce y de veintiuna silabas. Aparte de estas monstruosidades, han truncado escenas y alterado muchas consonancias y asonancias. En cuanto la sintaxis y ortografía, puede decirse que, por lo común, corren parejas con las que lucen en las cartas amorosas de las muchachas de aldea, y aun de algunas apuestas niñas de la ciudad. Y tanto mal no puede remediarse por completo: los originales de las pastorelas se han perdido; así es que, para formar concepto de su mérito y publicarlas, se requiere, en mucha parte, recomponerlas, descubriendo o interpretando el pensamiento del autor, arreglando y completando los versos, y dándoles los acentos, consonancias y asonancias que debieran tener. Ojalá que, no embargante mi poco saber literario, pueda yo llevar a cabo tan difícil trabajo, que ya tengo emprendido, y publicar del mejor modo posible, para honra de las letras centroamericanas, un volumen que contenga obras de tanta valía y que tan populares son en algunas de las Repúblicas de Centroamérica. También compuso nuestro poeta nacional "Las Posadas de José y María" y la "Adoración de los Reyes", no inferiores a algunas de sus bellas pastorelas.

En Las Pastorelas no se presenta el poeta imitador servil o de circunstancias: es el poeta que, inspirado en la Historia Sagrada, que conocía profundamente, canta con naturalidad y dulzura las escenas de los campos y de las montañas de Honduras, y que critica, ya con feliz donaire, ya con punzante agudeza, los vicios y defectos de las gentes tenidas por cultas en su nativo pueblo.

Para sus críticas, representaba, en sus pastores y pastoras, a los TIPOS de las personas distinguidas por su importancia política o social. Se necesita conocer a los personajes y familias de Tegucigalpa para apreciar la oportunidad, la intención y el chiste de las producciones pastoriles de Reyes, en que, como filósofo y crítico, dio una grande enseñanza política y social.

Por punto general, sus composiciones pastoriles son magníficas, porque guarda muy bien, dentro de la variedad, la unidad del pensamiento que en ellas domina; porque sostiene, admirablemente los caracteres de sus pastores; porque embellece sus escenas con oportunas, exactas y primorosas descripciones, y porque maneja el diálogo con tal facilidad y tal soltura, que hacen recordar, a cada paso, los diálogos de Alejandro Dumas en sus populares novelas, y de Manuel Bretón de los Herreros en sus admirables obras dramáticas.

Aparte de los enunciados méritos, los versos de las pastorelas, por falta de ripios —que son patrimonio de ruines versificadores—, por sus cortes no violentos, por su candorosa espontaneidad, en especial en los asonantados de los romances, y por su ritmo que deleita el oído, son de todo en todo excelentes, y parece que provocan a vivir la vida del campo, a buscar, siguiendo el sentir amable del maestro Fray Luis de León, "una descansada vida, lejos del mundanal ruido, y a seguir la escondida senda por donde han ido los que en el mundo han sido".

A veces sus versos son tan naturales, tan fáciles y cadenciosos, que uno llega a creer que no ha habido trabajo alguno, ni menos arte alguno, en componerlos. Tal es el distintivo de la buena versificación, de la que enaltece a Gaspar Núñez de Arce, en España, y al inmortal José Batres Montúfar en Centroamérica. Donde se dejan ver conceptos especiosos, esfuerzos y artificios en la expresión, el arte está perdido: a la poesía, que debe volar libremente como las aves felices, se la ve arrastrándose, a estilo de perezoso y repugnante reptil, y los versos resultan insufribles y condenables ante el tribunal del buen gusto y de la crítica sensata. Más vale escribir en mala prosa que hacer versos ramplones. La prosa sin altos conceptos y sin propia forma, todavía puede alcanzar perdón; los malos versos jamás. Personificándolos, por vía de gracia, diré que tienen para sus culpas las interminables penas del infierno de los católicos. Por una eternidad, estarán privados de la bienaventuranza de la gloria.

Poco entendido en achaques de crítica, y, aunque fuese muy entendido, la índole de este trabajo me vedaría juzgar por extenso las obras de Reyes. Empero, debo manifestar que las pastorelas, si bien abundan en belleza, tienen también graves defectos. En ocasiones, los pastores y pastoras de Reyes saben mucho, tienen gran cultura intelectual y largos alcances, que no dan la vida y los usos de los campos. Pudiera hacérseles la observación que el atinado crítico don Antonio Alcalá Galiano hizo respecto del poeta don Juan Meléndez Valdés y de otros de su linaje: sus campos huelen a ciudad.

Viene bien decir que Reyes disimulaba el defecto, con el empleo de ideas felices, con lindas descripciones y con su facilidad de dialogar; pero, para la buena crítica, aunque disimulado, el defecto queda subsistente. También prolija, a veces, expresiones de estilo bajo, que traen a la memoria los cuentos de Bocaccio y las ocurrencias de Quevedo. Graciosas son, en verdad, pero inoportunas, tratándose de gentes sencillas e inocentes, y de escenas que preparan a la adoración del Mesías, del Cordero inmaculado.

Algunas de sus pastorelas están recargadas de cantos, y el mucho canto, cuando representa actos ordinarios de la vida, no es natural, y cansa y hasta fastidia. A mí sea por mi ignorancia, sea por mi mal gusto, me hace el efecto de las óperas, por las que muchos tanto se desviven. Gozo con la armonía y con la melodía, y aun me forjo la ilusión de que uno enamora, tiene citas y hasta se casa, cantando; pero tener celos cantando, tener riñas cantando, odiar cantando, vengarse cantando, y suicidarse o morir cantando; todo esto —hecha excepción del mérito de la armonía y de la melodía—, como copia artística de la vida, o me hace reír, por lo ridículo, o me hace bostezar, por lo continuado de... tan insigne tontería. Yo me identifico con el actor que representa un drama, si quiera sea mediano; jamás con un buen tenor, por mucho que recree mi oído. Aquél representa con naturalidad la vida real, recordada, sentida o presentida por todos; éste la música de los sonidos, que tienen limitada esfera, y que no debe usurpar sus las palabras, llamada a expresar la inmensa mayoría de los afectos, de las pasiones y de las ideas que forman los hilos de la trama de la vida individual y social. fueros a

Dejando a un lado impresiones solamente mías, y tal vez juicios disparatados o temerarios, voy a reproducir, por vía de muestra, algunos preciosos versos pastoriles de Reyes. Helos aquí:

Olimpia. —Luego que vio a Isabel, la hermosa joven,
Con una voz angélica y suavísima,
Dijo: "La paz de Dios contigo sea
Y habite en esta casa y su familia".
El primer movimiento de la anciana
Fue estrechar en sus brazos a su prima;
Mas, repentinamente, quedó inmóvil
Y en éxtasis profundo sumergida.
Oyendo aquel saludo y viendo el rostro
De su joven parienta, en quien yo misma
No veía un ser humano, sino un ángel,
Un serafín, no sé si deidad diga,
Cuya faz irradiaba luces suaves
Que los ojos recreaban y no herían.
Yo temblé de respeto, en su presencia,
Y casi la adoraba de rodillas.
Entre tanto, Isabel vuelve del pasmo
Y, cual si hubiera inspiración divina,
A la joven dirige estas palabras
Que por mí fueron casi no entendidas:
"Yo te saludo, afortunada joven,
Mujer entre mujeres bendecida,
Así como es bendito el sacro fruto
Que ya tu seno virginal abriga.
¿Y de dónde me viene esta ventura?
¿De dónde a mí, tu sierva, tanta dicha
De que se digne visitar mi casa
¿La que es madre del dueño de mi vida?
Desde el momento que a mis oídos llega

Tu voz encantadora, prima mía,
El niño que a mis canas Dios ha dado
Salta en mi vientre y de placer se agita.
Feliz eres mil veces, porque creíste,
Y en ti a la letra se verán cumplidas,
Sin que nada les falte, las palabras
Que de orden de Jehová te fueron dichas".

Isbela. —Y, a la verdad, que son muy misteriosas
Esas cosas que dejas referidas.

Zerafila. —¿Qué habrá visto Isabel en esa joven,
Para que así la alabe y la bendiga?

Rutilia. —Yo he alcanzado que Isabel la tiene
Por la futura madre del Mesías.

Olimpia. —Y lo presumo yo, por lo que he dicho,
Y porque fui testigo de su vida
En treinta soles que pasó conmigo
En casa de Isabel y Zacarías.

Zefalia. —Dinos: ¿cuál era el porte de esa joven?
¿Cómo su vestidura?

Olimpia. —Muy sencilla.

Zefalia. —¿Iba en su seguimiento grande tren
De criados y de criadas?

Olimpia. —Sólo iba
Con ella una mujer de edad madura.

Rutilia. —¿Iba muy bien montada?

Olimpia. —En una asnilla.

Isbela. —Yo no sé qué pensar.

Débora. —Lo que yo pienso,
Es que no puede ser esa María
La madre de un gran rey, porque debiera
Acompañarla grande comitiva,
Ser llevada en carroza y adornarse
De diamantes y telas damasquinas.

Olimpia. —Y yo, que vi las gracias de esa joven
Y que no cesaré de repetirlas,
¿Pudiera creer que Dios la desechara
Porque no viera en ella telas ricas,
¿Pudiera creer que Dios no la ha elegido,
Cuando a las bendiciones de su prima,
Llevando al cielo sus hermosos ojos,
Lleno de luz el rostro, y las mejillas
Bañadas de purpúreos resplandores,
Y en fuego celestial toda encendida,
Respondió con un cántico inspirado,
Sublime en los conceptos y poesía.

Zerafila. —¿Y sabes tú el cantar?

Olimpia. Como un milagro
Fue que yo lo aprendiese, Zerafila;
Y siéndome tan grato, lo repaso,
Como un dulce recuerdo, cada día.

Isbela. —Dínoslo, Olimpia, que, por lo que has dicho,
Juzgo ha de ser composición divina.

Zefalia. —Dilo, que me parece que estoy viendo
Las gracias y bellezas de esa niña.

Olimpia. —Escuchad, pues, pastores. De este modo,

A los elogios que Isabel le hacía,
Modesta, espiritual y fervorosa,
A los dones de Dios reconocida,
Como del Santo espíritu agitada,
Respondió la doncella bendecida:
"Gloria —dijo— al Señor, el alma mía
Exclama enajenada;
A Dios, que es su salud y su alegría,
Se eleve transportada,
Que, sin ver de su esclava la bajeza,
Colmola de bondades,
Y admirarán su espléndida grandeza
¡Del mundo las edades!
De corona inmortal ornó mi frente;
Cubriome con su manto
Aquel temido ser omnipotente,
¡El que es tres veces santo!
El que agita del mar y de los vientos
La indómita pujanza,
Y vuelve a los furiosos elementos
La paz y la bonanza;
Cuya munificencia y cuyos dones,
Sin límite, se extienden
Sobre una y diez y cien generaciones
¡De los que no le ofenden!
Desplegó el indomable poderío
Del brazo prepotente,
Y en medio aniquiló al mortal impío,
¡De su furor demente!
Derrocó a los magnates poderosos
Del solio enaltecido,
Y a los puestos de honor, esplendorosos,
¡Exaltó al abatido!
Al pobre enriqueció, y a los hambrientos
Colmó de sus favores,
Tornándose desnudos, macilentos,
¡Los ricos opresores!

De su misericordia ilimitada,
Y recobró Israel esclavizado
Su brío y su altiveza,
Pompa hizo, en su largueza,
Según lo que a Abraham fue prometido
y a nuestros genitores,
Que hasta que el fin del mundo haya venido,
Tendrán sus sucesores".

Ricas, en poesía y colorido, son las descripciones que hace Olimpia; pero quedan como empequeñecidas por lo grandilocuente y majestuoso del cántico de la Virgen: "Magnificat, anima mea Dominun" (mi alma engrandece al Señor). De cuantas paráfrasis conozco de este sublime canto, la mejor, en mi concepto, es la de Reyes. Si sólo hubiera parafraseado el Magnificat, esto bastaría para su reputación de poeta. En el arte no es la cantidad sino la calidad de la producción la que hace que un individuo tenga un nombre bien puesto en el campo de las letras. Como a los guerreros de la Edad Media les bastaba una grande hazaña para adquirir un blasón, a los prosistas y poetas les basta una obra acabada, por corta que sea, para adquirir ejecutorias en la república literaria. Por su entonación y valentía la paráfrasis de Reyes es comparable a la Imitación de los Salmos que, en el mismo metro, hizo el afamado Ventura de la Vega.

La paráfrasis del poeta del humilde Guacerique no va en zaga de la Imitación de los Salmos del poeta del soberbio río de la Plata

Para dar una idea más amplia, ya que no un juicio crítico, de las pastorelas de Reyes, he de notar que hay en ellas una abundante variedad de metros. Tal vez el poeta haya abusado un tanto de su facilidad de versificar; quizá pensó que en la variedad está el gusto, como se dice vulgarmente; pero sea de esto lo que fuere, con sus versos de distintas medidas, aunque pródigo en la variedad, evitó el defecto de la monotonía que, en las obras de arte, adormece el espíritu y lo aleja de inesperados y gratos despertamientos. La poesía es hermana legítima de la música y de la pintura. Cuando faltan sonidos varios, y transiciones rítmicas en las notas, el oído no puede recrearse. Cuando en los cuadros faltan distintas combinaciones de luz y de sombra, la vista no puede tener impresiones que hagan experimentar el sentimiento de la belleza artística. Pero ¿qué límite debe tener el uso de elementos varios en las producciones del arte? Para esto no hay una regla de exactitud matemática. La selecta escuela, los escogidos modelos y el cultivado gusto, son los que deciden del mérito de los trabajos artísticos, ya tengan por medio el plectro del poeta, la escala del músico, la paleta del pintor, o el cincel del estatuario.

Como final de reproducciones de versos pastoriles, copio los siguientes heptasílabos combinados con endecasílabos, que la pastora Rubenia, animada de tierna amistad y embargada por dulce melancolía, canta al lado del sepulcro de Prisila.

¡Oh bosque solitario,
Alegre en otro tiempo,
Do la bella Prisila
Condujo tantas veces sus corderos!

¡Cuántas veces oíste
de su voz el acento!
¡Y cuántas repetiste
su graciosa expresión, en suaves ecos!

¡Cuántas veces sus plantas
hollaron este suelo,
y cuántas, en los árboles,
con sus manos grabó divinos versos!

Mas ¡ah! que ya descansa
en profundo silencio,
y no la veréis más,
tristes cipreses y elevados cedros!

(Pastorela Rubenia. —Acto primero. Escena primera—.)

Estos versos, aunque carecen de unidad en la forma, porque hay consonancias y asonancias, lo que es censurable, y aunque hay un agudo en el último heptasílabo, no obstante, por la ternura que expresan, hacen recordar a Garcilaso de la Vega, cuando se lamenta diciendo:

¡Oh dulces prendas, por mi mal halladas
Dulces y alegres, cuando Dios quería!

Reyes tuvo por modelos las obras de Virgilio, de Garcilaso, de Lamartine, de los Moratín, de Meléndez Valdés y de Martínez de la Rosa. ¡Qué fuente de inspiración para aquella alma sentidora y tierna!

Dejaría de dar a conocer a Reyes, tal como fue, si no trajese a la memoria, aunque con pena, un grave defecto moral que tuvo en su calidad de poeta. Atendía a cualquiera solicitud encaminada a que hiciese versos, ya en favor, ya en contra de los personajes políticos de su época. Unas veces los condenaba a sufrir en el infierno de la execración pública, y otras —a los mismos hombres— los encumbraba más allá de las nubes, y les señalaba un puesto en la gloria. En una felicitación dirigida en su cumpleaños al general don Francisco Morazán, le decía, en el año de 30:

A tanto beneficio
La Patria agradecida
quiere manifestaros
que tu virtud y méritos estima.

Por eso, a vuestras sienes
nuevamente dedica
los laureles gloriosos
que para Beneméritos destina.

Vive, pues, largos años;
prológuese tu vida,
para ser de la Patria
el honor que la colme de alegría.

Sobre el eterno bronce
Vuestro nombre se escriba,
Y que nunca se borre,

Y en la memoria de los hombres viva.

Poco tiempo después, el mismo autor de las anteriores estrofas, dirigió, al mismísimo General, los siguientes versos que tomo de una composición llena de horribles denuestos:

Soy el General valiente
que, con mi fuerte ganzúa,
hasta el castillo de Ulúa
penetrara fácilmente.

Mi cortejo es la garduña (*)
De GANZUINOS (**) lisonjeros,
Mentirosos y embusteros,
Y todos ellos de la uña.

(*): La garduña fue en España una gran sociedad de bandidos perfectamente organizada, que en el reinado de Felipe IV cometió mil atentados y crímenes.

(**): Supongo que el nombre GANZUINO, que he subrayado, sería un apodo dado a algunos de los servidores del General Morazán; pero todavía es más probable que Reyes haya inventado esa palabra derivándola de GANZÚA, vocablo castizo, pero no su derivado. Sea de esto lo que fuere, Morazán y sus compañeros no fueron hombres de ganzúa. El Presidente de Centroamérica luchó mucho como héroe, murió como mártir, y dejó sólo deudas contraídas por motivos políticos y que le honran. Su viuda y su hija vivieron casi de limosna, merced a los auxilios que les dieron los nobles hijos de San Salvador. Estas afirmaciones puedo demostrarlas con documentos. Cuando publique la Historia del General Morazán que, si incurrió en graves errores políticos, fue intachable como hombre probo, se verá en dicha obra la verdad de los hechos.

Como trataba al general Morazán, asimismo trataba al general Cabañas, a Gerardo Barrios y a los demás personajes políticos de su tiempo. Preguntado varias veces, en confianza, por la causa de tales inconsecuencias, contestaba en tono festivo: "Los poetas son como las campanas, que apenas acaban de repicar alegremente, cuando ya doblan al muerto". Ingeniosa es, por todo extremo, la respuesta; pero no es propia de un ciudadano de sólidas convicciones morales y políticas, y es indigna del alto ministerio de la poesía, y más siendo ejercido por un sacerdote de grandes virtudes evangélicas. El buen ciudadano no debe endiosar a los hombres eminentes de su Patria, cuando están en lo alto, ni arrojarles cieno cuando les llega la hora del infortunio: debe hablarles, cuando están arriba, el lenguaje severo y persuasivo de la verdad y la justicia, y reconocer sus méritos sin adulación y sin bajeza; y debe, cuando están caídos, no insultar su desgracia, sí tener palabras de piedad y de consuelo.

Estos deberes todavía más estrictos, tratándose del sacerdote y del poeta. El sacerdote, así como no debe exaltar mundanales vanidades de los poderosos, de la misma manera, cuando desciende del poder, por enormes que sean sus faltas, como a hermanos desvalidos, debe prodigarles los dones de la misericordia. El poeta, sumo sacerdote de la religión del arte, que se eleva sobre las circunstancias del momento y las impurezas de la realidad; el poeta, que profetiza y que vuela por los espacios infinitos de las impersonales ideas y de las sublimes inspiraciones, no debe manchar sus nacaradas alas en los hediondos estercoleros de la adulación, ni en las cloacas inmundas de las calumnias y de las difamaciones.

Cierto es que Reyes, sin propio intento, y sólo por complacer, prestaba su musa para lisonjear o para denigrar; más esto apenas constituye una circunstancia atenuante. En el fondo faltó a su alto ministerio de ciudadano y de poeta. El talento y el numen no deben tener inconsideradas complacencias; de lo contrario, sus producciones alcanzan el mérito, si es que mérito puede llamarse, de las obras de prestidigitadores y de juglares. El talento y el numen deben huir de la mentira y de la farsa, y tener por granítica base la conciencia, la justicia y la lealtad. Por eso sobreviven los genios educados en la escuela de los principios, siempre cumplidores de su deber, y siempre enamorados de un ideal que aliente y dignifique sus trabajos e inspiraciones.

Me lastima haber apuntado el notable defecto de Reyes; pero de ello no me arrepentiré. El biógrafo y el historiador no iban de ser apasionados panegiristas de santos, ni aun tratándose de personalidades como la de Reyes; deben presentar las fases oscuras y las fases luminosas de los hombres escriben. Si así no lo hacen, la biografía y la historia tienen que convertirse en fábulas; y la sociedad, para su enseñanza, cuya necesita de verdades y no de ficciones. Por otra parte, en el terreno de la verdadera filosofía, nunca puede exhibirse a un hombre como perfecto en toda su vida y en todas sus acciones. De tal aserto puede ser un ejemplo el mismo virtuoso y benéfico Reyes. Historiar la vida de un hombre sin defectos, impecable, sería historiar la vida de un dios; y no hay dioses en nuestro planeta. La humanidad tiene el mal incurable de la contingencia, y este mal deben señalarlo los historiadores y biógrafos, aun ocupándose de los hombres modelos, para que, mostrados los errores de los menos imperfectos, sirvan de advertencia saludable a los individuos, a las familias y a los pueblos. Si semejante procedimiento no se adoptase, la Historia dejaría de ser para las sociedades y para las naciones, ¡un alta, provechosa y trascendental enseñanza!

En todos los hombres puede advertirse una vocación particular que es como el distintivo de su personalidad. La vocación de Reyes le inclinó, decididamente, al cultivo de la gaya ciencia. Como he notado, fue compositor mediano, en la lírica, y productor admirable, en la bucólica. La poesía pastoril fue su fuerte; y sin duda él lo comprendió así cuando su musa la dedicó, primordialmente, a la invención y formación de pastorelas.

No obstante la marcada vocación poética de Reyes debido a sus múltiples aptitudes, hizo buenos escritos en prosa, ya difundiendo ideas científicas, como en su Compendio de Física, ya promoviendo reformas en el sistema de educación como en su interesante artículo que aparece bajo la firma de Sofía Soyers.

Se ejercitó poco en la prosa, y pudo llegar a ser un gran prosista. Tenía para ello eminentes cualidades: espíritu sintético a la par que analítico, mucho caudal de conocimientos en ciencias y letras, profundo conocimiento del idioma, y esa flexibilidad graciosa, que dan la imaginación y el buen gusto, para presentar las ideas en formas naturales y animadas, y llamar la atención de los lectores.

Mas no llegó a ser un prosista sobresaliente, porque no se aplicó al objeto, porque no fue su negocio, como dicen los norteamericanos. Faltó a Reyes el estilo propio y sostenido que distingue al gran escritor, y que hace que se le reconozca siempre en todas sus producciones. De ello Reyes no es responsable; no trató de ser buen prosista sino de ser buen sacerdote, poeta bucólico, y propagador de las ciencias y de las letras. Dados sus tiempos y los escasos medios de que dispuso, cumplió dignamente su misión, y hay que hacerle justicia.

Para juzgar a los hombres hay que fijarse en el medio social en que viven. Reyes tenía las más variadas y sorprendentes facultades. Era filarmónico, y, en Tegucigalpa, la población más culta de Honduras, no había un piano; y él introdujo el primer piano. Era escritor, y no había una imprenta, y él introdujo la primera imprenta llamada de "La Academia". Era literato, y no había una biblioteca; y él fundó la de la Universidad. Era entendido en astronomía, física y química, y no había elementos, ni aun rudimentales, para un observatorio, para un gabinete de física, y para un laboratorio de química. Reyes se encontraba en el vacío. Suplían, al aristocrático piano, la popular guitarra; a la imprenta, los manuscritos de pésimos pendolistas; a la biblioteca, unos pocos y maltrechos libros, que eran antiguallas en la Europa moderna; a los telescopios, los ojos del observador que veía los astros con el aumento de la luz de su alma; a los instrumentos de física, las fuerzas del empeño del trabajador que estudia; y a los experimentos químicos, hechos por los procedimientos modernos, las observaciones empíricas sobre la composición y descomposición de los cuerpos. ¡Ah! si Reyes hubiese vivido en estos nuestros tiempos, en que hay abundantes y preciosos elementos para la ciencia, tendría un puesto de honor en el banquete de los sabios, que olvidan el beefsteak para el estómago, por buscar el pan de la inteligencia de los hombres que vigoriza y eleva el espíritu de la humanidad. ¡Qué divina eucaristía! Con ella debe comulgar la especie humana. Dios, que nos ha dado sentimiento y razón, no debe ofenderse porque comulguemos de un modo tan conforme a los instintos e ideales de nuestra pobre naturaleza.

Por hacer reflexiones, tal vez inconducentes, voy alejándome de mi objeto. Reproduzco, pues, sin más digresión, el precioso artículo de Reyes sobre la educación de la mujer, para que pueda formarse juicio de sus cualidades de prosista:

"Yo, débil mujer, me atrevo a levantar la voz reclamando los derechos de mi sexo, en medio de un pueblo que apenas los conoce:

yo, sin misión expresa de mis compañeras, hablo en su favor a una sociedad que se cree iluminada con los resplandores del siglo XIX, y que no va a retaguardia en la marcha de la civilización y del progreso, pero que, en orden a nosotras, no tiene ideas que vayan en consonancia con sus adelantos.

No pido tanto como las mujeres parisienses; no me quejo de que en el siglo de las democracias se tolere y se sostenga la aristocracia varonil, ni de que, abolida la esclavitud, esa aberración tan depresiva de la especie humana, no se haya también emancipado la mujer, quedando ella sola esclava en medio de tanta libertad; ni tampoco hago reparar que el principio, tan decantado, de la igualdad civil y política, no se haya extendido hasta nosotras.

No pretendo, como las socialistas francesas, que seamos asociadas a la administración gubernativa, que se nos dé el derecho de concurrir con nuestros votos a la elección de los funcionarios públicos, ni que nos declaren hábiles para obtener los destinos de la Patria. No me avanzo hasta ese punto, aunque, en verdad, no veo que haya un motivo ostensible y justo para que, en el siglo de la luz y de la razón, se sostengan principios y costumbres que nacieron en los tiempos más oscuros de la ignorancia y de la barbarie; aunque no hallo razón suficiente para que se dé a los varones el privilegio exclusivo de optar por los empleos, de dictar leyes y de gobernar a los dos sexos; aunque podría esperarse, tal vez, que sería mejor la suerte del género humano dependiendo de la mujer que dependiendo de los hombres, de los que tenemos experiencia de que han trastornado y desfigurado el mundo moral, de tal manera, que ya no es aquel que el Creador destinara para la raza humana.

Y es la razón, que la mujer, siendo más tímida, más sociable, más sensible y dulce, no emprendería guerras por cuestiones frívolas, no haría derramar la sangre por añadir un galón a su vestido o adquirir un nuevo título para denominarse, ni subiría a los empleos formando escala de miembros humanos y de cadáveres; y porque, con un corazón de madre, sería más propicia a la humanidad que muchos de los que se llaman Padres de los Pueblos, que, sin el cariño y la ternura de tal nombre, tienen la severidad y el azote prontos a descargarlos sobre sus hijos. Reclamo únicamente, la igualdad de educación. Reclamo se considere que las almas no tienen sexo, que el ingenio y talento femeninos son tan perfectibles como los del varón, y que es claro que, formados con tanta igualdad de facultades, si no puedo decir con mayores dotes, es contrariar la voluntad providencial dejar perecer sin cultivo sus inteligencias.

Esto supuesto, ¿por qué en Honduras no se toman otros cuidados, para formar a la mujer, que los que se ponen en la educación de un pájaro, o de otro de esos seres privados de razón, cuyo destino es proporcionar placer y desahogo a los hombres? ¿Por qué no se nos da en la sociedad otro papel que el de muñecas automáticas, con quienes los varones entretienen sus ocios, a quienes no creen capaces sino de conversaciones pueriles, sobre modas, trajes y amoríos? ¿Por qué se nos deja ser siempre el objeto de afectadas lisonjas, cuando nos tienen presentes, y, lo que es más cruel, el blanco de la burla, del sarcasmo y de la deshonra, allá en particulares reuniones? Si fuésemos más ilustradas, no se burlarían tan fácilmente de nuestra credulidad; nos tendrían más respeto, y no se atribuiría a pedantismo el uso que solemos hacer de algunas frases o palabras que hemos aprendido en la lectura de algunas novelas.

Yo veo establecer en todas partes escuelas primarias; veo afanarse porque haya Liceos y Academias para la instrucción del sexo privilegiado; veo levantarse, con este objeto, generosas suscripciones, dictarse providencias y gravar a los pueblos con nuevos impuestos. Pero ¿quién ha pensado en las pobres mujeres? Ni el Legislador ni el Gobernante, ni ninguno de cuantos se liquidan en cumplimientos refinados ante las Señoritas; ninguno —digo— ha hecho una proposición en nuestro favor, ni una oferta, ni una libación siquiera, ni un brindis en los banquetes, porque se añada a nuestro sexo una nueva gracia, el nuevo atractivo del saber. A no estar persuadidas de que esta exclusión es obra solamente de las preocupaciones, de la rutina y de la inadvertencia, creeríamos que la política de los hombres, respecto de nosotras, era la misma de la de las naciones europeas respecto de sus colonias: tenernos siempre embrutecidas para dominarnos, sin más reglas que su caprichosa voluntad; y que no nos concedían otras aptitudes que para ayas de sus hijos y para los ministerios de cocina. Mas no dudo que este reclamo va a revelar las ideas que deben tenerse de las mujeres, a obligar a que se reflexione que, si Dios en la repartición de los dones intelectuales no ha hecho diferencia entre los sexos, dándolos tan grandes y poéticos a las Staeles, Genlis y Avellanedas, como a los Dumas, Sues y Lamartines, es una conclusión lógica que no ha sido su intento destinar los unos a la cultura y perfección, y los otros a malograrse en la oscuridad; pues, a querer imponer una especie de ley sálica, nacieran las hembras privadas de capacidades mentales, como lo están del valor y de la fuerza, porque no las creo propias para soldados.

Piénsese, además, en la utilidad y ventajas que reportarían los varones de la ilustración de las mujeres. La primera edad de los niños toda es de las madres: ellas les comunican el idioma, les dan los primeros pensamientos, forman sus primeros sentimientos y afecciones, y presentan a su alma las primeras imágenes. ¿Qué diferencia, pues, entre un niño cuya madre no le da más que lo que tiene, es decir, preocupaciones vulgares, ideas falsas, frivolidades pueriles, sentimientos innobles y lenguaje rústico e incorrecto, a otro que, como Lamartine, logre tener una madre maestra, que sepa formarle el gusto para la ciencia y el corazón para la virtud? Cuando se presente en las escuelas o en las aulas irá ya iniciado en los conocimientos que adquirió con las caricias maternales, y con una disposición precoz para recibir todo género de enseñanzas.

¡Qué de consuelos no hallará el hombre en el seno y compañía de una consorte instruida! En su casa tendrá un manantial de placeres, y no se verá forzado a buscar otra sociedad más amena para libertarse del fastidio, de la monotonía y sandeces de una mujer que no tiene otras ideas ni otras conversaciones diarias, que las del baile, el paseo y otras cosas de este jaez, cuando no lo importune con chismes o lo mortifique con imprudentes celos. Grande será la satisfacción de un hombre estudioso, al asociar a su esposa, como Dacier, a sus meditaciones, y consultarle sus dudas en materias científicas; y más grande la de un padre que ve a su hija conducida en triunfo, como Corina, y adornada la frente con los lauros y coronas de Minerva, más que con los brillantes atavíos de un lujo vano.

¡Ah! Si desde que se trabaja por la enseñanza de los varones se hubieran hecho iguales empeños por la de las mujeres, no cabe duda de que hubieran ya probado que, en un tiempo dado, había en ellas más adelantos y progresos. Más recogidas, más aplicadas, más pundonorosas y sumisas, no se disiparían, como tantos jóvenes, no se entregarían, como ellos, a la vagancia: lejos del juego y de los placeres que distraen la atención y enervan la mente, no verían sus libros y sus laboratorios con tedio enfadoso; y, de este modo, no darían lugar a reconvenciones y quejas, ni a que con descrédito se dijera que hacían al Estado gastos inútiles, y a sus padres encorvarse sin fruto bajo el peso del trabajo.

Compañeras: reuníos conmigo para declamar, doquiera, contra ese culpable olvido de nuestra educación; contra esa preferencia estúpida que, en esta parte, tienen sobre nosotras los varones; contra esa tiranía sexual que nos despoja de nuestros derechos más sagrados. Si logramos que se nos atienda, ya no seremos, como hasta ahora, esclavas de nuestros mismos hermanos, seres medios entre el hombre y el bruto; se perfeccionará nuestra razón, y nuestra sensibilidad natural dejará de ser puramente instintiva; el círculo de nuestras ideas se extenderá más allá de las niñerías de las modas y del modo de condimentar las viandas; conoceremos las bellezas que producen las imaginaciones creadoras de los poetas; no veremos la hermosa naturaleza con la indiferencia del salvaje y de la bestia; y no es difícil que haya quien, como Mistres Trolop, se alce a alcanzar el vuelo de los genios pintores, describiendo las costumbres y los paisajes de los pueblos.

Y si la naturaleza no nos hubiere favorecido con el don de la fugaz belleza, o cuando la mano del tiempo haya destruido los hermosos contornos de nuestro cuerpo, y no podamos agradar a la ligera juventud, que no busca otras cualidades en nosotras, no por eso seremos, como ella piensa, seres nulos y de ningún valor, no desapareceremos del mundo, no se nos definirá una negación, un error de la naturaleza: seremos, sí, una flor que no muestra a los ojos el brillo de los colores ni la elegancia de la figura, pero que exhala una fragancia balsámica, y que contiene excelentes virtudes curativas; seremos un fruto que, bajo áspera y ruda corteza, lleve deliciosos néctares y sabores que recrean y sustentan. Y si no nos vemos, como Penélope, rodeadas de importunos y románticos amadores, en cambio tendremos, como Ninón, un cortejo de sabios y personas más interesantes por su ilustración, que, en vez de cansarnos con estudiados requiebros, nos hagan ocupar el tiempo con más provecho.

Sin educación, nuestra suerte, como ven y sientan, es siempre desgraciada; y cuando haya pasado nuestra juventud, nos veremos aisladas en medio de la tierra, destinadas, cuando más, al triste y ridículo papel de pedagogas que acompañemos a los jóvenes que van a lucirse a los espectáculos, donde bostezaremos en un rincón, reventando de envidia, ¡y haciendo dolorosos recuerdos de un pasado que nunca ha de volver...!

Reclamemos, repito, no la consagración de los principios de la Señorita Lenz, ni menos que se nos deje salvar los límites que nos puso la naturaleza, sino lo que se nos debe en conformidad con las miras de Dios, y que se evidencia en las facultades con que nos ha dotado. Si los hombres se alzan con el saber; si nos dan un no ha lugar a nuestra justa demanda; si se obstinan en tenernos confinadas en la obscura región de la ignorancia... ¡oh! entonces, mírenlos como a sus tiranos, estén ciertas de que no los aman, y que, cuanto les digan por conquistar sus afectos, es sólo fingimiento, es seductora y detestable adulación".

Sofia Seyers.

En vista de los conceptos del anterior artículo, de mucho avance para la época en que fue escrito, y en presencia de otros juicios análogos, formados por Reyes, reconociendo la excelencia de la democracia y la justificación y ventajas de los modernos progresos, ocurre preguntar ¿qué ideas tuvo, como filósofo y hombre de religión, sobre la vida moral de los individuos y la vida moral de los pueblos?

La democracia tiene por base el reconocimiento del derecho humano, en contraposición al derecho divino. O se rigen las sociedades en nombre de los decretos de Dios, revelados por una religión, cualquiera que ésta sea, o se rigen en nombre de las leyes derivadas del conocimiento y apreciación de los derechos de la especie humana. En cuanto a los progresos del mundo moderno, han de ser considerados como productos de la ciencia; pero ésta, con sus enseñanzas, se muestra adversa a las imposiciones de la fe y del dogma. La ciencia discute; la fe no admite réplica. Los que entienden algo de Astronomía, de Geología y de Historia Natural, no hallan cómo armonizar las revelaciones de estas ciencias con las revelaciones de las religiones positivas, ya las profesen discípulos de Confucio, de Moisés, de Sakia, de Zoroastro, de Sócrates, de Jesucristo, de Mahoma, de Lutero o de Calvino.

Los que entienden algo de física y de química, no hallan el medio de aceptar el cumplimiento de los milagros; y los que entienden algo de las evoluciones jurídicas de los pueblos antiguos y modernos, no pueden conciliar las prescripciones del derecho humano con las prescripciones del derecho divino. ¿Qué pensó Reyes sobre estas materias que ofrecen terribles y aun pavorosos problemas? Siendo docto en ciencias y letras, ¿tuvo grandes dudas, grandes vacilaciones, y grandes luchas, en el fondo de su conciencia?

La respuesta es muy difícil, y no me atrevo a afirmar nada sino por vía de suposiciones. Sería en mí una especie de sacrilegio dar el voto decisivo de una conciencia que no me pertenece, y más de la conciencia de un sacerdote intachable y de un hombre versadísimo en la ciencia. Que de un modo asertivo Dios lo juzgue, y que, si hay verdadero escepticismo, la negación corresponda a mi falta de datos suficientes para poder decir: "esta fue la conciencia del sacerdote; estas fueron las sinceras convicciones del sabio".

Hechas tales salvedades, propias del honrado propósito del biógrafo que no falsifica ideas ni acciones, debo confesar: que supongo que Reyes creyó, como otros sapientísimos católicos y no católicos, encontrar la alianza de la tradición y del progreso moderno, la alianza del derecho humano y del divino derecho, y la alianza de la ciencia y del dogma. ¿Podrá haber tal alianza? Este es el problema que se resolverá en futuros y lejanos tiempos. Por lo que hace a Reyes, nada afirmo definitivamente sobre sus creencias íntimas; y por lo que hace a mí, sólo deseo tener la vasta ciencia de Litré, de aquel santo que no oía misa, o la fe ciega de la última y más oscura vieja de mi pueblo. Todo esto quiere decir que dudo, y que hay en lo recóndito de mi alma grandes combates. La ciencia me ilustra, pero me deja un vacío; la fe me consuela, pero me impone una esclavitud. Algo hay, que es Bien Supremo, e imitando al poeta nacional de España, al caballero, trovador y cristiano, José Zorrilla, diré que voy, no por mis viejos versos, sino por mi vieja prosa, a que me juzgue Dios.

Apartándome del terreno vedado de la ajena conciencia, y de las ajenas creencias, hora es de que trate, no sin profunda tristeza, de los últimos años y término de la vida de Reyes. Desde su regreso de Guatemala su casa fue el centro de las más amenas tertulias y de las más francas y dulces recreaciones. Su Señora madre, doña María Francisca, encantaba por su talento, por su instrucción y por las agudezas de su ingenio: su padre, don Felipe Santiago, agradaba por su bondad, por la sencillez de su carácter, y por las muestras de sus dotes musicales; y todos sus amigos y discípulos complacían por la ingenuidad del afecto, por la sinceridad de la confianza, por las ocurrencias felices, por los donaires del festivo decir, y por todos aquellos mil y mil detalles, obras de la amistad y del cariño, que sólo pueden apreciarse cuando se tiene un hogar seguro, una madre que es una providencia, una conciencia tranquila, una inteligencia que comprende mucho, un corazón que ama intensamente, y un círculo de familiares y de amigos que, confundidos en uno solo sentimiento, dan inspiración a la mente y dulce sosiego al espíritu, y que aprisionan al jefe de la casa con cadenas de flores que hacen olvidar los duelos de lo pasado y las incertidumbres de lo porvenir. Tal era el hogar de Reyes, y así comprendo yo mi hogar. Dichas humanas no pueden ser durables. Doña María Francisca murió repentinamente en junio de 1847. Don Felipe, a causa de tan rudo golpe, quedó en profundo abatimiento, fue víctima de una enajenación mental, y terminó sus días en el año de 49. Otros individuos de la familia de Reyes pagaron, casi al propio tiempo, su tributo a la muerte, lo mismo que algunos de sus amigos más íntimos, entre ellos uno que había sido su discípulo querido, el virtuoso e ilustrado sacerdote don Agapito Fiallos. La que antes fuera casa de reuniones, de tertulias y de recreos producidos por la civilidad y por el arte, se convirtió en mansión del silencio... Si Reyes hubiese vivido en mis tiempos, habría dicho como Becquer. "¡Dios mío, ¡qué solos se quedan los muertos!".

Idos sus padres y sus mejores amigos, Reyes fue perdiendo las fuerzas de la salud y su genio comunicativo. La muerte le había arrebatado las más caras afecciones, y el sepulcro tiene sus voces para los hombres de corazón y de talento que saben oírlas. Vivía triste; su genio expansivo se disminuía, y todo hacía comprender que sentía la aproximación de su fin. ¡Qué dolorosa previsión para el hombre que siente, ama y piensa con toda su alma! ¡Dichosos los imbéciles que olvidan lo pasado! ¡Dichosos los estúpidos que no piensan en lo porvenir! ¡Dichosos, sí, los que sólo se fijan, por instinto, en las satisfacciones del momento! Mas no; ésta no es una dicha. Que se abrase el cerebro por el fuego del pensamiento; que se destroce el corazón a fuerza de sufrir; pero, con todo y todo, un instante de satisfacción al hombre pensador y sentidor, vale más que un siglo de la vida de un idiota, para la humanidad que vive y vivirá —pese a la ignorancia, pese al sibaritismo, pese a las brutalidades de la fuerza— por las inspiraciones del corazón y del talento.

El estado psicológico de Reyes tuvo que ejercer influencia fatal en alguno de sus órganos, o en alguno de los elementos esenciales que constituyen la vida. Era rico en sangre, y no pudo venir la anemia; tenía perfecto corazón, y no pudo venir la atrofia; tenía buenos pulmones, y no pudo venir la tisis; tenía un cerebro bien organizado, y no pudo venir ni el reblandecimiento ni la locura; tenía un hígado que no podía dar grandes secreciones biliosas, y no pudo venir una fiebre, ni el envenenamiento instantáneo o lento de la sangre. ¿Qué tenía Reyes? ¡La vida en su corazón y en su cerebro! De aquí que se alterasen las funciones de su estómago, y esta fue la gran perturbación de su organismo. Reyes, pensando como teólogo, tal vez no pudo pensar como sabio, y si alguna vez amó con amor profano, contrapuesta estuvo su conciencia de sacerdote. Pudo haber, como dice Hugo, una tempestad bajo un cráneo, y ya que con sus rayos no pudo herir al fraile, pudo, tal vez, destruir el estómago del hombre.

La enfermedad de que fue víctima se exacerbó, de un modo alarmante, desde principios de 1855. Los doctores don Máximo Soto y don Hipólito Matute hicieron esfuerzos para regularizar las funciones del órgano enfermo, pero sólo lograban dar al paciente cortas mejorías. En una de éstas fue a la capital de Comayagua, a visitar al ilustrísimo señor obispo, don Hipólito Casiano Flores, que había venido de consagrarse de El Salvador, y a quien acompañó en su primera misa pontifical. Regresó en junio, y desde entonces no tuvo un día de alivio. Cediendo al voto de los facultativos, fue a la vecina aldea de Soroguara, para probar si en el campo podía recobrar la salud.

En fines de agosto, volvió a la ciudad; pero ya tan enfermo y decaído, que apenas bendijo el agua el día de San Ramón, y no pudo tomar parte en las alegres fiestas de Mercedes, que formaban uno de sus mayores encantos. A mediados de setiembre tuvo ya que permanecer constantemente en el lecho, y preparó su espíritu para el eterno viaje, recibiendo los sacramentos del presbítero don Pío Gómez, reconciliándose en el tribunal de la penitencia con el presbítero don Yanuario Jirón, y haciendo, ante el juez de primera Instancia, la expresión de su última voluntad. Reyes quiso irse de este valle de lágrimas en completa paz con Dios y con los hombres.

Como hombre de observación científica, comprendió bien que su enfermedad era incurable. Un amigo suyo le decía: "Usted recobrará su salud debido a los cuidados de la familia y de los médicos". El padre Reyes contestaba: "No. Cuando un cuerpo se desorganiza solo puede esperarse la muerte. De lo contrario, serían casi inmortales los príncipes y reyes de Europa que cuentan con todos los recursos materiales, y con la ciencia de los mejores médicos del mundo".

Un pálido sol de invierno alumbraba escasamente el lluvioso día del 20 de septiembre de 1855. La celebrada campana del reloj de la Iglesia Parroquial daba, a intervalos, lúgubres toques de agonía. Reyes estaba muriéndose; la ciencia era impotente, y el organismo del Recoleto benéfico iba a volver al seno de nuestra madre común, la tierra. Por los claustros del Convento de La Merced, hoy Universidad Central, discurrían hombres y mujeres de todas las clases sociales, ancianos, adultos y niños, con los ojos arrasados de lágrimas.

Al fin sonaron las diez de la mañana, y.... en los brazos de los sacerdotes y amigos que le acompañaban, Reyes exhaló, con la suavidad de un niño, su postrimer aliento. ¿A dónde fue? ¡Tal vez, para el naturalista, a formar la esencia bienhechora de una flor; quizás para el astrónomo, a formar parte de un rayo de luz de una de las más hermosas estrellas: o acaso, para el creyente ortodoxo, a entonar un eterno canto, lleno de infinita ventura, entre los coros que reverencian y exaltan la majestad del Dios de los cristianos, ¡del Dios de la justicia y de la misericordia!

Nunca olvidaré el luctuoso día 20 de septiembre. Era un niño: erraba como todos, por los claustros, sintiendo una inquietud extraña; pero no lloraba, porque no tenía idea exacta de la muerte. Como a las once y media de la mañana, oyendo el fúnebre clamor de las campanas y los gritos de desesperación de los tegucigalpenses, vi a

Reyes sentado en una silla, y a una Señora, Luisa Valdés, que le ponía en frente un aparato que me era desconocido. Con la curiosidad propia de un niño, pregunté: "¿Qué está haciendo tata Padre, y qué la señora con el trasto que tiene enfrente?". Me contestaron: "El padre está dormido, y la Señora lo retrata". Comprendí lo primero, pero no lo segundo, y me fui, saltando, a buscar mariposas y flores. Yo no había visto muertos, así es que, en medio de una inmensa desgracia, iba a tener sonrisas en presencia de las escenas de la vida, cuando debí derramar muchas lágrimas en presencia de la muerte.

Después cambié de idea. A pesar de las amenazas del cólera y de los horrores de la guerra, en que sucumbió, en los campos de Masaguara, el general José Trinidad Cabañas, en lucha desigual con Carrera, vi llegar a numerosas gentes del pueblo que habían huido, y que volvieron, arrostrando dificultades y peligros, para llorar en torno de la tumba de su bienhechor, del primero de los tegucigalpenses. Todos decían: "No hemos de volverle a ver".

Mi madre decía lo mismo; y entonces comprendí lo que es la muerte, y entonces olvidé mis juegos infantiles y me puse a llorar. Conocí que mi antiguo amigo, el de la Iglesia de Nuestra Señora de la Concepción, ya no me apretaría la cabeza entre sus manos, ni me haría sonreír de alegría, con sus obsequios de flores y de centavos para mis juguetes; y presentí que, en cambio, dejaba al niño un legado de tristísimos recuerdos y de acíbarabas lágrimas. Bienaventurado seas tú, que te fuiste tranquilo, padre de los pobres y de los niños, y que recibiste el puro llanto de mi infancia, como recibes hoy el amargo lloro de mi precoz vejez.

En correspondencia de sentimientos que no finjo, y perdona mi egoísmo, que es el santo egoísmo de un padre, te pido que, desde tu cielo, bendigas este pobre hogar; que des tu bendición a la compañera de mi vida, y a los pedazos de nuestra alma, a nuestros tiernos hijos.

No obstante el estado de guerra en que permanecía el país, se hicieron a Reyes exequias muy solemnes. Embalsamado su cuerpo, estuvo expuesto durante varios días en las principales iglesias, en donde recibió flores y lágrimas de los tegucigalpenses. En el primero y subsiguientes aniversarios de su muerte, tuvo su memoria homenajes de amor, de respeto y gratitud; y, últimamente, el Gobierno decretó que se erigiese un monumento en recuerdo del Fundador de la Universidad de Honduras. El monumento existe frente a la puerta principal de dicha Universidad. Reyes murió en la pieza que hoy ocupa el Archivo Nacional, y que da al traspatio del edificio. Sus restos están sepultados al lado norte, en el presbiterio de la iglesia parroquial. Si alguna vez los hondureños construyen un panteón para depositar las cenizas de sus grandes hombres, Reyes deberá tener puesto escogido y preferente, en el lugar destinado a recordar la vida y la muerte de los que fueron ilustres y benéficos, y a dar nobles estímulos y nobles ejemplos, exaltando ante la posteridad los méritos de insignes varones que son legítimas y queridas glorias de la Patria.